U0865761

2011年第四季度

Quarter Four, 2011

中国货币政策执行报告

CHINA MONETARY POLICY REPORT

中国人民银行货币政策分析小组

Monetary Policy Analysis Group of
the People's Bank of China

中国金融出版社

China Financial Publishing House

责任编辑：吕冠华
责任校对：刘　明
责任印制：裴　刚

图书在版编目(CIP)数据

2011年第四季度中国货币政策执行报告(2011 nian Disi Jidu Zhongguo Huobi Zhengce Zhixing Baogao)/中国人民银行货币政策分析小组编.—北京：中国金融出版社，2012.4

ISBN 978-7-5049-6361-1

I.①2⋯ II.①中⋯ III.①货币政策－工作报告－中国－2011 IV.①F822.0

中国版本图书馆CIP数据核字(2012)第070401号

出版发行　中国金融出版社

社址　北京市丰台区益泽路2号
市场开发部　(010)63266347，63805472，63439533 (传真)
网 上 书 店　http://www.chinafph.com
(010)63286832，63365686 (传真)
读者服务部　(010)66070833，62568380
邮编　100071
经销　新华书店
印刷　北京侨友印刷有限公司
尺寸　210毫米×285毫米
印张　11.75
字数　275千
版次　2012年4月第1版
印次　2012年4月第1次印刷
定价　98.00元
ISBN 978-7-5049-6361-1/F. 5921

本书执笔人

总　　纂：张晓慧　纪志宏

审　　稿：李　波　霍颖励　宣昌能　盛松成　朱　隽　易　诫
刘　薇

统　　稿：张　蓓　张翠微

执　　笔：

第一部分：邱潮斌　曾冬青　陈文弢

第二部分：赵　婷　李　超　穆争社　杨　璐

第三部分：胡新杰　戴　赜　刘延明

第四部分：钟子明　刘　西　纪　敏　牛慕鸿　蹇　娜

第五部分：李　斌　潘宏胜

附录整理：段　炼　林振辉等

提供材料的还有：管　化　付竞卉　谢光启　罗　瑜　祝鸿玲
程艳芬　王佐罡　曾园园　刘　琨　曹红钢
夏新华　刘　婷　徐荟竹　车士义　胡　平
许　玥　陈　敏　张文红　岳　栋　丁　康
齐　喆　王　晶　徐彩霞　马志扬

英文总纂：宋湘燕

英文统稿：曹志鸿

英文翻译：曹志鸿　刘文中　马　辉　滕　锐　齐　喆　王蓓婕

英文审校：Nancy Hearst（美国哈佛大学费正清东亚研究中心）

Contributors to This Report

CHIEF EDITORS:

ZHANG Xiaohui JI Zhihong

READERS:

LI Bo HUO Yingli XUAN Changneng SHENG Songcheng ZHU Jun YI Cheng Liu Wei

EDITORS:

ZHANG Bei ZHANG Cuiwei

AUTHORS:

PART ONE: QIU Chaobin ZENG Dongqing CHEN Wentao

PART TWO: ZHAO Ting LI Chao MU Zhengshe YANG Lu

PART THREE: HU Xinjie DAI Ze LIU Yanming

PART FOUR: ZHONG Ziming LIU Xi JI Min NIU Muhong JIAN Na

PART FIVE: LI Bin PAN Hongsheng

APPENDIX: DUAN Lian LIN Zhenhui et al.

OTHER CONTRIBUTORS: GUAN Hua FU Jinghui XIE Guangqi LUO Yu ZHU Hongling CHENG Yanfen WANG Zuogang ZENG Yuanyuan LIU Kun CAO Honggang XIA Xinhua LIU Ting XU Huizhu CHE Shiyi HU Ping XU Yue CHEN Min ZHANG Wenhong YUE Dong DING Kang QI Zhe WANG Jing XU Caixia MA Zhiyang

ENGLISH EDITION

CHIEF EDITOR: SONG Xiangyan

EDITOR: CAO Zhihong

TRANSLATORS: CAO Zhihong LIU Wenzhong MA Hui TENG Rui QI Zhe WANG Beijie

PROOFREADER:

Nancy Hearst (Fairbank Center for East Asian Research, Harvard University)

内容摘要

2011年，面对复杂多变的国内外经济环境，国家宏观政策注意把握好力度和节奏，取得了明显成效。经济增长和价格总水平涨幅逐步趋稳，国际收支继续改善，就业形势较好，国民经济朝着宏观调控的预期方向发展。2011年，实现国内生产总值（GDP）47.1万亿元，同比增长9.2%，居民消费价格指数（CPI）同比上涨5.4%。

实施稳健的货币政策，适时适度进行预调微调。2011年前三个季度，面对通货膨胀压力不断加大的形势，中国人民银行按照国务院统一部署，围绕保持物价总水平基本稳定这一宏观调控的首要任务，综合运用多种货币政策工具，加强宏观审慎管理，先后6次上调存款准备金率共3个百分点，3次上调存贷款基准利率共0.75个百分点，灵活开展公开市场操作，实施差别准备金动态调整，引导货币信贷增长平稳回调，保持合理的社会融资规模。进入10月以后，针对欧洲主权债务危机继续蔓延、国内经济增速放缓、价格涨幅逐步回落等形势变化，着力提高政策的针对性、灵活性和有效性，适时适度进行预调微调，暂停发行3年期中央银行票据，下调存款准备金率0.5个百分点，调整优化差别准备金动态调整机制有关参数，引导金融机构加大对小型微型企业、“三农”和国家重点在建续建项目的信贷支持。总体看，稳健的货币政策实施成效逐步显现。

货币信贷增速平稳回调，人民币汇率弹性增强。2011年年末，广义货币供应量M2余额为85.2万亿元，同比增长13.6%，增速比上年低6.1个百分点。人民币贷款余额同比增长15.8%，增速比上年低4.1个百分点，比年初增加7.47万亿元。2011年社会融资规模为12.83万亿元，其中，债券融资明显增多。金融机构贷款利率总体稳步上行，12月非金融企业及其他部门贷款加权平均利率为8.01%，比年初上升1.82个百分点。2011年年末，人民币对美元汇率中间价为6.3009元，比上年年末升值5.11%。

当前，中国经济与社会发展仍处于重要战略机遇期，经济保持平稳较快发展具备不少有利条件。但也要看到，国际、国内经济形势仍然极为复杂和严峻。欧洲主权债务危机短期内难以有效解决，世界经济的不稳定性、不确定性上升。中国经济发展中不平衡、不协调、不可持续的矛盾和问题仍很突出，经济增长下行压力和物价上涨压力并存。

中国人民银行将按照中央经济工作会议和全国金融工作会议部署，牢牢把握科学发展的主题和加快转变经济发展方式的主线，处理好保持经济平稳较快发展、调整经济结构和管理通货膨胀预期的关系，继续实施稳健的货币政策，保持政策的连续性和稳定性，密切监测国内外经济金融形势发展变化，增强调控的针对性、灵活性和前瞻性，适时适度进行预调微调，保持物价总水平基本稳定，促进经济平稳较快发展。综合运用多种货币政策工具组合，健全宏观审慎政策框架，协同发挥好逆周期调节功能，在总量适度的基础上进一步优化信贷结构，调节好货币信贷供给，保持合理的社会融资规模，更好地服务实体经济发展。稳步推进利率市场化改革，进一步完善人民币汇率形成机制。推动金融市场规范发展，深化金融机构改革。有效防范系统性金融风险，保持金融体系稳定。

Executive Summary

In 2011, in the face of complex situations both at home and abroad, policies aimed at macro-economic management were adopted, properly handling their pace and dynamism and producing good results. The growth rate of the Chinese economy and the growth of overall price levels gradually stabilized, the balance of payments continued to improve, employment figures were fairly good, and the performance of the macro economy was consistent with the anticipated direction of the macro-economic management. In 2011 the Gross Domestic Product (GDP) registered RMB47.1 trillion yuan, up 9.2 percent year on year, and the Consumer Price Index (CPI) rose by 5.4 percent year on year.

The PBC implemented a prudent monetary policy and when necessary carried out proper fine-tuning. In the first three quarters, facing growing inflation pressures, in accordance with the overall arrangements of the State Council, the PBC, regarding inflation control as the top priority of macro-economic management, employed a mix of various monetary policy instruments and enhanced macro-prudential regulation. The deposit reserve requirement ratio was raised six times by a total of 3 percentage points, and the benchmark lending and deposit rates were raised three times by a total of 0.75 percentage point. Open market operations were conducted in a flexible manner, and a mechanism for dynamic adjustments of differentiated deposits required by the reserve ratio mechanism was adopted to guide the growth of money and credit to gradually readjust and to keep the all-system financing aggregate at an appropriate volume. In the last three months, in view of the spreading sovereign debt crisis in Europe, deceleration of the domestic growth rate, and moderation of the price hike, the PBC improved the targeting, flexibility, and effectiveness of policy measures, and took precautionary measures for adjustments and fine-tuning; meanwhile, the issuance of 3-year central bank bills was suspended, the deposit reserve requirement ratio was reduced by 0.5 percentage point, and the parameters for the dynamic adjustment of the differentiated reserve requirement were adjusted and optimized to guide financial institutions to step up credit support to small and micro enterprises, rural borrowers, the agricultural sector, and follow-up projects of key national projects. In general, the prudent monetary policy gradually produced results.

Growth of broad money supply gradually moderated and the RMB exchange rate became more flexible. At end-2011, M2 recorded RMB85.2 trillion yuan, up 13.6 percent year on year, representing a deceleration of 6.1 percentage points from the previous year. Outstanding RMB loans were up 15.8 percent year on year, representing growth of RMB7.47 trillion yuan from the beginning of the year and a deceleration of 4.1 percentage points. In 2011, all-system financing aggregates posted RMB12.83 trillion yuan and bond financing recorded a large increase. In general, loan interest rates moved up. The weighted average lending rate offered to non-financial enterprises and other sectors posted 8.01 percent. At end-2011, the central parity of the RMB against the US dollar was RMB6.3009 yuan per US dollar, up 5.11 percent over end-2010.

At present, China is still at a stage of important strategic opportunities in terms of social and economic development and there are various favorable conditions for the economy to continue its stable and fairly rapid growth. Yet the economic situations at home and abroad are very complex and serious. The sovereign debt crisis in Europe is unlikely to be resolved effectively in the short term, and uncertain and unstable factors are on the rise in the global economy. The unbalanced, uneven, and unsustainable problems and issues are obvious in China's economic performance and it faces both downward growth pressures and inflationary pressures.

In line with the overall arrangements of the Central Economic Work Conference and the National Financial Work Conference, the PBC will follow the theme of sustainable development and transformation of the growth pattern, properly handle the relationships to support stable and fairly rapid economic growth, economic restructuring, and to manage inflation expectations, continue to implement a prudent monetary policy, maintain policy continuity and stability, closely monitor economic and financial developments at home and abroad, enhance the targeting, flexibility, and forward-looking nature of the macro-economic management measures, and initiate fine-tuning and preemptive adjustments as appropriate in order to keep the overall price levels generally stable and to contribute to stable and fairly rapid economic growth. A mix of various monetary policy instruments will be used and the macro-prudential policy framework will be improved to make counter-cyclical adjustments, to further optimize the credit structure on the basis of a proper aggregate volume, to make proper adjustments in money and credit supply, to keep all-system financing aggregates at proper a volume, and to provide good services to the real sector. The market-based interest rate reform and the RMB exchange-rate regime reform will be advanced. The PBC will continue to promote the sound development of financial markets and will deepen the reform of financial institutions. Effective measures will be taken to mitigate and prevent systemic financial risks and to preserve the stability of the financial system.

目 录

①数据来源：中国人民银行、国家统计局、商务部、海关总署、国家外汇管理局、世界银行、国际货币基金组织、世界贸易组织、联合国贸易和发展会议等。

②数据来源：相关中央银行、国家统计机构、世界银行、国际货币基金组织等。

Contents

Figures

1. Source: The People's Bank of China, National Bureau of Statistics, Ministry of Commerce, General Administration of Customs, State Administration of Foreign Exchange, World Bank, International Monetary Fund, World Trade Organization, and United Nations Conference on Trade and Development, etc..

2. Source : Central banks, national statistical agencies in relevant countries, The World Bank, IMF, etc..

第一部分 货币信贷概况

2011年，国民经济保持平稳较快增长，货币信贷增长向常态水平回归，金融运行总体平稳。

一、货币供应量增长总体回落

2011年年末，广义货币供应量M2余额为85.2万亿元，同比增长13.6%，增速比上年年末回落6.1个百分点。狭义货币供应量M1余额为29.0万亿元，同比增长7.9%，增速比上年年末低13.3个百分点。流通中货币M0余额为5.1万亿元，同比增长13.8%，增速比上年年末低2.9个百分点。2011年现金净投放6 161亿元，同比少投放214亿元。总体看，2011年前11个月M2和M1增长呈放缓态势，12月货币总量增速有所回升，其中，M1增速比上月提高0.1个百分点，主要受节前现金需求增加影响；M2增速比上月提高0.9个百分点，与部分表外理财产品于年末回归表内存款以满足考核要求、财政支出较多、信贷投放增加等因素有关。金融创新不断增多等因素加快了传统存款分流，M2统计较实际货币条件可能有所低估。

2011年年末，基础货币余额为22.5万亿元，同比增长23.2%，比年初增加4.2万亿元。货币乘数为3.79，比上年年末低0.13。金融机构超额准备金率为2.3%，其中，农村信用社为7.3%。

二、金融机构存款增长放缓

2011年年末，全部金融机构（含外资金融机构，下同）本外币各项存款余额为82.7万亿元，同比增长13.5%，增速比上年年末低6.3个百分点,比年初增加9.9万亿元，同比少增2.1万亿元。人民币各项存款余额为80.9万亿元，同比增长13.5%，增速比上年年末低6.7个百分点，比年初增加9.6万亿元，同比少增2.3万亿元。外币存款余额为2 751亿美元，同比增长19.0%，比年初增加494亿美元，同比多增295亿美元。

从人民币存款的部门分布看，住户存款增速相对平稳，非金融企业存款增速总体放缓。2011年年末，金融机构住户存款余额为34.8万亿元，同比增长15.7%，增速比上年年末低0.8个百分点，比年初增加4.7万亿元，同比多增4 297亿元。非金融企业人民币存款余额为30.4万亿元，同比增长9.2%，增速比上年年末低12.3个百分点，比年初增加2.6万亿元，同比少增2.7万亿元。2011年年末，财政性存款余额为2.6万亿元，同比增长2.6%，比年初减少300亿元。

三、金融机构贷款增长向常态回归

2011年年末，全部金融机构本外币贷款余额为58.2万亿元，同比增长15.7%，增速比上年年末低4.0个百分点，比年初增加7.9万亿元，同比少增3 779亿元。人民币贷款增速总体回落。2011年年末，人民币贷款余额为54.8万亿元，同比增长15.8%，增速比上年年末低4.1个百分点，比年初增加7.47万亿元，同比少增3 901亿元。第四季度以来，贷款投放增多，当季度贷款增加1.8万亿元，同比多增2 077亿元，信贷扩张压力依然存在。

从人民币贷款的部门分布看，住户贷款增速有所放缓，非金融企业贷款增速相对趋稳。2011年年末，住户贷款同比增长20.9%，比上年年末低16.7个百分点，比年初增加2.4万亿元，同比少增4 546亿元。主要是个人住房贷款增长放缓，比年初增加8 321亿元，同比少增4 618亿元。非住房消费贷款增势较好，比年初增加6 485亿元，同比多增558亿元。非金融企业及其他部门贷款同比增长13.9%，比上年年末低1.4个百分点，比9月末高0.4个百分点，比年初增加5.0万亿元，同比多增493亿元。其中，中长期贷款比年初增加2.1万亿元，同比少增2.1万亿元，增长继续放缓。票据融资比年初增加112亿元，同比多增9 164亿元。分机构看，中资全国性大型银行贷款同比少增较多，中资区域性中小型银行贷款同比多增较多，大型银行和中小型银行的贷款格局有所改善。

表1　2011年分机构人民币贷款情况

单位：亿元

	2011年		2010年	
	新增额	同比多增	新增额	同比多增
中资全国性大型银行①	37 461	-3 361	40 822	-12 899
中资全国性中小型银行②	22 583	-873	23 456	-1 704
中资区域性中小型银行③	7 329	2 039	5 290	-2 017
农村合作金融机构④	10 014	359	9 655	-72
外资金融机构	779	-849	1 628	1 610

注：①中资全国性大型银行是指本外币资产总量超过2万亿元的银行（以2008年年末各金融机构本外币资产余额为参考标准）。
②中资全国性中小型银行是指本外币资产总量小于2万亿元且跨省经营的银行。
③中资区域性中小型银行是指本外币资产总量小于2万亿元且不跨省经营的银行。
④农村合作金融机构包括农村商业银行、农村合作银行、农村信用社。
数据来源：中国人民银行。

外币贷款增速回落。2011年年末，金融机构外币贷款余额为5 387亿美元，同比增长19.6%，比上年年末略高0.1个百分点，比年初增加882亿美元，同比多增163亿美元。从投向看，贸易融资增加274亿美元，同比多增96亿美元，保持了对进出口贸易的支持力度；境外贷款与中长期贷款增加406亿美元。

四、社会融资规模保持合理水平，债券融资明显增多

初步统计，2011年社会融资规模为12.83万亿元，按可比口径计算，比上年少1.11万亿元。其中，人民币贷款增加7.47万亿元，同比少增3 901亿元；外币贷款折合人民币增加5 712亿元，同比多增857亿元；委托贷款增加1.30万亿元，同比多增4 205亿元；信托贷款增加2 013亿元，同比少增1 852亿元；未贴现的银行承兑汇票增加1.03万亿元，同比少增1.31万亿元；企业债券净融资1.37万亿元，同比多2 595亿元；非金融企业境内股票融资4 377亿元，同比少1 409亿元。

从结构看，债券融资等在配置资金中的作用明显增强。一是债券融资在社会融资总量中的占比显著提升。企业债券净融资占同期社会融资规模的10.6%，为历史最高水平，同比上升2.7个百分点。二是非银行金融机构对实体经济支持力度明显加大。全年保险公司赔偿和小额贷款公司与贷款公司新增贷款合计4 392亿元，明显高于上年。三是实体经济通过金融机构表外融资总体明显少于上年。全年金融机构通过委托贷款、信托贷款及未贴现的银行承兑汇票方式新增表外融资合计2.52万亿元，同比少增1.07万亿元，占同期社会融资规模的19.7%，同比下降6.0个百分点。其中，新增委托贷款、未贴现的银行承兑汇票和信托贷

款分别占同期社会融资规模的10.1%、8.0%和1.6%，同比分别高3.9个、低8.7个和低1.2个百分点。

五、金融机构贷款利率总体稳步上行

2011年前三个季度受中央银行连续上调存贷款基准利率等因素影响，金融机构对非金融企业及其他部门贷款利率呈上行走势。第四季度以来，受经济增长趋稳和下调存款准备金率等因素影响，利率有所回落。12月，贷款加权平均利率为8.01%，比年初上升1.82个百分

表2　2011年1～12月金融机构人民币贷款各利率区间占比

单位：%

月份	下浮	基准	上浮					
	[0.9，1.0)	1.0	小计	(1.0，1.1]	(1.1，1.3]	(1.3，1.5]	(1.5，2.0]	2.0以上
1月	21.35	29.45	49.20	15.97	15.01	6.08	8.67	3.48
2月	19.94	31.80	48.26	17.91	14.55	5.61	7.29	2.90
3月	13.96	30.22	55.82	18.25	17.76	6.96	9.24	3.60
4月	12.54	28.43	59.04	18.72	20.56	7.39	9.14	3.22
5月	11.18	27.96	60.87	20.81	21.34	7.29	8.69	2.74
6月	9.94	28.91	61.15	20.56	22.70	7.22	8.08	2.60
7月	8.53	26.72	64.74	20.75	23.98	8.14	8.99	2.89
8月	6.05	25.27	68.67	22.40	25.80	8.42	9.06	3.00
9月	6.96	25.86	67.19	21.62	25.47	8.29	8.89	2.91
10月	5.06	29.96	64.99	21.54	25.02	7.81	7.87	2.75
11月	7.00	26.90	66.10	21.16	25.25	8.20	8.34	3.14
12月	7.02	26.96	66.02	21.51	24.20	8.26	8.98	3.08

数据来源：中国人民银行。

表3　2011年1～12月大额美元存款与美元贷款平均利率

单位：%

月份	大额存款						贷款				
	活期	3个月以内	3(含3个月)～6个月	6(含6个月)～12个月	1年	1年以上	3个月以内	3(含3个月)～6个月	6(含6个月)～12个月	1年	1年以上
1月	0.24	1.99	2.01	1.87	3.47	4.45	2.76	2.92	3.04	2.91	3.35
2月	0.27	2.14	2.68	2.55	3.34	3.91	2.94	3.16	3.12	3.16	3.16
3月	0.32	2.31	2.67	3.01	2.91	4.47	3.04	3.26	3.76	3.25	3.15
4月	0.28	2.61	2.58	2.96	4.19	5.20	3.02	3.25	3.57	3.41	3.16
5月	0.29	2.63	3.14	3.38	3.60	5.58	3.12	3.44	3.68	3.54	3.60
6月	0.26	2.79	2.80	2.66	1.48	3.22	3.16	3.46	3.73	3.78	3.46
7月	0.33	2.68	2.98	3.39	2.78	5.47	3.30	3.58	4.23	3.90	3.78
8月	0.31	2.95	3.47	3.44	3.58	5.36	3.34	3.69	4.03	3.97	3.58
9月	0.35	2.99	3.81	3.15	3.86	5.61	3.37	3.75	4.37	3.70	3.76
10月	0.34	2.98	3.48	3.48	1.74	5.03	3.72	4.17	4.76	3.72	4.92
11月	0.30	3.36	3.85	4.48	3.84	2.52	3.76	4.29	4.78	4.37	3.74
12月	0.31	3.29	3.97	4.08	2.82	3.37	3.85	4.31	4.57	3.89	4.26

数据来源：中国人民银行。

点。其中，一般贷款加权平均利率为7.80%，比年初上升1.47个百分点；票据融资加权平均利率为9.06%，比年初上升3.57个百分点。个人住房贷款利率稳步上升，12月加权平均利率为7.62%，比年初上升2.27个百分点。

从利率浮动情况看，执行上浮利率的贷款占比上升，执行基准利率和下浮利率的贷款占比下降。12月，执行下浮利率、基准利率和上浮利率的贷款占比分别为7.02%、26.96%和66.02%，比年初分别下降20.78个、2.20个和上升22.98个百分点，体现了宏观调控价格机制作用的传导。

受境内资金供求关系变动以及国际金融市场利率走势的影响，外币存贷款利率总体呈现波动上行走势。12月，活期和3个月以内大额美元存款加权平均利率分别为0.31%和3.29%，比年初分别下降0.02个和上升1.45个百分点；3个月以内和3（含3个月）～6个月美元贷款加权平均利率分别为3.85%和4.31%，比年初分别上升1.28个和1.46个百分点。

六、人民币汇率弹性明显增强

2011年，人民币小幅升值，双向浮动特征明显，汇率弹性明显增强，人民币汇率预期总体平稳。2011年年末，人民币对美元汇率中间价为6.3009元，比上年年末升值3 218个基点，升值幅度为5.11%。2005年人民币汇率形成机制改革以来至2011年年末，人民币对美元汇率累计升值31.35%。根据国际清算银行的计算，2011年，人民币名义有效汇率升值4.95%，实际有效汇率升值6.12%；2005年人民币汇率形成机制改革以来至2011年12月，人民币名义有效汇率升值21.16%，实际有效汇率升值30.34%。

第二部分　货币政策操作

2011年，中国人民银行按照国务院统一部署，围绕保持物价总水平基本稳定这一宏观调控的首要任务，实施稳健的货币政策，着力提高政策的针对性、灵活性和有效性，根据形势变化适时适度进行预调微调。加强宏观审慎管理，综合运用多种货币政策工具，优化银行体系流动性管理，引导货币信贷增长平稳回调，保持合理的社会融资规模，引导金融机构优化信贷结构，促进经济金融平稳健康发展。

专栏1　2011年第四季度货币政策前瞻性灵活微调操作

近年来，中国货币政策的前瞻性不断增强，以适应国际、国内经济金融形势变化快、变化大所带来的挑战。例如，2008年年中以后，虽然通货膨胀压力仍然较大，但考虑到美国次贷危机加深使外部需求开始减弱，货币政策及时进行了调整，下调金融机构贷款基准利率和存款准备金率，引导金融机构适当扩大信贷总量，并在2008年第四季度国际金融危机爆发后及时将货币政策取向调整为适度宽松。到了2009年年中，经济出现企稳回升趋势，又及时对政策力度作了动态调整，促使第三、第四季度信贷增长比上半年明显放缓。2010年年初基于对通货膨胀压力有上升苗头的预判，开始综合运用数量型工具和价格型工具引导货币条件从应对危机状态向常态回归。2011年进一步明确货币政策取向由适度宽松回归稳健，综合交替使用数量型工具、价格型工具和宏观审慎政策工具，把好流动性总闸门，控制物价上涨的货币条件，遏制了物价过快上涨的势头，促进了经济平稳健康发展。

2011年9月以后，全球经济复苏的不稳定性和不确定性再度增大，特别是欧洲主权债务危机进一步加剧。希腊经济快速衰退，处于债务违约边缘，西班牙、意大利等国主权债务风险上升。由于担心危机可能向欧元区核心国家蔓延、担心主权债务危机演变为银行危机，国际金融市场出现新一轮动荡。随着市场避险情绪上升、欧元区财政和信贷紧缩加剧，包括中国在内的新兴市场也受到一定的影响，短期资本流动出现较大变化。虽然2011年中国总体上仍呈外汇净流入，但第四季度外汇占款出现阶段性减少。这对流动性供应格局产生了影响。同时，中国经济增速也有所放缓，物价涨幅有所回落，部分企业生产经营困难加大。根据国内外形势的变化，中国人民银行在保持政策连续性和稳定性、继续实施稳健货币政策的同时，注重提高调控的针对性、灵活性和前瞻性，9月以后适时采取了一系列措施进行预调微调，适当增加了市场流动性，保持了货币信贷总体适度。

一是根据市场需求通过多种方式调节流动性。暂停3年期中央银行票据发行，灵活调整其他期限中央银行票据发行量，适时通过逆回购、中央银行票据到期等方式提供流动性。1年期中央银行票据发行利率也适当下调。在充分发挥公开市场操作预调微调作用的基础上，11月30日宣布于12月5日下调存款准备金率0.5个百分点。另外，针对2012年元旦、春节相隔较近，期间商业银行应对现金集中投放的流动性需求较大的情况，加强与市场的信息沟通，通过主动发布业务公告的方式，及时向市场释放中央银行将提供短期流动性支持的政策信号。这些措施有效地促进了银行体系流动性平稳运行和市场预期稳定。

二是发挥差别准备金动态调整机制的逆周期调节功能，适度增加信贷投放。2011年第四季度，根据形势变化，对差别准备金动态调整机制有关参数进行了调整优化，支持资本充足率较高、资产质量较好、法人治理结构完善、信贷政策执行有力的金融机构加大对符合产业政策的小型微型企业、“三农”等薄弱环节和国家重点在建续建项目的信贷支持。第四季度新增人民币贷款1.8万亿元，同比多增2 077亿元。2012年以来中国人民银行继续通过调节有关参数，保持信贷适度增长。

2012年年初以来，全球经济金融运行有趋稳的迹象，中国的外汇流入又有所增加，人民币无本金交割远期汇率（NDF）也由贬值预期转为基本持平或略微升值的预期。中国人民银行将密切关注外汇占款恢复增长、流动性投放增加的形势变化及其可持续性，继续按照稳健的货币政策要求，加强对国内外经济金融形势的监测分析和预判，进一步提高调控的针对性、灵活性和前瞻性。

一、灵活开展公开市场操作

2011年以来，中国人民银行加强对银行体系流动性供求情况的分析监测，视银行体系流动性变化情况，合理把握公开市场操作力度和节奏，与存款准备金政策相配合，促进银行体系流动性供求的适度均衡。全年累计发行中央银行票据约1.4万亿元，开展正回购操作约2.5万亿元。截至2011年年末，中央银行票据余额约为1.9万亿元。通过优化公开市场操作工具组合，公开市场操作预调微调的功能得到充分发挥。中国人民银行根据内外部环境变化不断优化公开市场操作期限结构，灵活搭配1年期以内中央银行票据发行和短期正回购操作加强银行体系流动性管理，同时合理安排3年期中央银行票据的发行时机和频率，提高了复杂环境下银行体系应对短期流动性波动的能力。

公开市场操作利率有效引导市场预期。前三个季度，与存贷款基准利率调整相配合，顺应市场利率波动上行的趋势，公开市场操作利率逐步上行；第四季度以来，1年期中央银行票据发行利率小幅下行并适时企稳，对稳定市场预期具有积极意义。截至2011年年末，3个月期和1年期中央银行票据的发行利率分别为3.1618%和3.4875%，较上年年末分别上升114.6个和97.6个基点。

另外，继续适时开展国库现金管理商业银行定期存款业务。全年共开展11期中央国库现金管理商业银行定期存款业务，操作规模共计4 500亿元，年末余额为2 900亿元。

二、适时适度运用存款准备金率工具，实施差别准备金动态调整机制

在运用公开市场操作进行日常流动性管理的同时，中国人民银行充分发挥存款准备金工具主动性较强、能够深度冻结流动性的特点，通过灵活调整存款准备金率加强流动性管理。在国际收支总体上继续保持较大顺差的背景下，2011年上半年，分别于1月20日、2月24

日、3月25日、4月21日、5月18日和6月20日6次上调存款类金融机构人民币存款准备金率各0.5个百分点，累计上调3个百分点。从2011年9月起，将保证金存款纳入存款准备金交存范围，并根据金融机构流动性状况在3～6个月内逐步实施到位。此举有利于维护准备金交存基数的完整性，健全存款准备金制度的调控功能。2011年第四季度，受欧洲主权债务危机加剧、市场避险情绪上升等因素影响，外汇占款出现波动。在充分发挥公开市场操作的预调微调作用的基础上，12月5日下调存款准备金率0.5个百分点，保持银行体系流动性处于适度水平。

2011年年初，基于对国际金融危机教训的总结，中国人民银行引入差别准备金动态调整机制。该机制将信贷投放与宏观审慎所要求的资本水平相联系，并考虑了各金融机构的系统重要性和稳健性状况，以及所处经济周期的景气程度，具有引导和激励金融机构自我保持稳健和逆周期调节信贷投放的功能。第四季度以后，根据形势变化对有关调控参数进行了调整优化，支持资本充足率较高、资产质量较好、法人治理结构完善、信贷政策执行有力的金融机构加大对符合产业政策的小型微型企业、“三农”等薄弱环节的信贷投放，在政策预调微调中发挥了积极作用。

专栏2 宏观审慎政策框架新进展

宏观审慎管理的核心是从宏观的、逆周期的视角采取措施，防范由金融体系顺周期波动和跨部门传染导致的系统性风险，维护货币和金融体系的稳定。作为危机后国际金融管理改革的核心内容，国际社会强化宏观审慎政策的努力已取得积极进展，初步形成了可操作的政策框架。

在政策工具方面，二十国集团（G20）于2010年年末批准了巴塞尔协议Ⅲ的基本框架，包含了加强宏观审慎管理、增强逆风向调节的诸多进展。一是在最低监管资本要求之上增加基于宏观审慎管理的资本要求。要求银行保留2.5%的资本留存缓冲，以更好地应对经济和金融冲击。各国可根据“信用（贷）/GDP”超出其趋势值的程度等要求银行增加0%～2.5%的逆周期资本缓冲，以保护银行体系免受信贷激增所带来的冲击，起到逆周期调节的作用。系统重要性银行还应在上述最低资本要求的基础上具备更强的吸收损失能力。二是加强对流动性和杠杆率的要求。提出了流动性覆盖比率（LCR）和净稳定融资比率（NSFR）两个标准，以提升金融机构管理流动性风险的能力。作为最低资本要求的补充，新的杠杆率测算纳入了表外风险，以一级资本占表内资产、表外风险敞口和衍生产品总风险暴露来计算杠杆水平。

在国际金融管理改革实践方面，表现出由中央银行主导宏观审慎政策的趋势。根据《金融改革法案》，美国建立了金融稳定监督委员会，负责识别和防范系统性风险。该法案强化了美联储对系统重要性金融机构的监管，授权美联储负责对大型、复杂金融机构实施监管，并对金融市场清算、支付、结算体系进行监管，发现、衡量并化解系统性金融风险。英国政府授权英格兰银行负责宏观审慎管理，通过在英格兰银行内设立金融政策委员会来制定宏观审慎政策，并把金融监管权从金融服务局转移到中央银行。英国将金融监管职责重新归入中央银行，表明其金融管理理念发生了重要变化。2011年9月新修订的《韩国银行法》也进一步强化了韩国银行的宏观审慎管理职能，赋予其维护金融稳定的必要工具和手段。日本银行通过多种方式履行宏观审慎管理职能，包括定期评估金融体系稳定性，将宏观审慎管理与微观层面的现场检查、非现场监测相结合，发挥最后贷款人职能为金融机构提供必要的流动性支持，从宏观审慎管理的视角出发制定货币政策，监测支付结算体系等。国际清算银行（BIS）在有关中央银行治理和金融稳定的报告中指出，宏观审慎管理职责更适合于划归中央银行，这主要是因为中央银行更适合于承担宏观和系统性分析责任。国际货币基金组织（IMF）首席经济学家布兰查德在反思宏观政策框架的报告中也指出，中央银行具有理想的能力来监测宏观经济的变化，同时由于货币政策可能对杠杆和风险行为产生影响，因此也有必要把宏观审慎管理职责集中在中央银行。

作为G20的成员，中国正在着力加强和完善宏观审慎政策框架。“十二五”规划明确提出“构建逆周期的金融宏观审慎管理制度框架”。当前，中国实行数量型工具与价格型工具相结合的金融宏观调控模式，中央银行既重视利率等价格型指标变化，也重视货币信贷增长状况，并运用信贷政策、差别准备金、调整按揭成数等手段加强宏观审慎管理，注重通过窗口指导等方式加强风险提示，取得了较好效果。国际金融危机爆发后，按照中央有关健全宏观审慎政策框架的部署，中国人民银行从2009年年中即开始研究进一步强化宏观审慎管理的政策措施，2011年通过引入差别准备金动态调整措施，把货币信贷和流动性管理的总量调节与强化宏观审慎政策结合起来，有效地促进了货币信贷平稳增长，提升了金融机构的稳健性。下一阶段，将在借鉴国际金融危机教训和国际上有效做法的基础上，结合中国国情，进一步健全宏观审慎政策框架，建立宏观审慎管理和微观审慎监管协调配合、互为补充的体制机制，发挥中央银行在加强逆周期宏观审慎管理中的主导作用，不断完善相关管理手段。

三、发挥利率杠杆的调控作用

2011年前三个季度，中国人民银行分别于2月9日、4月6日和7月7日3次上调金融机构人民币存贷款基准利率。其中，1年期存款基准利率由2.75%提高到3.50%，累计上调0.75个百分点；1年期贷款基准利率由5.81%提高到6.56%，累计上调0.75个百分点。适时上调存贷款基准利率，对于稳定通货膨胀预期、引导货币信贷合理增长发挥了积极作用，对于巩固房地产调控效果、优化资金配置、居民财富保值等也具有积极意义。第四季度以来，随着国内外形势变化，特别是国内价格涨幅逐步回落，存贷款基准利率保持稳定。

四、加强窗口指导和信贷政策引导

中国人民银行继续加强和改善窗口指导，坚持“有扶有控”的信贷政策，引导金融机构合理把握信贷投放节奏，优化信贷结构，防范信贷风险，进一步完善对实体经济、民生领域的金融服务。全面推进信贷政策导向效果评估工作，重点开展涉农和中小企业信贷政策导向效果评估，促进涉农信贷政策和中小企业信贷政策的有效传导。加大对农田水利建设等水利改革发展的金融支持，全面推进农村金融产品和服务方式创新。引导金融机构根据中小企业的最新划分标准，多措并举做好小型微型企业金融服务工作。积极支持产业结构升级和经济结构调整，支持战略性新兴产业企业等高新技术企业发展，指导和督促金融机构全面落实关于金融支持文化产业、服务外包、物流业、旅游业等行业发展的政策要求，进一步加大对环保产业、循环经济发展、节能减排、技术改造等方面的信贷支持。积极完善扶持农民工、妇女、大学生村官、残疾人、少数民族等特殊群体创业促就业的小额担保贷款政策。

总体看，对“三农”和中小企业的信贷支持力度较强。截至2011年年末，金融机构本外币涉农贷款余额为14.6万亿元，占各项贷款的比重为25.1%，当年新增额为2.7万亿元，占各项贷款新增额的比重为34.1%；金融机构小企业贷款余额（含票据贴现）为10.8万亿元，同比增长25.8%，增速分别高于大型企业和中型企业贷款14.2个和12.5个百分点。

五、促进跨境人民币业务发展

跨境人民币业务范围进一步扩大。2011年8月，中国人民银行会同五部委发布《关于扩大跨境贸易人民币结算地区的通知》，将跨境贸易人民币结算境内地域范围扩大至全国。另外，全面开展对外直接投资和外商直接投资人民币结算，跨境人民币业务从经常项目扩展至部分资本项目。1月，中国人民银行发布《境外直接投资人民币结算试点管理办法》，允许境内企业以人民币进行对外直接投资，银行可以按照有关规定向境内机构在境外投资的企业或项目发放人民币贷款。10月，发布《外商直接投资人民币结算业务管理办法》，允许境外投资者以人民币到境内开展直接投资。同月，发布《关于境内银行业金融机构境外项目人民币贷款的指导意见》，明确了商业银行开展境外项目人民币贷款的有关要求。12月，中国证监会、中国人民银行、国家外汇管理局联合发布《基金管理公司、证券公司人民币合格境外机构投资者境内证券投资试点办法》，允许符合一定资格条件的境内基金管理公司、证券公司的香港子公司作为试点机构，运用其在香港募集的人民币资金在经批准的人民币投资额度内开展境内证券投资业务。

跨境贸易和投资人民币结算业务量明显增加。2011年，银行累计办理跨境贸易人民币结算业务2.08万亿元，同比增长3.1倍。跨境贸

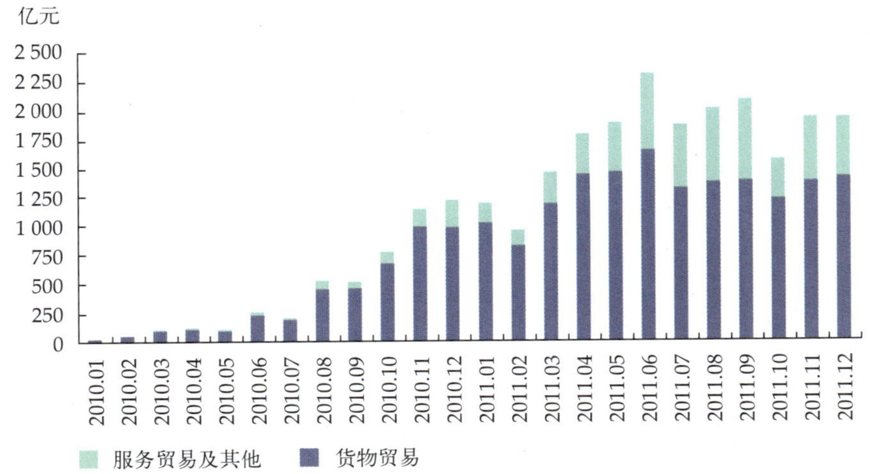

数据来源：中国人民银行。

图1　跨境贸易人民币结算按月情况

易人民币结算收付平衡状况显著改善。全年收付比从2010年的1：5.5上升至1：1.7。2011年，银行累计办理对外直接投资人民币结算业务201.5亿元，外商直接投资人民币结算业务907.2亿元。

专栏3　稳步推进人民币合格境外机构投资者（RQFII）建设

人民币合格境外机构投资者(RQFII)，是指经主管部门批准，运用在香港募集的人民币资金开展境内证券投资业务的相关主体，首批试点机构为境内基金管理公司、证券公司的香港子公司。

2011年8月，国务院副总理李克强在香港举办的“国家‘十二五’规划与两地经贸金融合作发展论坛”上提出，“允许以人民币境外合格机构投资者方式投资境内证券市场。”2011年12月16日，中国证监会、中国人民银行和国家外汇管理局联合发布了《基金管理公司、证券公司人民币合格境外机构投资者境内证券投资试点办法》（以下简称《试点办法》），RQFII试点业务正式启动，国务院批准首批试点共计200亿元人民币境内证券投资额度。《试点办法》包括以下主要内容：一是明确三部门的职责分工，中国证监会负责管理RQFII的资格准入及证券投资活动，中国人民银行负责RQFII在境内开立人民币账户的管理，国家外汇管理局负责RQFII投资额度的管理，中国人民银行会同国家外汇管理局对资金汇出入进行监测管理；二是明确RQFII业务试点参照现行QFII管理，实行托管人制度；三是明确RQFII申请试点业务及投资额度的资格条件和应报送的资料；四是强调RQFII在额度内投资境内人民币金融工具，投资品种和比例等应符合中国证监会和中国人民银行的监管要求；五是规定RQFII应按投资额度管理有关要求办理资金汇出入，投资本金和收益可以人民币或购汇汇出；六是要求RQFII及其托管人、证券公司等机构应遵守各项监管要求，履行相应的统计报备义务。

在跨境贸易人民币结算范围不断扩大、人民币跨境直接投资业务和香港离岸人民币业务不断发展深化的前提下，为进一步增加人民币资金回流渠道、鼓励香港中资证券经营机构拓宽业务渠道，RQFII业务作为又一项资本市场开放的试点制度应运而生。RQFII试点业务借鉴了合格境外机构投资者（QFII）制度的经验，但又有几点变化：一是募集的投资资金是人民币而不是外汇；二是RQFII机构限定为境内基金管理公司和证券公司的香港子公司；三是投资的范围由交易所市场的人民币金融工具扩展到银行间债券市场；四是在完善统计监测的前提下，尽可能地简化和便利对RQFII的投资额度及跨境资金收支管理。

为积极落实RQFII试点相关工作，中国证监会、中国人民银行和国家外汇管理局根据《试点办法》配套出台实施细则，明确了相关的管理要求。截至2012年1月2日，首批共计200亿元人民币的RQFII投资额度已分配完毕，共有21家符合条件的试点机构获得了首批试点资格。部分试点机构已在香港开展资金募集和产品发行工作。

RQFII制度的实施有利于促进跨境人民币业务的开展，拓宽境外人民币持有人的投资渠道，直接推动香港离岸人民币市场的发展；有利于发挥香港中资证券类机构熟悉内地市场的优势，为香港投资者和香港中资证券类机构提供参与境内证券市场投资的机会。另外，对促进中国资本市场的多层次、多角度对外开放也具有积极的意义。

六、完善人民币汇率形成机制

继续按主动性、可控性和渐进性原则，进一步完善人民币汇率形成机制，重在坚持以市场供求为基础，参考一篮子货币进行调节，增强人民币汇率弹性，保持人民币汇率在合理均衡水平上的基本稳定。2011年，人民币对美元汇率中间价最高为6.6349元，最低为6.3009元，244个交易日中143个交易日升值、101个交易日贬值。2011年最大单日升值幅度为0.30%（187点），最大单日贬值幅度为0.22%（139点）。人民币对欧元、日元等其他国际主要货币汇率双向波动。2011年年末，人民币对欧元、日元汇率中间价分别为1欧元兑8.1625元人民币、100日元兑8.1103元人民币，分别较上年年末升值7.89%和0.19%。2005年人民币汇率形成机制改革以来至2011年年末，人民币对欧元汇率累计升值22.68%，对日元汇率累计贬值9.92%。

2011年，中国人民银行积极采取措施推动银行间外汇市场人民币对新兴市场货币挂牌交易业务的开展，鼓励新兴市场货币做市商积极开展柜台业务和参与银行间市场交易，人民币对泰铢在区域银行间市场开始交易。2011年，银行间外汇即期市场人民币对美元、欧元、港元、日元、英镑、卢布、林吉特和泰铢分别成交35.5万亿元、904亿元、1 081亿元、306亿元、27亿元、50亿元、2亿元和2.5亿元人民币。银行间外汇市场人民币对卢布、林吉特和泰铢等新兴市场货币报价成交日趋活跃，为微观经济主体提供了双边直接汇率，支持了双边经贸发展。

七、深入推进金融机构改革

稳步推进大型商业银行和政策性金融机构改革。积极支持和指导中国农业银行“三农金融事业部”改革工作。协调有关部门先后出台营业税减免、监管费减免和差别化存款准备金率等支持政策，有力地发挥了政策导向作用。稳步扩大改革试点范围，明确将中国农业银行黑龙江、河南、河北、安徽4个省、371个县的县支行纳入“三农金融事业部”的改革试点范围。中国出口信用保险公司改革实施总体方案获得国务院批准，200亿元注资已经到位，改革方案正在进一步落实。成立中国农业发展银行改革工作小组，建立相关工作协调机制，明确了推进改革的重点工作和任务分工。积极推进中信集团整体改制，中信集团有限公司和中信股份有限公司已于2011年12月召开创立大会。

落实农村信用社分类激励措施。2011年，中国人民银行对全国已兑付专项票据的2 311个县（市）农村信用社的改革成效进行了考核，并分类实施了激励约束措施。3月31日，对同时达到新增存款一定比例用于当地贷款、政策考核标准和专项票据兑付后续监测考核标准的425个县（市）农村信用社安排增加支农再贷款额度195.4亿元，期限为1年；对达到专项票据兑付后续监测考核标准的农村信用社，在支农再贷款、再贴现等方面适当加大政策支持力度；对考核不达标的农村信用社，采取一定的约束措施。上述政策的实施对激励农村信用社进一步深化改革，引导扩大涉农信贷投放发挥了重要作用。农村信用社改革取得明显成效，资产质量和经营财务状况显著改善，资金实力和支农信贷投放大幅增长。按照贷款五级分类口径统计，2011年年末，全国农村信用社不良贷款比例为5.5%，比上年年末下降1.9个百分点；资本充足率为10.7%，比上年年末提高2个百分点；资产利润率为1%，比上年年末提高0.28个百分点。2011年全国农村信用社新增涉农贷款和农户贷款分别为7 374亿元和3 093亿元，期末余额同比增长19%和15%。2011年年末涉农贷款余额占各项贷款的比例为68.9%，比上年年末提高0.5个百分点。农村信用社产权制度改革稳步推进。截至2011年年末，全国共组建以县（市）为单位的统一法人农村信用社1 882家，农村商业银行212家，农村合作银行190家。

八、深化外汇管理体制改革

采取措施有效减缓银行结售汇顺差和外汇储备过快增长。加强银行结售汇头寸、出口收结汇、资本金结汇等外汇业务管理。进一步下调2011年度境内金融机构短期外债指标总规模，上调银行间外汇市场交易费率，引导银行通过完善挂牌汇率定价调节结售汇差额。加强贸易投资外汇流入真实性审核，鼓励有真实贸易投资需求的购付汇，鼓励企业出口收入存放境外，试行个人结售汇“关注名单”管理等。这些措施对于抑制各种投机套利资金流入、平抑市场可能产生的波动发挥了积极作用。

稳步推进进出口核销改革。2011年12月1日起在江苏、山东、福建等7省（市）进行进出口核销改革试点。合规企业正常的进出口业务均无需逐笔办理核销手续，通过对企业贸易项下货物流与资金流进行总量筛选匹配、动态监测、分类监管，健全风险防范机制，实现贸易便利化和监管有效性的有机统一。从试点情况看，货物贸易外汇管理改革大大简化了银行、企业业务办理手续，降低了运营成本，逐步形成了贸易便利化与风险管理相结合的新型管理模式。

进一步便利市场主体外汇收支和交易。2011年1月1日起，将出口收入存放境外政策推广至全国。简化部分资本项目外汇管理政策，下放五项业务的审批权限。规范电子银行个人结售汇业务管理，便利个人办理结售汇业务。

第三部分 金融市场分析

2011年，金融市场在创新中保持平稳健康发展，各项改革发展的政策措施稳步推进，充分发挥了金融市场在改善融资结构和优化资源配置中的基础性作用。从金融市场运行情况看，货币市场交易活跃，货币市场利率总体高于上年；债券发行规模稳步增加，债券市场指数波动中有所上行；股票市场指数震荡下行，股票成交量有所减少。

一、金融市场运行分析

（一）货币市场交易活跃，货币市场利率总体高于上年

银行间回购、拆借市场交易活跃，成交量总体增加。2011年，银行间市场债券回购累计成交99.5万亿元，日均成交3 978亿元（同比增长13.5%）；同业拆借累计成交33.4万亿元，日均成交1 338亿元（同比增长20%）。从期限结构看，市场交易仍主要集中于隔夜品种，债券回购和同业拆借隔夜品种的成交分别占各自总量的74.8%和81.7%，但比上年分别下降5.1个和6.2个百分点。交易所市场政府债券回购累计成交20.0万亿元，同比增长203.0%。

从机构融资情况看，全年货币市场融出、融入主要呈现以下特点：一是国有商业银行仍是主要的资金供给方，但融出资金量大幅减少，在同业拆借市场上由资金供给方转变为资金需求方；二是其他商业银行及外资金融机构融入资金大幅减少；三是证券公司及基金公司、保险公司融资需求基本保持稳定。

2011年，货币市场利率前升后降，总体高于上年。前三个季度，货币市场利率在波动中保持上行走势；第四季度，受市场通货膨胀预期有所减弱以及存款准备金率下调等因素影响，货币市场利率有所回落。12月，质押式债券回购和同业拆借加权平均利率分别为3.37%和3.33%，比9月分别下降0.38个和0.41个百分点；比上年同期分别上升0.25个和0.41个百分点。2011年，各期限Shibor总体波动上行。

人民币利率互换交易大幅增长。2011年，人民币利率互换市场名义本金总额为26 759.6

表4　2011年金融机构回购、同业拆借资金净融出、净融入情况

单位：亿元

	回购市场		同业拆借	
	2011年	2010年	2011年	2010年
国有商业银行	-192 145	-237 497	47 331	-23 502
其他商业银行	51 817	84 212	-27 958	7 286
其他金融机构	130 249	121 228	-9 802	13 599
其中：证券公司及基金公司	66 659	74 675	10 237	2 149
保险公司	24 926	21 869	—	—
外资金融机构	10 079	32 057	-9 571	2 617

注：本表其他金融机构包括国家开发银行、政策性银行、农村信用社联社、财务公司、信托投资公司、保险公司、证券公司及基金公司；负号表示净融出，正号表示净融入。

数据来源：中国外汇交易中心。

表5 2006～2011年利率衍生产品交易情况

	利率互换		债券远期		远期利率协议	
	交易笔数(笔)	名义本金额(亿元)	交易笔数(笔)	交易量(亿元)	交易笔数(笔)	名义本金额(亿元)
2006年	103	355.7	398	664.5	—	—
2007年	1 978	2 186.9	1 238	2 518.1	14	10.5
2008年	4 040	4 121.5	1 327	5 005.5	137	113.6
2009年	4 044	4 616.4	1 599	6 556.4	27	60.0
2010年	11 643	15 003.4	967	3 183.4	20	33.5
2011年	20 202	26 759.6	436	1 030.1	3	3.0

数据来源：中国外汇交易中心。

亿元，同比增长78.4%。从期限结构来看，1年期及1年期以下交易最为活跃，其名义本金总额为19 992.5亿元，占总量的74.7%。从参考利率来看，人民币利率互换交易的浮动端参考利率主要包括7天回购定盘利率和Shibor，与之挂钩的利率互换交易名义本金占比分别为51.5%和45.5%。债券远期、远期利率协议交易清淡。

（二）债券发行规模稳步增加

银行间债券市场现券交易量保持平稳。2011年累计成交63.6万亿元，日均成交2 546亿元（同比略降0.6%）。从交易主体看，国有商业银行、外资金融机构是银行间现券市场上的净买入方，分别净买入现券5 645亿元和2 129亿元；其他商业银行和其他金融机构是主要的净卖出方，分别净卖出现券5 510亿元和2 269亿元。交易所国债现券成交1 253亿元，同比少成交409亿元。

债券市场指数波动中有所上行。前三个季度，债券市场总体走弱；第四季度以来，债券市场指数有所反弹。中债综合净价指数由年初的99.9点上升至年末的101.3点，上涨1.4%；中债综合全价指数由年初的108.8点上升至年末的111.3点，上涨2.3%。交易所市场国债指数由年初的126.3点升至年末的131.4点，上涨4.0%。

2011年，银行间市场国债收益率曲线总体呈现陡峭化下移走势。全年大致分为三个阶段：第一阶段为2011年前四个月，市场资金面相对充裕，推动短期债券收益率明显下行，同时在银行和保险机构较强配置需求的支撑下，中长期债券收益率小幅下降，国债收益率曲线呈现陡峭化下移趋势。第二阶段是5月初至8月末，受连续上调存款准备金率、通货膨胀预期等因素的影响，市场资金面有所趋紧，加之受欧洲主权债务危机升级等因素影响，信用产品收益率整体上升，带动国债收益率曲线整体有所上移。第三阶段是9月初至年末，一系列宏观经济运行数据显示经济增长趋缓，CPI和PPI涨幅均出现回落，市场紧缩预期明显放缓，收益率曲线出现整体明显下行走势。

债券市场发行规模稳步增加。2011年累计发行各类债券（不含中央银行票据）6.41万亿元，同比增长23.4%。其中，商业银行次级债和混合资本债、国家开发银行及政策性金融债、公司信用类债券增长较快，国债发行规模有所下降。2011年11月，上海、广东、浙江、深圳四省（市）政府进行地方政府自行发债试点，分别在银行间市场发行债券71亿元、69亿元、67亿元和22亿元。截至2011年年末，中央国债登记结算有限责任公司债券托管量余额为21.4万亿元，同比增长7.5%。

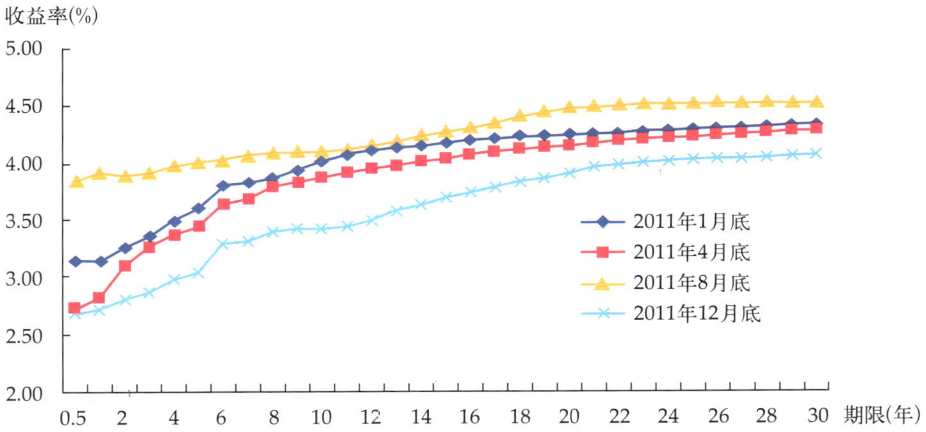

数据来源：中央国债登记结算有限责任公司。

图2　2011年银行间市场国债收益率曲线变化情况

表6　2011年主要债券发行情况

债券品种	发行额(亿元)	同比增长(%)
国债[①]	17 100	-13.5
其中：地方政府债券	2 000	0
国家开发银行及政策性金融债	19 973	51.4
银行次级债、混合资本债	3 169	244.6
银行普通债	350	3 400.0
企业债券[②]	23 103	43.5
其中：短期融资券	8 032	19.1
中期票据	7 270	47.6
公司债券	1 253	107.7

注：①国债含财政部代理发行的地方政府债券。
②包括企业债、短期融资券、超短期融资券、中期票据、中小企业集合票据、非公开定向债务融资工具及公司债券。
数据来源：中国人民银行、中央国债登记结算有限责任公司。

各期限债券发行利率总体呈下降走势。12月发行的3年期国债利率为2.82%，比年初发行的同期限国债利率低40个基点左右；12月国家开发银行的10年期固定利率债券发行利率为3.49%，比年初发行的同期限债券低110个基点左右。Shibor对债券类产品定价基准作用不断提升。2011年，一级市场共发行以Shibor为基准的浮动利率债券15只，总发行量为1 302.8亿元，同比增长128%。另外，共发行固定利率企业债2 449亿元，全部参照Shibor定价；发行参照Shibor定价的固定利率短期融资券2 418亿元，发行量与上年基本持平，占固定利率短期融资券发行总量的比重约为31%。

（三）票据融资总体平稳，利率走高后略有回调

票据承兑业务总体保持增长态势，下半年增幅趋缓。2011年，企业累计签发商业汇票15.1万亿元，同比增长23.8%；期末商业汇票未到期金额为6.7万亿元，同比增长18.7%。承

兑余额从年初的5.6万亿元快速增长至8月末的历史最高值7.0万亿元，之后同比增幅趋缓，年末承兑余额比年初增加超过1万亿元，对企业的资金支持力度较大。

票据融资波动中小幅增长，票据市场利率走高后略有回调，总体处于高位运行。2011年，金融机构累计贴现25.0万亿元，同比下降3.8%；期末贴现余额为1.5万亿元，同比增长2.1%。金融机构加强对信贷投放总量和节奏的控制，年初票据融资余额小幅下降，第二季度逐步回升，下半年余额稳定在1.5万亿元左右。年末票据融资余额占各项贷款的比重为2.8%，比年初下降0.3个百分点。受货币市场利率和票据市场供求变化等多种因素影响，2011年，票据市场利率总体处于高位运行，特别是下半年以来票据市场利率持续震荡上行，10月达到最高点后有所回调。

（四）股票市场指数震荡下行，成交量有所减少

股票市场指数震荡下行。2011年年末，上证综合指数和深证成份指数分别收于2 199点和8 919点，比上年年末分别回落21.7%和28.4%。沪、深两市A股平均市盈率分别从上年末的21.6倍和45.3倍回落到2011年年末的13.4倍和23.5倍。创业板指数下行较多，年末深圳证券交易所创业板指数收于730点，比上年年末回落35.9%。

股票市场成交量有所减少。2011年，沪、深两市累计成交42.2万亿元，同比下降22.7%；日均成交1 728亿元，同比少成交527亿元。创业板累计成交金额为1.89万亿元，比上年年末增长20.1%。年末，沪、深两市流通市值为16.5万亿元，比上年年末减少14.6%。创业板流通市值为2 504亿元，比上年年末增长24.9%。

股票市场筹资额大幅减少。2011年，各类企业和金融机构在境内外股票市场上通过发行、增发、配股等方式累计筹资5 799亿元，同比少筹资5 520亿元。其中，A股融资5 073亿元，同比少融资3 882亿元。

（五）保险业总资产平稳增长

2011年，保险业累计实现保费收入1.43万亿元；累计赔款、给付3 929亿元，同比增长22.8%，其中，财产险赔付同比增长24.5%，人身险赔付同比增长20.6%。

保险业总资产基本保持平稳增长。2011年年末，保险业总资产为6.0万亿元，比上年年末增长19.1%。其中，银行存款比上年年末增长27.5%，投资类资产比上年年末增长17.4%。

（六）外汇市场交易活跃，掉期交易快速增长

2011年，人民币外汇即期成交35 538亿美元，同比增长16.7%。人民币外汇掉期交易累计成交金额折合17 710亿美元，同比增长38.0%，其中，隔夜美元掉期成交10 220亿

表7　2011年年末主要保险资金运用余额及占比情况

	余额(亿元人民币)		占资产总额比重(%)	
	2011年年末	2010年年末	2011年年末	2010年年末
资产总额	60 138	50 482	100.0	100.0
其中：银行存款	17 737	13 910	29.5	27.6
投资	37 737	32 137	62.8	63.7

数据来源：中国保险监督管理委员会。

美元，占掉期总成交额的57.7%。人民币外汇远期市场累计成交2 146亿美元，同比增长556.8%。全年“外币对”累计成交金额折合946.7亿美元，同比增长42.1%，其中，成交最多的产品为美元对港元，占市场份额比重为45.2%，同比下降15.2个百分点。外汇市场交易主体进一步增加，截至2011年年末，共有即期市场会员318家，远期市场会员73家，掉期会员71家，期权会员27家；即期市场做市商26家，远期市场做市商20家。

（七）黄金市场价格震幅较大，交易规模显著增加

黄金价格先涨后跌，波动较大。2011年年初国际金价为1 419.5美元/盎司，9月达到历史最高价1 920.5美元/盎司后震荡下跌，年末收于1 561.8美元/盎司，较年初上涨10.0%。国内金价与国际金价走势总体保持一致，上海黄金交易所年内黄金（AU9995）最高价为396元/克，年末收于319.8元/克，较年初上涨5.9%。全年加权平均价为327.5元/克，比上年上涨61.7元。

上海黄金交易所交易规模大幅增加。2011年，黄金交易累计成交7 438.5吨，同比增长22.9%；成交金额为2.48万亿元，同比增长53.5%；日均成交30.5吨，同比增长22%。白银累计成交24.7万吨，同比增长235.6%；成交金额为1.94万亿元，同比增长402.2%。铂金累计成交65.0吨，同比增长18.9%；成交金额为0.02万亿元，同比增长20.5%。

二、金融市场制度性建设

（一）加强银行间债券市场管理

推动建立科学合理的地方政府举债融资机制。2011年11月，中国人民银行下发《关于试点省市地方政府自行发行地方政府债券有关事宜的通知》，规范地方政府举债融资行为。

推出现券净额清算业务。中国人民银行指导上海清算所制订现券交易净额清算业务方案，并发布了《中国人民银行办公厅关于〈银行间债券市场现券交易净额清算业务规则(试行)〉的批复》，对该项业务从清算会员准入标准、风险管理制度、实时监测机制及资产隔离等方面提出具体要求。2011年12月19日，托管在上海清算所的债券现券净额业务正式上线。现券净额业务的实现是银行间债券市场清算机制的重大创新，也是银行间市场基础设施建设的又一重要进展。

（二）推动黄金市场规范健康发展

一是加强对黄金市场中介机构的监督管理，中国人民银行发布《上海黄金交易所业务监督管理规则》。二是逐步完善市场交易规则，组织上海黄金交易所发布了相关的商业银行代理个人业务指引和商业银行代理个人业务信息技术管理指引，并对现货交易规则等六项业务规则进行修订完善，切实防范黄金市场交易风险。三是联合相关部门出台《关于加强黄金交易所或从事黄金业务交易平台管理的通知》，对非法黄金交易及非法黄金衍生产品交易场所进行清理。

（三）完善证券市场基础性制度建设

进一步完善上市公司内幕信息管理制度。2011年10月，中国证监会发布《关于上市公司建立内幕信息知情人登记管理制度的规定》，要求上市公司建立内幕信息知情人档案，做好内幕信息的登记与保密工作。该制度的建立有利于增强上市公司及与其相关的内幕信息知情人的保密意识，为内幕交易稽查办案工作提供证据线索，是防控和打击内幕交易的重要基础性工作。

（四）完善保险市场基础性制度建设

强化资本管理，降低行业风险。中国保监会于10月修订《保险公司次级定期债务管理办法》，增加了募集人资质的要求，规定次级债计入附属资本的金额不得超过净资产的50%，募集资金不得用于投资股权、不动产和基础设施等，对于规范保险公司利用次级债增加资本、强化保险业核心资本、提高公司资本质量、降低行业风险具有重要意义。

规范保险公司业务行为，保护投保人利益。加快推进全国车险信息共享工作，基本建成交强险和商业车险在内的全国车险联合信息平台。制定了人身险业务经营规则、保险销售从业人员监管规定，发布《商业银行代理保险业务监管指引》，规范保险经营行为，更好地维护投保人、被保险人利益。颁布了《保险公司保险业务转让管理暂行办法》，初步建立了保险业务转让的制度框架和基本流程。

第四部分　宏观经济分析

一、世界经济金融形势

2011年，全球经济复苏放缓，主权债务危机升级蔓延，经济下行风险凸显。美国经济下半年出现积极信号。欧元区财政和金融风险交替上升，增长前景不容乐观。日本受严重地震海啸灾害冲击，经济出现衰退后略有反弹。新兴经济体增长势头普遍趋缓，部分国家面临较为严重的通货膨胀和短期资本大进大出的风险。国际货币基金组织（IMF）在2012年1月的《世界经济展望更新》中下调了全球经济增长率预测值0.2个百分点，2011 年全球经济增长率为3.8%，其中，美国、欧元区、日本和新兴经济体2011年的经济增长率分别为1.8%、1.6%、-0.9%和6.2%，比2010年分别低1.2个、0.3个、5.3个和1.1个百分点。

（一）主要经济体经济形势

美国经济增长势头有所回升，通货膨胀、就业形势略有改善。2011年第四季度GDP增速上升。12月失业率为8.5%，环比下降0.2个百分点，失业总人数为1 310万，为2009年以来的最低水平。通货膨胀压力也有所减轻，12月CPI同比上涨3.0%，已连续3个月回落。贸易赤字水平自7月以来逐月回落，11月有所上升，为477.5亿美元。财政赤字问题仍然十分严重。2011财年联邦财政赤字为1.3万亿美元，赤字占GDP的比例为8.7%，较2010年的9.0%略有下降，但仍为1945年后第三高的赤字比率。

表8　主要经济体宏观经济金融指标

国别	指　标	2010年第四季度			2011年第一季度			2011年第二季度			2011年第三季度			2011年第四季度		
		10月	11月	12月	1月	2月	3月	4月	5月	6月	7月	8月	9月	10月	11月	12月
美国	实际GDP增速(环比折年率，%)	3.1			0.4			1.3			1.8			2.8(初值)		
	失业率 (%)	9.5	9.8	9.4	9.1	9.0	8.9	9.0	9.0	9.1	9.1	9.1	9.0	8.9	8.7	8.5
	CPI (同比，%)	1.2	1.1	1.5	1.6	2.1	2.7	3.2	3.6	3.6	3.6	3.8	3.9	3.5	3.4	3.0
	道琼斯工业平均指数 (期末)	11 118	11 006	11 578	11 892	12 226	12 320	12 811	12 570	12 414	12 143	11 613	10 913	11 955	12 045	12 218
	纳斯达克指数 (期末)	2 507	2 498	2 653	2 700	2 782	2 781	2 874	2 835	2 774	2 756	2 579	2 415	2 684	2 620	2 605
欧元区	实际GDP增速(季度同比，%)	2.0			2.4			1.6			1.3			—		
	失业率 (%)	10.1	10.1	10.0	10.0	10.0	10.0	9.9	10.0	10.0	10.1	10.1	10.2	10.3	10.4	10.4
	HICP综合物价指数 (同比，%)	1.9	1.9	2.2	2.3	2.4	2.7	2.8	2.7	2.7	2.5	2.5	3.0	3.0	3.0	2.7
	EURO STOXX 50 (期末)	2 543	2 478	2 601	2 654	2 713	2 583	2 661	2 632	2 561	2 511	2 238	2 160	2 318	2 299	2 370
日本	实际GDP增速(环比折年率，%)	-2.4			-3.7			-2.1			5.6			—		
	失业率 (%)	5.1	5.1	4.9	4.9	4.6	4.6	4.7	4.5	4.6	4.7	4.3	4.1	4.5	4.5	4.5
	CPI (同比，%)	0.2	0.1	0.0	-0.6	-0.5	-0.5	-0.4	-0.4	-0.4	0.2	0.2	0.0	-0.2	-0.2	-0.2
	日经225指数 (期末)	9 202	9 937	10 229	10 238	10 624	9 755	9 850	9 694	9 816	9 833	8 955	8 700	8 988	8 435	8 455

数据来源：各经济体相关统计部门及中央银行。

欧元区经济复苏动力减弱，国别增速进一步分化。根据欧洲中央银行预测，欧元区2012年经济增长将降至-0.4%～1%，有陷入新一轮衰退的可能。欧元区通货膨胀连续13个月高于2%的目标，12月HICP同比上涨2.7%。从国别来看，德国第三季度GDP同比增长2.6%，连续两个季度下滑，但仍明显快于欧元区其他国家。法国第三季度GDP同比增速为1.6%。而希腊、葡萄牙等重债国形势持续恶化，第三季度GDP同比分别萎缩5.2%和1.7%。为解决债务危机，欧盟出台了一系列改革方案，但效果仍待市场检验。12月标准普尔和惠誉分别调降了多个欧元区国家的信用评级展望。

地震灾害冲击日本经济，贸易和债务情况恶化。受3月地震和海啸灾害影响，2011年日本经济增长先降后升。消费价格指数持续处于低位，12月核心CPI同比负增长0.2%。受日元升值、地震灾害和外部需求下降影响，2011年日本出口形势恶化，全年贸易逆差为2.5万亿日元，时隔31年再次成为贸易赤字国。地震灾害导致财政支出大幅增加，政府债务负担进一步加重，第三季度末债务余额创954万亿日元的历史新高，债务余额与GDP之比为199%。2012财年预算预计支出的90万亿日元，其中，44万亿需通过负债融资。

受国内政策持续紧缩、经济周期性下行以及外部需求下降等多重因素影响，主要新兴经济体增长速度普遍放缓，面临“稳增长、控通胀”和防止短期跨境资本流动大幅波动的挑战。印度第三季度GDP同比增长6.9%，连续六个季度增速下滑。巴西第三季度GDP环比增长为零，同比仅增长2.1%,创下2009年第一季度以来的新低。另外，南非、土耳其、印度尼西亚、越南等新兴市场国家也面临增长显著放缓的局面。经济增长前景恶化影响了投资者对新兴市场国家资产的信心，加上欧元区银行出售在这些国家的资产以弥补自身资金缺口，部分新兴市场国家出现了资本外流、本币贬值的趋势，加大了宏观政策决策的难度。

（二）国际金融市场概况

主要国际货币间汇率宽幅震荡。2011年年末，欧元对美元汇率为1.2945美元/欧元，较上年年末贬值3.23%。1～4月，欧洲经济整体运行平稳，市场加息预期强烈，欧元对美元持续升值；5月后，受欧洲主权债务危机恶化和蔓延影响，欧元对美元震荡回落。日元受避险需求买盘影响对美元保持高位。年末，日元对美元汇率为76.94日元/美元，较上年年末升值5.47%。美联储公布的美元广义名义贸易加权指数全年累计升值1.65%。

国际货币市场利率大幅波动。伦敦同业拆借市场美元Libor先降后升。上半年，受美联储继续实施量化宽松的货币政策影响，美元Libor小幅下行，此后受主权债务危机加剧、市场避险需求上升等因素影响快速上行，1年期Libor于6月13日降至年内低点0.72%后上行，12月30日升至1.13%，比年初上升0.35个百分点。欧元区同业拆借利率Euribor受欧洲中央银行4月和7月两次加息等因素的影响震荡上行，1年期Euribor于7月8日升至年内高点2.2%并高位波动。随着主权债务危机向银行体系和实体经济扩散，欧洲中央银行11月和12月连续两次降息，Euribor高位回落，12月30日1年期Euribor为1.95%，仍比年初上升0.44个百分点。

避险需求大幅压低主要发达国家的国债收益率。上半年，随着国际评级公司相继下调欧元区国家的信用评级，希腊、爱尔兰、意大利等国国债收益率大幅飙升，国际资本避险需求上升。虽然8月标准普尔和穆迪分别下调了美国和日本的主权信用评级，但美国和日本的国债收益率不升反降，德国国债收益率也呈现震荡走低趋势。第四季度，受以10月26日和12

月9日两次欧盟峰会为代表的欧洲主权债务危机进展影响，美国、德国国债收益率再度振荡下行。截至12月31日，美国、德国和日本的10 年期国债收益率分别收于1.88%、1.83%和0.99%，较上年年末分别下跌1.48个、1.14个和0.13个百分点。

全球股票市场波动幅度较大。上半年，由于全球主要经济体经济指标表现良好以及主权债务危机暂时缓解，全球股票市场总体运行相对平稳，仅在3月中旬受日本大地震影响而短暂大跌。第三季度，美欧主权债务问题恶化加剧了市场的恐慌情绪，加之全球经济复苏趋缓，全球主要股票市场暴跌后在低位宽幅震荡。第四季度，受市场对美欧主权债务危机预期的起伏以及美欧第三季度经济表现较好等因素交替影响，美欧主要股票市场震荡上扬。截至12月30日，道琼斯指数、纳斯达克指数和STOXX50 指数分别收于12 218点、2 605点和2 370点，较上年年末分别上涨5.5%、1.8%和下跌8.9%。受经济复苏动力趋缓和严重的地震海啸灾害双重影响，日本股票市场全年出现较大幅度下跌，日经225指数年末收于8 455点，较上年年末下跌17.3%。

（三）主要经济体房地产市场走势

美国房地产市场出现复苏迹象，但前景仍不明朗。美国商务部发布的数据显示，2011年新房销售总量为30.2万户，同比下降6.2%；新房销售中间价大幅下降，12月为每套21.03万美元，同比下降12.9%；2011年新开工房屋总量同比上升1.2%。全美地产经纪商协会数据显示，2011年成屋销售量先降后升，全年为426万套，同比上升1.7%。与此同时，成屋销售中间价呈先降后升走势，12月为每套16.45万美元，同比下降2.5%。

欧洲房地产市场复苏态势不一。2011年德国和法国房地产价格仍继续上涨，英国的房地产价格先升后降，12月HALIFAX房价指数环比下跌0.9%，第四季度同比下跌1.3%。由于经济增长前景黯淡，英国房价仍有下行压力。受全球经济复苏放缓和欧元区主权债务危机不断蔓延等因素的影响，欧元区外围国家房地产市场仍无起色。

日本灾后房屋重建需求上升，但价格仍较低迷。据日本国土交通省统计，2011年日本新房开工数量同比上升4.2%；50家大型建筑公司接到的营建订单同比增长10.3%。2011年日本基准地价比上年下降3.4%，为连续20年下降。

（四）主要经济体货币政策

财政风险和金融风险交替上升导致全球经济复苏不确定性增加，各主要发达经济体中央银行保持极度宽松的货币政策，并继续实施包括量化宽松在内的非常规货币政策。2011年，美联储继续维持0～0.25%的联邦基金利率目标区间。2012年年初，美联储表示极低的基准利率水平将可能至少维持到2014年年底。日本银行继续维持“零利率”政策，将银行间无担保隔夜拆借利率保持在0～0.1%的区间。为应对欧洲主权债务危机，欧洲中央银行利率政策由紧转松，继4月、7月加息后，分别于11月3日、12月8日将主要再融资利率从1.5%降低至1%的历史最低水平。英格兰银行继续将基准利率维持在0.5%的历史最低水平。另外，美联储在6月底按期结束第二轮资产收购计划，于9月21日宣布实施“扭转操作”，卖出4 000亿美元的3年期及3年期以下期限的短期国债，并买入相同金额的6～30年期的长期国债。为应对欧洲主权债务危机，向市场注入美元流动性，美联储联合欧洲中央银行、日本银行、英格兰银行、加拿大中央银行和瑞士中央银行五家中央银行于11月30日宣布，将美元货币互换利率下调50个基点，并将互换协议延期至2013年2月1日。欧洲中央银行自11月起推出400亿欧元的新一轮担保债券购买计划，采用长期再融资操作（LTROs）以低息向银行体系提供流动性，降低了资产抵押债券作为抵押品的信用评级门槛，并将存款准备金率从2%降至1%。为应对不稳定的外部环境，缓解地震灾害冲击，日本银行推出总额达5 000亿日元的中小企业融资支持框架；将资产购买规模从年初的40万亿日元逐步扩大到55万亿日元；为地震灾区金融机构提供总规模为1万亿日元的低息贷款，并将申请贷款的截止日期延长至2012年4月30日。英国于10月6日将政府债券购买计划扩大750亿英镑至2 750亿英镑以刺激经济复苏。

新兴经济体货币政策有所分化。主要新兴经济体同时面临经济放缓和通货膨胀压力，但随着外部环境的恶化，货币政策由紧转松。韩国、菲律宾、秘鲁、马来西亚以及智利在上半年加息后保持基准利率水平不变，俄罗斯、巴西、泰国、印度尼西亚等国第四季度相继降息以刺激经济增长。其中，泰国中央银行11月30日将隔夜回购利率降低25个基点至3.25%，为两年来首次降息。巴西中央银行于8月、10月和11月三度降息，以应对经济减速。12月16日，印度储备银行宣布将回购利率维持在8.5%的水平不变，结束了长达19个月的加息周期。

（五）全球经济展望及面临的主要风险

国际货币基金组织在2012年1月发布的《世界经济展望更新》中预测，2012年全球经济活动将减弱，下行风险将进一步增大。2012年，全球经济增长率将降至3.3%。其中，美国经济增长率为1.8%，与2011年持平；欧元区2012年将衰退0.5%；日本灾后产业链恢复，增速将反弹至1.7%；新兴经济体增速将降至5.4%。

展望未来，全球经济主要面临以下风险：一是主权债务危机正向整个欧元区蔓延，一旦失控，将引发新一轮全球经济系统性风险。二是主要发达经济体缺乏可信的财政整顿计划，可能在中长期影响复苏。三是全球银行体系风险增加，“去杠杆化”形势严峻，可能对实体经济造成冲击。四是新兴经济体经济增速进一步放缓，同时面临通货膨胀和资本流动逆转的风险，宏观调控难度加大。五是贸易保护主义抬头。

二、中国宏观经济运行分析

2011年，中国经济增长由政策刺激向自主增长转变，国民经济继续朝着宏观调控的预期方向发展，运行态势良好。消费和投资平稳

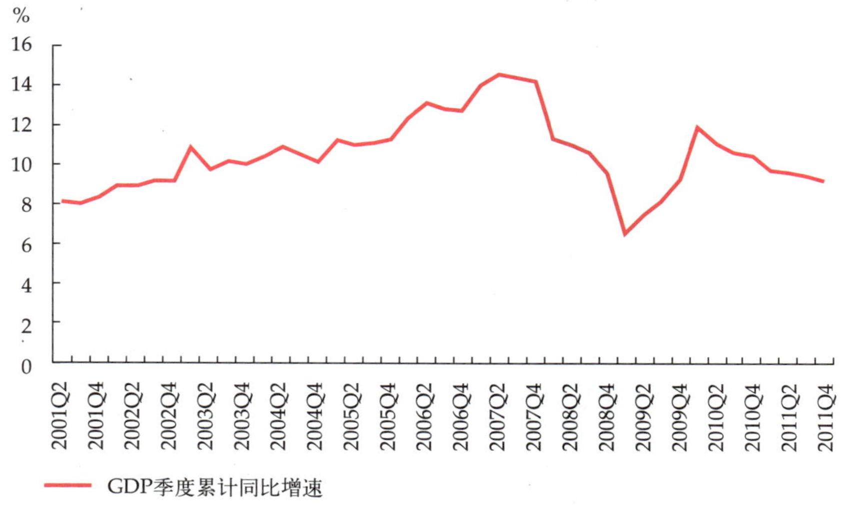

数据来源：国家统计局。

图3　GDP平稳较快增长

增长，对外贸易更趋平衡，工农业生产稳定增长，物价过快上涨势头得到初步遏制。2011年，实现国内生产总值（GDP）47.2万亿元，按可比价格计算，比上年增长9.2%，增速比上年低1.2个百分点，其中，第四季度GDP同比增长8.9%，环比增长2.0%。2011年，居民消费价格指数(CPI)同比上涨5.4%，比上年高2.1个百分点，其中，第四季度同比上涨4.6%，比上个季度回落1.7个百分点。2011年，贸易顺差为1 551亿美元，比上年减少264亿美元。

（一）消费和投资平稳增长，对外贸易更趋平衡

城乡居民收入继续稳定增长，农村居民收入增长较快，国内消费需求稳定。2011年，城镇居民家庭人均可支配收入为21 810元，比上年增长14.1%，扣除价格因素，实际增长8.4%；农村居民人均纯收入为6 977元，增长17.9%，扣除价格因素，实际增长11.4%。第四季度全国城镇储户问卷调查结果显示，居民当期收入感受指数为50.9%，比上个季度回升0.5个百分点，结束了前两个季度大幅回落的趋势，居民消费意愿稳定。2011年，社会消费品零售总额为18.1万亿元，增长17.1%；扣除价格因素，实际增长11.6%，比上年低3.2个百分点。分城乡看，城镇消费增速略快于乡村。2011年，城镇消费品零售额为15.7万亿元，比上年增长17.2%；乡村消费品零售额为2.4万亿元，增长16.7%。

固定资产投资保持较快增长，中西部投资增速明显快于东部。2011年，固定资产投资（不含农户）30.2万亿元，比上年增长23.8%，扣除价格因素后，实际增长16.1%。其中，国有及国有控股投资为10.7万亿元，增长11.1%。分地区看，东部、中部、西部地区投资分别增长21.3%、28.8%、29.2%；分产业看，三次产业投资分别增长25.0%、27.3%和21.1%。新开工项目计划总投资24.0万亿元，增长22.5%，施工项目计划总投资63.2万亿元，增长18.7%。

进出口增速回落，贸易顺差继续收窄。2011年，进出口总额为36 421亿美元，比上年增长22.5%，比上年低12.2个百分点；出口为18 986亿美元，增长20.3%，比上年低11个百分点；进口为17 435亿美元，增长24.9%，比上年低13.8个百分点。2011年贸易顺差为1 551亿美元，比上年减少264亿美元，已连续三年下降。对欧美日贸易增长平稳，对新兴

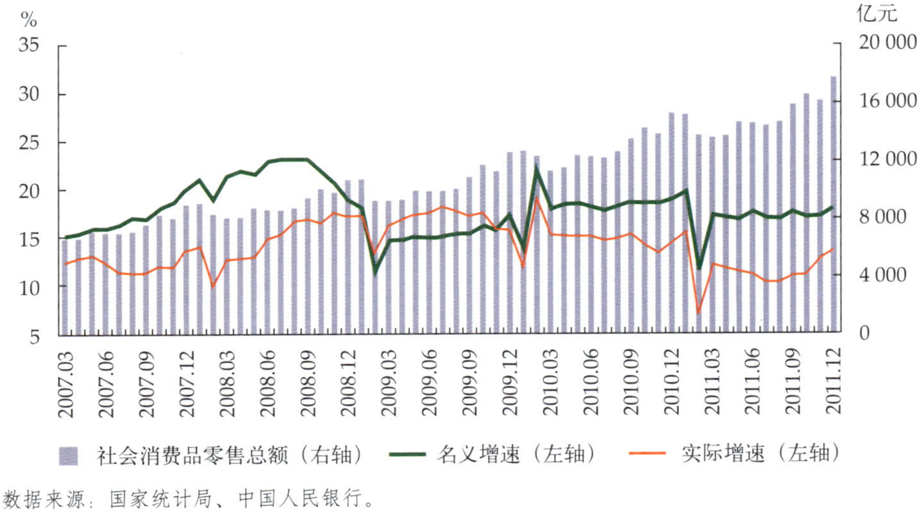

数据来源：国家统计局、中国人民银行。

图4　消费需求稳定

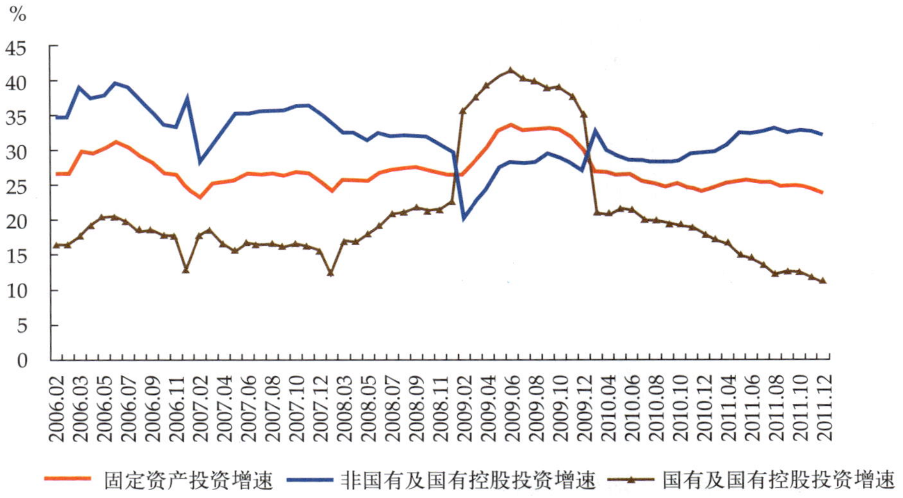

数据来源：国家统计局。

图5　固定资产投资保持较快增长

市场增长迅速。2011年，中国与欧盟、美国和日本的贸易总值分别增长18.3%、15.9%和15.1%；中国与东盟、巴西、俄罗斯和南非的双边贸易总值分别增长23.9%、34.5%、42.7%和76.7%。贸易方式继续改善，一般贸易增长强劲，加工贸易比重下降明显。2011年，一般贸易进出口额为1.9万亿美元，增长29.2%，占进出口总额的52.8%，比上年提升2.7个百分点。加工贸易进出口额为1.3万亿美元，增长12.7%，占进出口总额的36.1%，较上年下降2.8个百分点。2011年实际使用外商直接投资1 160亿美元，增长9.7%，增速比上年低7.7个百分点。

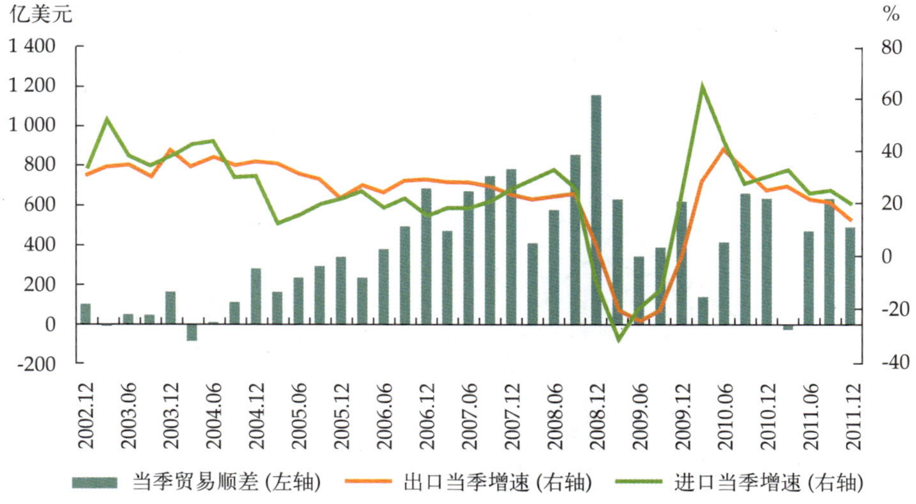

数据来源：海关总署、中国人民银行。

图6　对外贸易更趋平衡

（二）农业生产形势较好，工业生产平稳增长

2011年，第一产业增加值为4.8万亿元，增长4.5%；第二产业增加值为22.1万亿元，增长10.6%；第三产业增加值为20.3万亿元，增长8.9%。三次产业占GDP比重分别为10.1%、46.8%和43.1%。

农业生产稳定增长，全年粮食产量再获丰收。2011年，粮食产量为57 121万吨，比上年增长4.5%。猪牛羊禽肉产量为7 803万吨，增长0.3%。

工业生产平稳增长，产销衔接良好。2011年，全国规模以上工业增加值同比增长13.9%；工业产销衔接良好，工业产品产销率为98%。工业企业效益继续增加。全国规模以上工业企业实现利润5.5万亿元，同比增长25.4%。第四季度中国人民银行5 000户工业企业调查显示，企业经营景气状况继续回落，但原材料供应有所好转。第四季度，企业经营景气指数连续四个季度回落至67.5%。企业产品市场需求指数为57.4%，比上个季度低3.2个百分点。其中，国内订单指数连续四个季度回落至53.2%；出口订单指数为48.7%，较上个季度低2.9个百分点，自2009年第四季度以来首次落入50%以下不景气区间。原材料供应情况指数连续两个季度上升至63.5%，较上个季度高1.0个百分点。

（三）物价过快上涨势头得到初步遏制

2011年年初以来，在能源资源、劳动力等要素成本上升、通货膨胀预期较强、国内需求较快增长等多种因素的共同作用下，价格上涨压力继续增大。进入下半年，随着国内经济增长趋稳和稳健的货币政策效果逐步显现，加之国际大宗商品价格整体出现回落，价格上涨压力有所减轻，主要价格指标开始趋稳回落，物价上涨过快的势头得到了初步遏制。

居民消费价格同比涨幅前期不断扩大，7月后连续回落。2011年CPI同比上涨5.4%，比上年高2.1个百分点。各季度同比涨幅分别为5.1%、5.7%、6.3%和4.6%。从食品和非食品分类看，食品价格上涨11.8%，涨幅比上年高4.6个百分点；非食品价格上涨2.6%，比上年高1.3个百分点。从消费品和服务分类看，消费品价格上涨6.2%，比上年高2.5个百分点；服务价格上涨3.5%，比上年高1.5个百分点。

生产价格涨幅前三个季度高位运行，第四季度明显回落。2011年，工业生产者出厂价格同比上涨6.0%，比上年高0.5个百分点。各季度同比分别上涨7.1%、6.9%、7.1%和3.1%。工业生产者购进价格同比上涨9.1%，比上年低0.5个百分点。各季度同比分别上涨10.2%、10.4%、10.5%和5.5%。2011年，企业商品价格指数（CGPI）上涨7.6%，比上年高1.1个百分点。按商品用途分类看，投资品和消费品价格分别上涨7.0%和9.0%；按商品基本分类看，农产品、矿产品、煤油电和加工业产品同比分别上涨14.4%、11.4%、9.5%和5.6%。农产品生产价格（指农产品生产者直接出售其产品时的价格）涨幅高于农业生产资料价格涨幅。2011年，农产品生产价格上涨16.5%，比上年高5.6个百分点；农业生产资料价格上涨11.3%，比上年高8.4个百分点。

进口价格涨幅高于出口价格涨幅。2011年，进口价格同比上涨14.0%，比上年高0.3个百分点，各季度分别同比上涨14.6%、15.1%、15.1%和11.1%。出口价格同比上涨10.0%，比上年高7.6个百分点，各季度分别同比上涨10.0%、10.4%、9.7%和10.1%。2011年各季度，纽约商品交易所原油期货当季平均价格分别环比上涨10.9%、8.2%、-12.5%和5.0%，累计上涨10.4%；伦敦金属交易所铜当季平均价格分别环比上涨11.7%、-5.3%、-1.7%和-16.6%，累计下跌

13.3%；伦敦金属交易所铝当季平均价格分别环比上涨6.8%、3.9%、-7.7%和-12.9%，累计下跌10.9%。

GDP缩减指数有所回落。2011年GDP为47.2万亿元，增长9.2%，GDP缩减指数（按当年价格计算的GDP与按固定价格计算的GDP的比率）变动率为7.6%，比上年高0.9个百分点，比前三个季度回落0.1个百分点。

资源性产品价格改革取得了新的进展。一是推进资源税改革，在现有资源税从量定额计征的基础上增加从价定率的计征办法，调整原油、天然气等品目资源税税率。二是国务院明确提出实施有利于环境保护的经济政策，积极推进环境税费改革，研究开征环境保护税。三是实行新的航空煤油出厂价格形成机制，航空煤油出厂价格将按照不超过新加坡市场进口到岸完税价的原则，由供需双方协商确定。四是试行居民生活用电阶梯电价，待各地进行价格听证后实施。五是在广东省、广西壮族自治区开展天然气价格形成机制改革试点，探索建立反映市场供求和资源稀缺程度的价格动态调整机制，逐步理顺天然气与可替代能源比价关系，为在全国范围内推进天然气价格改革积累经验。

专栏4　工业生产者价格指数

工业生产者价格指数（PPI）是衡量工业生产者价格变动趋势和变动幅度的相对数，是反映某一时期生产领域价格变动情况的重要经济指标。工业生产者价格包括工业生产者出厂价格和工业生产者购进价格，前者是工业企业产品第一次出售时的价格，后者是工业企业购进中间投入产品的价格。

PPI统计采价的商品篮子中，生产资料占比达到70%左右，生产资料价格变动对PPI走势具有决定性影响。具体来看，国际大宗商品价格和国内投资需求是影响生产资料价格以及PPI波动的两个基本因素。一是随着对外开放程度不断提高和经济持续较快发展，中国对原油、铁矿石等能源资源的进口依存度上升较快，国际大宗商品价格波动通过贸易渠道和预期渠道向国内PPI的传递效应明显增大。从历史上看，2008年上半年和下半年，国际原油、铁矿石等大宗商品价格暴涨暴跌，国内PPI也经历了涨跌幅达10%的波动。二是经济周期转换过程中投资需求等变化也会对生产资料价格以及PPI产生重要影响。历史上看， 2007年至2008年上半年以及2009年应对国际金融危机以来，投资增长较快、固定资产投资价格指数涨幅较高时，PPI涨幅也明显较高。2011年以来随着投资增速逐渐放缓，PPI也相应呈回落走势。

PPI和CPI作为具有基本对应关系的上下游价格指数，二者之间具有一定的传导效应，但由于统计采价的商品篮子和环节明显不同，二者的波动在时间先后和幅度上存在一定差异。具体看，CPI的商品篮子以消费品为主，且包括服务业价格；PPI的商品篮子以生产资料为主，不包括服务业价格。采价环节上，前者主要从生产者角度考察价格的变化情况，后者则是从消费者角度衡量价格变化情况。从历史上看，通常PPI的波动时间先于CPI，波动幅度强于CPI。在近期的价格涨幅回落过程中，也表现出PPI率先回落且回落幅度明显大于CPI的特点。主要原因：2011年4月以来国际大宗商品价格总体呈下跌走势，CRB期货价格指数12月已转为同比下降6.7%，对以生产资料为主的PPI影响更大。从CPI看，尽管和PPI关联度较大的非食品价格同比涨幅也逐月回落，但受原材料和人工成本影响较大的食品价格和服务消费价格涨幅仍相对较高，一定程度上制约了CPI涨幅的回落幅度，而在国内需求增长放缓和国外需求下降的双重影响下，大多数工业产品由于供大于求使得出厂价格上调空间相对有限。

（四）财政收入增速高于上年，财政支出保持较快增长

2011年，财政收入（不含债务收入）大幅提高，全国财政收入为10.4万亿元，同比增长24.8%，增速比上年高3.5个百分点；全国财政支出为10.9万亿元，同比增长21.2%，增速比上年高3.4个百分点。收支相抵，收入小于支出5 190亿元。

从财政收入结构看，2011年税收收入为9.0万亿元，同比增长22.6%，增速比上年低0.4个百分点。其中，国内增值税同比增长15.0%，营业税同比增长22.6%，国内消费税同比增长14.2%，进口货物增值税、消费税同比增长29.3%，企业所得税同比增长30.5%，个人所得税同比增长25.2%。

从支出结构看，2011年各项支出中增长较快的主要有，住房保障支出同比增长60.8%、交通运输支出同比增长36.1%、医疗卫生支出同比增长32.5%。全国财政支出中最大的三项分别为教育支出16 116亿元、社会保障和就业支出11 144亿元、一般公共服务支出11 109亿元，分别占财政支出的14.8%、10.2%和10.2%。

（五）国际收支不平衡压力有所缓解

2011年前三个季度，国际收支经常项目、资本和金融项目继续呈现“双顺差”格局，国际储备资产继续增加。经常项目顺差为1 412亿美元，同比减少30.7%，与GDP之比降至3%；资本和金融项目顺差为2 501亿美元，同比增长92.2%；国际储备资产增加3 754亿美元。第四季度以来，在欧美主权债务危机、市场预期变化和以“减顺差、促平衡”为导向的外汇管理政策调整的影响下，跨境资金净流入趋缓，个别月份银行代客结售汇出现逆差，国际收支不平衡的压力有所缓解。截至2011年年末，国家外汇储备余额为31 811亿美元。

预计当前外汇收支运行态势可能延续一段时间，2012年外汇资金总体保持净流入，但流入总量将明显低于过去几年的平均水平。进出口顺差和外商直接投资仍将是外汇净流入的主要渠道。一方面，现阶段国内储蓄依然大于投资，在现有的国际分工格局下，中国经常项目尤其是贸易顺差局面不会改变；另一方面，中国经济持续平稳较快发展，国内市场前景广阔，有望继续吸引国际长期资本流入。同时，欧美主权债务问题和国际金融市场状况对中国国际收支的影响仍需密切观察。

外债规模总体上升。截至2011年9月末，外债余额为6 971.6亿美元，同比增长27.6%。其中，登记外债余额为4 405.6亿美元，同比增长34.9%，占外债余额的63.2%；短期外债余额为5 076.3亿美元，同比增长37.4%，占外债余额的72.8%。

（六）行业分析

工业利润增长平稳。2011年，在39个工业大类行业中，37个行业利润同比增长，2个行业同比下降。其中，石油和天然气开采业利润同比增长44.8%，黑色金属矿采选业增

长53.0%，化学原料及化学制品制造业增长32.1%，石油加工、炼焦及核燃料加工业下降92.8%。2011年，发电量为46 037亿千瓦时，同比增长12.0%；原油产量为20 365万吨，同比增长0.3%。1～11月，原煤产量为34.6亿吨，同比增长11.6%；全社会货运量为330.3亿吨，同比增长14.3%。

1. 房地产行业

2011年1月，国务院办公厅印发《关于进一步做好房地产市场调控工作有关问题的通知》（国办发[2011]1号），综合采取土地、税收、金融等多项政策措施，进一步加强房地产市场调控。随着各项调控政策措施的贯彻落实，房地产市场走势回稳，保障性安居工程建设快速推进，主要金融机构房地产贷款增速放缓。

房价环比下降的城市个数增多。12月，全国70个大中城市中，新建商品住宅价格环比下降的城市有52个，比1月增加了49个，价格环比持平的城市有16个，环比价格上涨的城市，涨幅均为0.1%。二手住宅价格下降的城市有51个，比1月增加了48个，环比价格持平的城市有16个，环比价格上涨的城市中，涨幅均未超过0.2%。

商品房销售增速有所下降。2011年，全国商品房销售面积为10.99亿平方米，同比增长4.9%，比上年回落5.7个百分点。商品房销售额为5.9万亿元，同比增长12.1%，比上年回落6.8个百分点。其中，商品住宅的销售面积和销售额分别占商品房销售面积和销售额的88.3%和82.2%，办公楼和商业营业用房销售增幅大幅超过商品住宅销售增幅。

房地产开发投资高位缓慢回落。2011年，全国房地产开发投资为6.2万亿元，同比增长27.9%，比上年回落5.3个百分点。其中，住宅投资为4.4万亿元，占房地产开发投资额的71.8%。全国房屋新开工面积增速逐步回落，2011年，全国房屋新开工面积为19.01亿平方米，同比增长16.2%，比上年回落24.4个百分点。全国房屋施工面积为50.8亿平方米，同比增长25.3%，比上年回落1.2个百分点。全国房屋竣工面积为8.92亿平方米，同比增长13.3%，比上年提高5.0个百分点。

房地产贷款增速整体回落。房地产贷款余额同比增速在2010年4月达到最高值46.4%，此后持续回落，2011年12月略有回升。截至2011年年末，主要金融机构（含外资）房地产贷款余额为10.73万亿元，同比增长13.9%，比上年年末回落13.5个百分点。其中，地产开发贷款余额为7 680亿元，同比下降7.9%，上年年末为同比增长24.7%；房产开发贷款余额为2.72万亿元，同比增长17.1%，比上年年末低5.9个百分点；个人购房贷款余额为7.14万亿元，同比增长15.5%，比上年年末低14.0个百分点。年末，房地产贷款余额占各项贷款余额的20.1%。从贷款新增量看，2011年新增房地产贷款1.26万亿元，同比少增7 704亿元。

保障性安居工程信贷支持力度不断加强。2011年，全国城镇保障性住房和棚户区改造住房开工量已超过1 000万套，完成了年初新开工计划的目标任务。截至2011年年末，全国保障性住房开发贷款余额为3 409亿元，占全部房产开发贷款余额的12.5%，全年累计增加1 751亿元，占同期房产开发贷款新增额的50.1%，比年初提高31.7个百分点。另外，利用住房公积金贷款支持保障性住房建设试点工作稳步推进，截至2011年年末，审批通过项目贷款400.29亿元，商业银行受住房公积金管理中心委托，已在29个城市发放项目贷款265.88亿元。金融机构还通过信托产品、理财产品、保险直投、各类债券、商业票据、融资租赁等多元化的金融工具，对保障性安居工程建设给予了积极支持。

为贯彻落实《关于进一步做好房地产市场

调控工作有关问题的通知》的精神，发挥好金融对公共租赁住房等保障性安居工程建设的支持作用，中国人民银行、中国银监会于8月4日印发《关于认真做好公共租赁住房等保障性安居工程金融服务工作的通知》（银发[2011]193号），重点明确了公共租赁住房金融支持政策，同时要求银行业金融机构按照现行政策加大对其他各类保障性安居工程的支持力度。下一阶段，将继续认真落实中央经济工作会议要求，做好金融服务工作，促进房地产市场健康发展，大力保障和改善民生。

2. 钢铁行业

钢铁行业是国民经济的重要基础产业，在中国的工业化、城镇化过程中发挥着重要作用。“十一五”时期中国钢铁工业发展速度较快，节能减排成效显著，有效地满足了经济社会发展需要。但也要看到，钢铁行业面临严峻挑战，2011年行业亏损面扩大，与此同时，产品结构档次低、产业组织结构分散、落后产能规模大等结构性矛盾依然突出，行业发展的资源、环境等制约因素逐步增强。

产能相对过剩的矛盾突出。2010年中国粗钢产量达到6.27亿吨，占世界总产量的44.3%，超过第2位至第20位的总和。2011年，钢铁行业生产呈现前高后低态势，总产量供大于求的格局没有根本改观。全年粗钢产量为6.8亿吨，同比增长8.9%；钢材产量为8.8亿吨，同比增长12.3%。同期，黑色金属冶炼及压延加工业固定资产投资同比增长14.6%，其中包含产能已经相对过剩的板带材等项目，未来产品同质化竞争的风险可能进一步加大。

产品价格波动加剧。受产能释放和下游行业需求减缓因素影响，钢铁市场价格出现大幅波动。2011年前三个季度，中国钢铁工业协会公布的钢材综合价格指数同比涨幅分别为12.34%、15.97%和10.78%，而年末则为同比下降6.11%，其中，长材价格指数同比下降6.13%，板材价格指数同比下降6.61%。

生产成本提高，企业效益明显下降。2011年全国平均进口铁矿石到岸价为163.8美元/吨，同比上涨28.1%，钢铁企业因进口铁矿石价格上涨多支出约250亿美元，成为推高企业生产成本的重要因素。1～11月，大中型钢铁企业累计实现利润853亿元，同比增长8.07%，但10月和11月平均销售收入利润率分别为0.48%和0.43%，企业亏损面超过三分之一，11月若扣除投资收益则为净亏损9.2亿元。

“十二五”期间是中国钢铁行业转变发展方式的关键时期，当前行业总体呈现的低增速、低盈利运行态势正是转型阵痛的直接体现。钢铁行业应化挑战为机遇，加大结构调整和转型升级力度。一是严格控制产能扩张，加快淘汰落后产能，尽早完成工业和信息化部提出的淘汰炼铁落后产能4 800万吨和炼钢落后产能4 800万吨的目标。二是继续推进兼并重组，进一步提高产业集中度。根据中国钢铁工业协会的统计，2011年中国钢铁行业集中度仅为49%。按照《钢铁工业“十二五”发展规划》的要求，到2015年，国内排名前10位的钢铁企业集团钢产量占全国总量的比例应由2010年年底的48.6%提高到60%左右。三是以自主创新和技术改造为支撑，提高产品质量，扩大高性能钢材品种，进一步推进节能减排。

第五部分　货币政策趋势

一、中国宏观经济展望

当前，中国经济与社会发展仍处于重要战略机遇期，经济保持平稳较快发展具备不少有利条件。各地推动城镇化、工业化和区域协调发展的热情很高，消费扩张势头较好，服务业潜力巨大，经济长期增长的基本面没有发生变化。随着前期欧洲主权债务危机进一步深化，国际经济复苏步伐放缓，国内经济下行压力有所增加，国家宏观政策根据形势变化及时进行了预调微调，2011年第四季度GDP同比增长8.9%，经季节调整后的主要经济数据环比增速略有回升，显示经济内生增长动力依然较强。

当然也要看到，当前国内外经济环境仍十分复杂。国际经济复苏总体疲弱，欧洲主权债务问题尚未得到解决，前景仍不明朗，金融市场波动较大，资本流动方向多变，不稳定、不确定因素较多，并可能通过贸易、资本流动以及预期等渠道影响中国。中国经济发展中不平衡、不协调、不可持续的矛盾和问题仍很突出，经济金融领域也存在一些不容忽视的潜在风险。需要宏观政策继续把握好力度和节奏，同时加强系统性、区域性风险防范。还应看到，在外需相对疲弱、国内经济增长方式和要素结构逐步转变的情况下，中国经济的潜在增长水平也在逐步趋缓，保持经济平稳适度增长，既有利于稳定物价和就业，中长期看也有利于经济结构调整和经济的健康可持续发展。

前期国家采取的一系列宏观经济政策措施效果已逐步显现，物价涨幅总体保持回稳态势，但对未来的通货膨胀风险仍不可掉以轻心。当前，国内总需求比较稳定，货币条件回归常态，粮食生产形势较好，同时全球经济增长也有所放缓，供求关系的变化有利于物价总水平稳定。2011年8月以来CPI环比增速连续多月低于历史同期平均水平，同比CPI涨幅有可能继续回落。另外，前期部分地区房价过快上涨的势头也得到初步遏制，一些地区房价已出现一定程度的回落。中国人民银行2011年第四季度城镇储户问卷调查显示，居民未来物价预期指数较上个季度和上年同期分别下降了9.4个和16.3个百分点，房价上涨预期也有较为明显的回落。但也要看到，未来物价上涨的压力仍然存在。2012年1月CPI涨幅超出市场预期，当前通货膨胀预期还不稳定，尤其是存在劳动力等要素供给趋紧的结构性因素，资源性产品价格也有待理顺，都可能会固化通货膨胀预期，并使物价对总需求的变化更为敏感，加之经济内在扩张的压力依然存在，全球流动性宽松格局仍将延续，原油等大宗商品价格存在进一步上涨压力，仍有必要防范未来物价出现反弹。总的来看，价格总水平的基本稳定不会无条件或自动实现，需要宏观政策继续把握好力度和节奏。

二、下一阶段主要政策思路

2012年，中国人民银行将按照中央经济工作会议和全国金融工作会议部署，牢牢把握科学发展的主题和加快转变经济发展方式的主线，处理好保持经济平稳较快发展、调整经济结构和管理通货膨胀预期的关系，继续实施稳健的货币政策，保持政策的连续性和稳定性，密切监测国内外经济金融形势发展变化，增强调控的针对性、灵活性和前瞻性，适时适度进行预调微调，提高金融服务实体经济的水平，有效防范系统性金融风险，保持金融体系稳定，促进物价总水平基本稳定和经济平稳较快发展。2012年，广义货币供应量M2初步预期增长14%左右。

一是综合运用多种货币政策工具组合，健全宏观审慎政策框架，在总量适度的基础上进一步优化信贷结构，调节好货币信贷供给，保持合理的社会融资规模。继续优化流动性管理，根据经济金融形势和资本流动的变化，合理安排工具组合、期限结构和操作力度，保持银行体系流动性处于适当水平，合理引导货币市场利率。灵活运用利率等价格调控手段，调节资金需求和投资储蓄行为，促进经济和价格总水平稳定。健全宏观审慎政策框架，把货币信贷和流动性管理的总量调节与强化宏观审慎管理结合起来，并根据经济景气变化、金融机构稳健状况和信贷政策执行情况等对有关参数进行适度调整，发挥好差别准备金动态调整措施的逆周期调节功能。

二是着力优化信贷结构，更好地服务实体经济发展。加强信贷政策与产业政策的协调配合，扎实推进信贷政策导向效果评估，引导金融机构把握好贷款投放节奏和结构，切实做到有保有压、有扶有控。创新金融产品和服务方式，进一步加大对符合产业政策的企业特别是小型微型企业、国家重点在建续建项目的有效信贷投入。构建多层次、多样化、适度竞争的农村金融服务体系，加大对“三农”的支持力度。重点支持民生工程尤其是保障性安居工程、欠发达地区、科技创新、节能环保、战略性新兴产业、企业技术改造等。严格控制对高耗能、高污染行业和产能过剩行业的贷款。

三是稳步推进利率市场化改革和人民币汇率形成机制改革。加快培育市场基准利率体系，引导金融机构增强风险定价能力，积极探索进一步推进利率市场化的有效途径。进一步完善人民币汇率形成机制，增强人民币汇率双向浮动弹性，保持人民币汇率在合理均衡水平上的基本稳定。加快发展外汇市场，推动汇率风险管理工具创新。顺应市场需求，稳步扩大跨境人民币业务的品种和范围。进一步做好跨境贸易和投资人民币结算工作，做好人民币跨境流动监测和监管工作，探索个人跨境人民币业务，继续推进在银行间外汇市场挂牌人民币对新兴市场货币交易。密切关注国际形势变化对资本流动的影响，加强跨境资本流动监测预警。

四是推动金融市场规范发展，深化金融机构改革。大力发展金融市场，优化融资结构，继续鼓励金融创新，拓宽小型微型企业融资渠道，加强金融市场基础设施建设，积极稳妥地推动银行间债券市场对外开放。进一步推动大型商业银行完善现代金融企业制度，加快发展方式转型。扎实推进中国农业银行深化“三农金融事业部”改革试点。统筹考虑政策性金融总体发展，坚持分类指导、“一行一策”的原则，深化国家开发银行商业化改革，稳步推进中国进出口银行和中国农业发展银行改革。

五是有效防范系统性金融风险，维护金融体系稳定。加强宏观审慎管理，引导金融机构稳健经营。加强对民间借贷、房地产、政府融资平台等的监测分析，及时掌握风险状况，从全局的、系统的、长期的视角处理好信贷合理增长与银行贷款质量提升之间的关系，做好风险提示和防范工作。防范跨行业、跨市场风险，防范非正规金融及其他相关领域风险向金融体系传导。既要防止金融风险蔓延，也要防止出现道德风险，守住不发生区域性、系统性风险的底线。

PART 1 Monetary and Credit Performance

In 2011, China's economy maintained stable and relatively rapid development, and the growth of money and credit moved in the direction of a normal level. The financial system performed soundly.

I. The growth of money supply generally declined

At end-2011, outstanding M2 registered RMB85.2 trillion yuan, up 13.6 percent year on year and a deceleration of 6.1 percentage points year on year. Outstanding M1 stood at RMB29.0 trillion yuan, an increase of 7.9 percent year on year and a deceleration of 13.3 percentage points over 2010. Currency in circulation M0 totaled RMB5.1 trillion yuan, up 13.8 percent year on year and a deceleration of 2.9 percentage points compared with 2010. In 2011 net cash injections posted RMB616.1 billion yuan, RMB21.4 billion yuan less year on year. In general, the growth of M2 and M1 slowed down from January through November and rebounded in December. In the final month of 2011, M1 growth was 0.1 percentage point higher over November due to the heightened demand for cash with the approach of the Spring Festival. The growth of M2 was 0.9 percentage point over the previous month due to the conversion of some off-balance sheet wealth management products to deposits to meet regulatory requirements, enhanced fiscal expenditures, and the rise in loan extensions. Moreover, because financial innovation accelerated the diversion of traditional deposits, the M2 data may be an underestimation of real monetary conditions.

At the end of 2011, outstanding base money registered RMB22.5 trillion yuan, up 23.2 percent year on year and RMB4.2 trillion yuan more than that at the beginning of the year. The money multiplier stood at 3.79, which was 0.13 lower than at end-2011. The excess reserve ratio of financial institutions stood at 2.3 percent and that for rural credit cooperatives (RCCs) stood at 7.3 percent.

II. The deposit growth of financial institutions slowed down

At end-2011 outstanding deposits in domestic and foreign currencies of all financial institutions (including foreign-funded financial institutions, the same hereinafter) stood at RMB82.7 trillion yuan, up 13.5 percent year on year and a deceleration of 6.3 percentage points over end-2010. The outstanding value was RMB9.9 trillion yuan more than that at the beginning of 2011, a deceleration of RMB2.1 trillion yuan year on year. Outstanding RMB deposits registered RMB80.9 trillion yuan, up 13.5 percent year on year and a deceleration of 6.7 percentage points over that at end-2010. This was RMB9.6 trillion yuan more than that at the beginning of 2011 and a deceleration of RMB2.3 trillion yuan year on year. Outstanding deposits in foreign currency posted USD275.1 billion at end-2011, an increase of 19 percent year on year or USD49.4 billion over that at the beginning of 2011, which was USD29.5 billion more than the growth in 2010.

Broken down by type, the growth of household deposits was stable while that of non-financial institutions generally slowed down. At end-2011 outstanding household deposits stood at RMB34.8 trillion yuan, up 15.7 percent year on year and a deceleration of 0.8 percentage point over end-2010. This was also RMB4.7 trillion yuan more than that at the beginning of 2011 and RMB429.7 billion yuan less than the growth during the same period of the last year. Outstanding RMB deposits of non-financial institutions totaled RMB30.4 trillion yuan, up 9.2 percent year on year and a deceleration of 12.3 percentage points over end-2010. This was also RMB2.6 trillion yuan more than that at beginning of 2011 and a deceleration of RMB2.7 trillion yuan year on year. At end-2010, outstanding fiscal deposits reached RMB2.6 trillion yuan, up 2.6 percent year on year and RMB30 billion yuan less than that at the beginning of 2011.

III. Loan growth of financial institutions moved in the direction of a normal level

At end-2011, outstanding loans in domestic and foreign currencies of all financial institutions reached RMB58.2 trillion yuan, up 15.7 percent year on year and a deceleration of 4.0 percentage points over end-2010. This was also RMB7.9 trillion yuan more than that at the beginning of the 2011, a deceleration of RMB377.9 billion yuan. The growth of RMB loans continued to slow down. At end-2011, outstanding RMB loans stood at RMB54.8 trillion yuan, up 15.8 percent year on year and a deceleration of 4.1 percentage points over end-2010. This was also RMB7.47 trillion yuan more than that at the beginning of 2011 and a deceleration of RMB390.1 billion yuan year on year. Since the beginning of Q4 2011, loan extensions have been on a rise. A total

Table 1 RMB Loans of Financial Institutions in 2011

Unit: RMB100 million yuan

	2011		2010	
	New loans	Acceleration year on year	New loans	Acceleration year on year
Chinese-funded large banks operating nationwide[1]	37,461	-3,361	40,822	-12,899
Chinese-funded small and medium banks operating nationwide[2]	22,583	-873	23,456	-1,704
Chinese-funded small and medium local banks[3]	7,329	2,039	5,290	-2,017
Rural cooperative financial institutions[4]	10,014	359	9,655	-72
Foreign-funded financial institutions	779	-849	1,628	1,610

Notes: 1. Chinese-funded large banks operating nationwide refer to banks with assets denominated in foreign and domestic currencies equivalent no less than RMB2 trillion yuan (according to the amount of total assets of the financial institutions in both domestic and foreign currencies at end-2008).

2. Chinese-funded small and medium banks operating nationwide refer to banks that operate across different provinces with assets of less than RMB2 trillion yuan denominated in domestic and foreign currencies.

3. Chinese-funded small and medium local banks with total assets of less than RMB2 trillion yuan refer to books that operate within a single province.

4. Rural cooperative financial institutions refer to rural commercial banks, rural cooperative banks, and rural credit cooperatives.

Source: The People's Bank of China.

of RMB1.8 trillion yuan of new loans was extended in Q4, RMB207.7 billion yuan more year on year. Credit-expansion pressures continued.

Broken down by type, the loan growth of the household sector slowed down, whereas that of non-financial institutions stabilized. At end-2011, loans to the household sector increased 20.9 percent year on year, a deceleration of 16.7 percentage points. This was RMB2.4 trillion yuan more than that at the beginning of 2011 and RMB454.6 billion yuan less year on year. The main contributing factor for this was the slowdown in the growth of home mortgages. This was RMB832.1 billion yuan more than that at the beginning of 2011, RMB461.8 billion yuan less year on year. Consumption loans of the non-housing sector grew rapidly, RMB648.5 billion yuan over the beginning of 2011, and RMB55.8 billion yuan more year on year. Loans to non-financial institutions and other sectors grew 13.9 percent year on year, a deceleration of 1.4 percentage points compared with end-2010 and an acceleration of 0.4 percentage point over end-September. This was RMB5.0 trillion yuan more than that at the beginning of 2011, which was RMB49.3 billion yuan more year on year. Among this total, the growth of medium- and long-term loans continued to slow down. At end-2011, it rose RMB2.1 trillion yuan compared with the beginning of the year, a deceleration of RMB2.1 trillion yuan year on year. Bill financing went up by RMB11.2 billion yuan over the beginning of the year, RMB916.4 billion yuan more year on year. Broken down by institutions, loan growth of Chinese-funded large banks operating nationwide decelerated significantly, whereas that of national small- and medium-sized banks accelerated by a large margin. The loan structure of both the large banks and the small- and medium-sized banks has improved.

The growth of foreign currency-denominated loans declined. At end-2011, outstanding foreign-currency loans of financial institutions reached USD538.7 billion, up 19.6 percent year on year and an acceleration of 0.1 percentage point over end-2010. This was also USD88.2 billion more than that at the beginning of 2011, an acceleration of USD16.3 billion year on year. Trade financing increased by USD27.4 billion, an acceleration of USD9.6 billion year on year, and maintained the support to import and export financing. Overseas loans and medium- and long-term loans climbed by USD40.6 billion.

IV. All-system financing aggregate stood at an appropriate level, and bond financing rose significantly

It is estimated that the all-system financing aggregate registered RMB12.83 trillion yuan in 2011, down RMB1.11 trillion yuan compared with 2010. Among this total, new RMB loans posted RMB7.47 trillion yuan, a reduction of RMB390.1 billion yuan. Foreign-currency-denominated loans increased the equivalent of RMB571.2 billion yuan, an acceleration of RMB85.7 billion yuan year on year. New entrusted loans rose by RMB1.3 trillion yuan, an acceleration of RMB420.5 billion yuan year on year. Trust loans increased by RMB201.3 billion yuan, a deceleration of RMB185.2 billion yuan. Undiscounted banker's acceptances grew RMB1.03 trillion yuan year on year, a deceleration of RMB1.31 trillion yuan. Net financing through corporate bonds registered RMB1.37 trillion yuan, an acceleration of RMB259.5 billion yuan. A total of RMB437.7 billion yuan was raised by domestic non-financial institutions via the stock market, down RMB140.9 billion yuan year on year.

Bond financing played a significantly more important role in fund allocations. First, bond financing accounted for a much larger share of total financing to the real economy. Net financing through corporate bonds accounted for a record 10.6 percent of the all-system financing aggregates, up 2.7 percentage points year on year. Second, non-banking financial institutions extended much greater support to the real economy. Compensation payments by insurance companies and new loans extended by micro credit companies and loan companies totaled RMB439.2 billion yuan, much more than that in 2010.Third, off-balance sheet financing from financial institutions to the real economy was notably lower than that in the previous year. In 2011, a total of RMB2.52 trillion yuan was financed through entrusted loans, trust loans, and undiscounted bankers' acceptances, a deceleration of RMB1.07 trillion yuan over 2010. This accounted for a 19.7 percent share of the all-system financing aggregates, which was 6.0 percentage points lower than that in 2010. Among this total, financing through entrusted loans, undiscounted bankers' acceptances, and trust loans accounted for 10.1 percent, 8.0 percent, and 1.6 percent respectively of the all-system financing aggregates, marking an increase of 3.9 percentage points, a reduction of 8.7 percentage points, and a decline of 1.2 percentage points respectively year on year.

V. The lending rates of financial institutions climbed steadily

In the first three quarters, lending rates offered to non-financial institutions and other sectors climbed due to consecutive upward adjustments of benchmark lending and borrowing rates, but in Q4 they declined as a result of stabilized economic growth and the reduction in the reserve requirement ratio. In December, the weighted average lending rate stood at 8.01 percent, up 1.82 percentage points over the beginning of the year. The weighted average loan interest rate registered 7.80 percent, up 1.47 percentage points over the beginning of 2011, and the weighted average bill financing rate posted 9.06 percent, up 3.57 percentage points over the beginning of the year. The weighted average residential mortgage rate rose steadily, reaching 7.62 percent in December, up 2.27 percentage points over the beginning of 2011.

The share of loans with interest rates higher than the benchmark constituted a much larger share, while the share of loans with interest rates lower than or flat with the benchmark accounted for a smaller share. In December, the share of loans with interest rates lower than, flat, or higher than the benchmark stood at 7.02 percent, 26.96 percent, and 66.02 percent respectively, marking a decrease of 20.78 percentage points, a decrease of 2.20 percentage points, and an increase of 22.98 percentage points respectively compared with the beginning of 2011. Macro-economic management policies were transmitted effectively so as to affect the price levels.

Foreign currency deposits and lending rates moved up among fluctuations due to changes in the supply and demand for funds in China and the evolution of interest rates on the international financial market. In December, the weighted average demand interest rates and of less than 3-month large-value US dollar deposits registered 0.31 percent and 3.29 percent respectively, marking a decline of 0.02 percentage point and an increase of 1.45 percentage points respectively compared with the beginning of the year. The weighted average

Table 2 Shares of Loans with Rates Floating at Various Ranges of the Benchmark Rate in 2011

Unit:%

Month	Adjusted downward	At the benchmark	Adjusted upward					
	[0.9,1.0)	1.0	Sum	(1.0,1.1]	(1.1,1.3]	(1.3,1.5]	(1.5,2.0]	Above 2.0
January	21.35	29.45	49.20	15.97	15.01	6.08	8.67	3.48
February	19.94	31.80	48.26	17.91	14.55	5.61	7.29	2.90
March	13.96	30.22	55.82	18.25	17.76	6.96	9.24	3.60
April	12.54	28.43	59.04	18.72	20.56	7.39	9.14	3.22
May	11.18	27.96	60.87	20.81	21.34	7.29	8.69	2.74
June	9.94	28.91	61.15	20.56	22.70	7.22	8.08	2.60
July	8.53	26.72	64.74	20.75	23.98	8.14	8.99	2.89
August	6.05	25.27	68.67	22.40	25.80	8.42	9.06	3.00
September	6.96	25.86	67.19	21.62	25.47	8.29	8.89	2.91
October	5.06	29.96	64.99	21.54	25.02	7.81	7.87	2.75
November	7.00	26.90	66.10	21.16	25.25	8.20	8.34	3.14
December	7.02	26.96	66.02	21.51	24.20	8.26	8.98	3.08

Source: The People's Bank of China.

Table 3 Average Interest Rates for Large-value Deposits and Loans Denominated in US Dollars in 2011

Unit:%

Month	Large-value deposits						Loans				
	Demand deposits	Within 3 months	3-6 months (including 3 months)	6-12 months (including 6 months)	1 year	Above 1 year	Within 3 months	3-6 months (including 3 months)	6-12 months (including 6 months)	1 year	Above 1 year
January	0.24	1.99	2.01	1.87	3.47	4.45	2.76	2.92	3.04	2.91	3.35
February	0.27	2.14	2.68	2.55	3.34	3.91	2.94	3.16	3.12	3.16	3.16
March	0.32	2.31	2.67	3.01	2.91	4.47	3.04	3.26	3.76	3.25	3.15
April	0.28	2.61	2.58	2.96	4.19	5.20	3.02	3.25	3.57	3.41	3.16
May	0.29	2.63	3.14	3.38	3.60	5.58	3.12	3.44	3.68	3.54	3.60
June	0.26	2.79	2.80	2.66	1.48	3.22	3.16	3.46	3.73	3.78	3.46
July	0.33	2.68	2.98	3.39	2.78	5.47	3.30	3.58	4.23	3.90	3.78
August	0.31	2.95	3.47	3.44	3.58	5.36	3.34	3.69	4.03	3.97	3.58
September	0.35	2.99	3.81	3.15	3.86	5.61	3.37	3.75	4.37	3.70	3.76
October	0.34	2.98	3.48	3.48	1.74	5.03	3.72	4.17	4.76	3.72	4.92
November	0.30	3.36	3.85	4.48	3.84	2.52	3.76	4.29	4.78	4.37	3.74
December	0.31	3.29	3.97	4.08	2.82	3.37	3.85	4.31	4.57	3.89	4.26

Source: The People's Bank of China.

of less than 3 month and 3(including 3-month)~6 month US dollar lending rates posted 3.85 percent and 4.31 percent respectively, up 1.28 percentage points and 1.46 percentage points over the beginning of 2011.

VI. RMB exchange-rate flexibility rose significantly

In 2011, the RMB exchange rate moved in both directions and appreciated slightly, with greater flexibility and stable expectations. At end-2011, the central parity of the RMB against the US dollar was RMB6.3009 yuan per US dollar, up 3,218 basis points or 5.11 percent over end-2010. From the reform of the RMB exchange-rate regime in 2005 to end-2011, the RMB appreciated 31.35 percent against the US dollar. The BIS estimates that in 2011 the nominal effective RMB exchange rate appreciated 4.95 percent, the real effective exchange rate appreciated 6.12 percent, and from the exchange-rate reform in 2005 to December 2011 the nominal effective RMB exchange rate appreciated 21.16 percent and the real effective exchange rate appreciated 30.34 percent.

PART 2 Monetary Policy Operations

In 2011, following the overall arrangements of the State Council, the PBC implemented a prudent monetary policy while making policies more targeted, flexible, and effective and making preemptive adjustments and fine-tunings as appropriate to maintain overall price stability — the priority of China's macro-economic management. To this end, the PBC strengthened macro-prudential management, employed a rich mix of monetary policy tools, improved management of liquidity in the banking system, guided a steady normalization of money and credit supply, maintained the all-system financing aggregates at a reasonable level, and encouraged financial institutions to improve the credit structures, thereby contributing to stable and sound economic and financial development.

Box 1 Monetary Policy in the Fourth Quarter of 2011: Forward-looking and Flexible Fine-tunings

Monetary policy has become more forward-looking during the recent years as China has addressed the challenges brought about by the rapid and profound economic and financial developments both at home and abroad. For instance, in response to the weakening external demand as the sub-prime mortgage crisis in the U.S. grew in mid-2008, despite the inflationary pressures, timely adjustments were made to monetary policy, including cutting the benchmark lending rates, lowering the reserve requirement ratio, and encouraging proper credit expansions, culminating, after the international financial crisis, in a shift to a moderately easy policy stance in the fourth quarter of 2008. In mid-2009, policy intensity was refined to moderate credit growth in the third and fourth quarters as the economy began to stabilize and recover. In early 2010, in anticipation of rising inflationary pressures, the mix of quantitative and price-based tools was used to guide normalization of monetary conditions that had been eased to fight the financial crisis. This shift was enhanced in 2011, when monetary policy was moved from its relatively easy stance to a prudent stance, supported by the use of quantitative and price-based monetary policy tools as well as macro-prudential policy instruments to control liquidity supply and monetary conditions, successfully containing sharp price increases and promoting stable and sound economic development.

Uncertainties over the global recovery increased again after September 2011 as the sovereign debt crisis in Europe escalated, with recession-stricken Greece being pushed to the edge of default, and Spain and Italy facing higher debt risks. Financial markets were thrown into fresh turmoil, fueled by concerns that the debt crisis might spread to the core Euro area economies and spill over into the banking sector and cause a banking crisis. As risk aversion heightened and fiscal and credit tightening in the Euro area intensified, China and other emerging market economies felt the shock as there was sharp volatility in short-term capital flows. Though a net capital inflow was recorded for China in 2011, a temporary decline in RMB issued for sterilization purposes in the fourth quarter had an impact on the supply of liquidity. At the same time, as the Chinese economy slowed down, price levels dropped and many enterprises reported intensified operational difficulties. In this context, the PBC decided to make policies better targeted, more flexible, and forward-looking, while also maintaining policy consistency and stability in following the prudent monetary policy. As a result, a number of preemptive adjustments and fine-tunings were made since September to increase liquidity and ensure proper money and credit supply.

First, a combination of measures was taken to accommodate liquidity needs in the market. The PBC suspended the 3-year central bank bills, adjusted the issuance of central bank bills of other maturities, provided liquidity through reverse repos and mature central bank bills, and lowered the interest rate for 1-year central bank bills. Building on the effects of open market operations as a preemptive adjustment and fine-tuning, the PBC announced on November 30 that the reserve requirement ratio would be cut by 0.5 percentage point on December 5. In addition, the PBC proactively signaled its short-term liquidity support by announcing it would address the surging need for cash expected during the short period of both the New Year festival and the Chinese lunar New Year celebrations. These measures were quite effective in ensuring a stable liquidity supply in the banking system and in stabilizing market expectations.

Second, the mechanism to adjust the differentiated reserve requirement on a continuous and case-by-case basis was used as a counter-cyclical tool to increase credit supply. Based on economic and financial developments in the fourth quarter, the PBC calibrated the coefficients used in the mechanism, encouraging financial institutions with a strong capital adequacy ratio, quality capital assets, sound governance, and a good record of implementing credit policies to increase credit support for small- and micro-sized enterprises in industries encouraged by industrial policies, agriculture, rural areas, and farmers, as well as key national projects in progress. As a result, lending in RMB expanded by RMB1.8 trillion yuan, an increase of RMB207.7 billion yuan year on year. The use of this mechanism by adjusting the coefficients is continuing in 2012 to maintain proper credit growth.

Since early 2012, capital flows to China have resumed as global economic and financial developments have showed signs of stabilization, and the RMB is expected to return to stability, or even to appreciate modestly, as indicated by the Non-deliverable Forward (NDF) market. The PBC will keep a close watch on the developments and sustainability of the rebound in the issuance of RMB for sterilization purposes and the increase in liquidity provisions. Following the prudent monetary policy, the PBC will strengthen the monitoring and assessments of domestic and international economic and financial developments to make its policies better targeted, more flexible, and forward-looking.

I. Flexible open market operations

In 2011, building on more intensive analysis and monitoring of liquidity supply and demand in the banking system, the PBC properly managed the intensity and pace of open market operations in response to liquidity changes in the banking system, which, together with the use of the reserve requirement policy, helped maintain proper liquidity in the banking system. Issuance of central bank bills in 2011 totaled about RMB1.4 trillion yuan, and repurchase operations totaled about RMB2.5 trillion yuan on a cumulative basis. Outstanding central bank bills stood at about RMB1.9 trillion yuan as of end-2011. The role of open market operations in pre-adjusting and fine-tuning liquidity was given full play through an improved mix of open market operations tools. In line with domestic and international economic developments, the PBC improved the maturity of structure of open market operations by combining central bank bills with a maturity less than 1-year and short-term repurchase operations, which were supplemented by refined timing and frequency of the issuance of 3-year central bank bills. This allowed the banking system to better address short-term liquidity volatility in the complex situation.

Interest rates of open market operations played a successful role in shaping market expectations. Open market operations interest rates moved up gradually in the first three quarters, supporting adjustments in the benchmark deposit and lending rates and responding to upward movements in market interest rates. In the last quarter, the interest rate for 1-year central bank bills edged down and stabilized, which was important for stabilizing market expectations. As of end-2011, interest rates for 3-month and 1-year central bank bills stood at 3.1618 percent and 3.4875 percent respectively, up 114.6 basis points and 97.6 basis points from end-2010.

State treasury cash management operations were continued. In 2011, a total of RMB450 billion yuan of state treasury funds was deposited in commercial banks on eleven separate operations, with an outstanding amount of RMB290 billion yuan at year's end.

II. Increases in the reserve requirement ratio and the adoption of a mechanism to adjust the differentiated reserve requirement on a continuous and case-by-case basis

As a potent tool to mop up excessive liquidity, the reserve requirement ratio was used in a flexible manner to manage liquidity, complementing open market operations that were used to manage daily liquidity. Against the background of a continued, large BOP surplus, the reserve requirement ratio for RMB deposits in depository financial institutions was raised by 3 percentage points on a cumulative basis in the first half of the year, including six increases of an increment of 0.5 percentage point on January 20, February 24, March 25, April 21, May 18, and June 20. The scope of deposits against which reserves are required was broadened to cover margin deposits, effective from September 2011 and enforceable within 3 to 6 months depending on the liquidity level at each financial institution, helping to ensure that the coverage of the required reserves remains complete and that they play a better role in macro-economic management. In the fourth quarter, in response to fluctuations in RMB issued for sterilization purposes, as the sovereign debt crisis worsened and risk aversion intensified, the PBC lowered the reserve requirement ratio by 0.5 percentage point on December 5 while continuing open market operations for preemptive and fine-tunings, so as to keep banking system liquidity at a reasonable level.

Based on the lessons of the international financial crisis, in early 2011 the PBC introduced a mechanism to adjust the differentiated reserve requirement on a continuous and case-by-case basis, encouraging financial institutions to operate prudently and to pace credit supply from a counter-cyclical perspective by subjecting credit growth to the capital level in a macro-prudential sense and by taking into consideration the systemic significance and soundness of the financial institutions as well as the business cycles. Based on economic and financial developments in the fourth quarter, the PBC calibrated the coefficients used in the mechanism, encouraging financial institutions with a strong capital adequacy ratio, quality capital assets, sound governance, and a good record of implementing credit policies to increase credit support for small- and micro-sized enterprises in industries encouraged by industrial policies, agriculture, rural areas, and farmers, as well as key national projects in progress, playing a strong role in the making of preemptive adjustments and fine-tunings.

Box 2 Latest Progress in the Macro-prudential Policy Framework

The essence of macro-prudential management is to maintain monetary and financial stability by taking measures from a macro and counter-cyclical perspective to prevent systemic risks that may arise from pro-cyclical volatility and cross-sector contagion in the financial system. As one of the key areas for international financial regulatory reform after the financial crisis, international efforts to enhance macro-prudential policy have been fruitful, establishing a preliminary operational framework.

For policy tools, the Group of Twenty countries (G20) endorsed the basic framework of Basel III in late 2010, which includes progress on many issues to strengthen macro-prudential management and counter-cyclical adjustments. First, banks are asked, on top of the existing minimum capital requirement, to put a capital requirement set for macro-prudential purposes. A 2.5 percent capital buffer will be in place to help banks better cope with future economic and financial shocks. Banks also are required to increase their counter-cyclical capital buffer by a range of 0~2.5 percent, depending on how much the credit to GDP ratio deviates from the trend level, to protect them from shocks brought about by credit surges. In addition to the minimum capital requirement, systemically important banks are asked to develop a stronger ability to absorb losses. Second, requirements for liquidity and the leverage ratio were strengthened. Two new standards, the liquidity coverage ratio (LCR) and the net stable financing ratio, were introduced in an effort to encourage financial institutions to better manage liquidity risks. As a complement to the minimum capital requirement, off-balance sheet risks are included in assessing the leverage ratio, which is now calculated by looking at the tier 1 capital as a percentage of on-balance sheet capital, the off-balance sheet risk exposure, and the total exposure of derivatives.

Central banks are playing a dominant role in implementing financial regulatory reforms. In the U.S., a financial stability supervision committee was established to identify and prevent systemic risks in line with the Financial Reform Act, giving the Federal Reserve a greater role in overseeing systemically important financial institutions and authorizing the Federal Reserve to supervise large and complex financial institutions, as well as the clearing, payment, and settlement systems, with the aim of identifying, measuring, and resolving systemic financial risks. In the U.K., the Bank of England is authorized to promote macro-prudential management, supported by the establishment of a financial policy committee within the central bank to make macro-prudential policies and by the transfer of financial supervisory power from the FSA to the central bank, reflecting a major change in the philosophy on financial regulation and supervision. The role of the Bank of Korea in macro-prudential management was also enhanced after the recent revision of the Law on the Bank of Korea in September 2011, providing necessary tools and means to the central bank to maintain financial stability. The Bank of Japan fulfills its macro-prudential management mandates in various ways, including conducting regular financial stability assessments, combining macro-prudential management with micro-level on-the-spot and off-site monitoring, providing necessary liquidity support as the lender of the last resort, following a macro-prudential approach in the making of monetary policies, and monitoring the payment and settlement system. Moreover, in its report on central bank governance and financial stability, the Bank for International Settlements (BIS) suggests that macro-prudential responsibility should be better performed by central banks as they are in a stronger position to carry out macro and systemic analysis. This view was echoed by Mr. Blanchard, chief economist of the International Monetary Fund (IMF), who, in his report on rethinking the macro-prudential policy framework, argued that it is important to give central banks a macro-prudential management mandate because they are ideally capable of monitoring macro-economic developments and because monetary policies may weigh on leverage and risk behavior.

As a member of the G20, China is working to enhance and improve its macro-prudential policy framework, announcing in the 12th Five-year Program to build a "counter-cyclical financial macro-prudential management framework". Currently, China uses both quantitative and price-based approaches in financial macro management. The central bank follows the movements of interest rates and other price-based indicators and closely watches money and credit growth, supported by measures aimed at improving macro-prudential management, including the use of credit policy, differentiated reserve requirements and adjustments in the down payment share for mortgage loans, as well as risk warnings through window guidance, which have been quite effective. After the outbreak of the international financial crisis, in 2009 the PBC began studies on further enhancing macro-prudential management in accordance with the central government's arrangement to improve the macro-prudential policy framework. In 2011, the PBC introduced the mechanism to adjust the differentiated reserve requirement on a continuous and case-by-case basis to effectively ensure steady money and credit growth and the soundness of financial institutions by linking aggregate control of money, credit, and liquidity with macro-prudential policy. Going forward, drawing on the lessons from the recent international financial crisis as well as successful international practices, and taking into consideration China's circumstances, the PBC will further improve the macro-prudential policy framework by building a system whereby macro-prudential management and micro-prudential supervision are mutually reinforcing. It will improve measures for macro-prudential management, and the central bank will play a dominant role in enhancing counter-cyclical macro-prudential management.

III. Interest rates as policy leverage

The PBC raised the benchmark deposit and lending rates on three occasions in the first three quarters, i.e., on February 9, April 6, and July 7, increasing the 1-year benchmark deposit rate from 2.75 percent to 3.50 percent and the 1-year benchmark lending rate from 5.81 percent to 6.56 percent, both up by a cumulative 0.75 percentage point. These timely increases in the benchmark deposit and lending rates supported efforts to stabilize inflationary expectations and to guide reasonable money and credit growth. They were also important to reinforce the effect of property market policies, improve the allocation of funds, and protect household wealth. Benchmark deposit and lending rates remained stable in the fourth quarter, which was in line with domestic and international developments, especially the gradual slowdown of price hikes in the domestic market.

IV. Strengthened window guidance and credit policy guidance

Continuing to strengthen and improve window guidance and to implement a differentiated credit policy, the PBC encouraged financial institutions to properly manage the pace of credit supply, to improve the credit structure, and to prevent credit risks so as to enhance financial services to the real economy and in areas that are key to the people's livelihood. The PBC advanced assessments of the effects of credit policies, particularly lending policies for agriculture and SMEs, to promote their effective transmission. The PBC increased financial support to facilitate irrigation reforms, including farmland irrigation and water conservancy programs, and promoted innovation in financial products and services to rural areas. It encouraged financial institutions to take multiple measures to improve financial services to small- and micro-sized enterprises in accordance with the latest SME classification criteria. The PBC also actively supported industrial structural upgrading and economic restructuring, as well as the development of enterprises in the emerging strategic industries and other high- and new-tech enterprises. It urged financial institutions to implement policies to provide financial support for the cultural industry, services outsourcing, and logistics and tourism, and to provide greater credit support to the environmental protection industry, to circular economy, to energy conservation and emission reductions, and to technology upgrading. In the meantime, the PBC improved policies for micro-guaranteed loans aimed to promote employment by helping migrant workers, women, university graduates working as village officials, people with disabilities, ethnic minorities, and other groups to start their own businesses.

On the whole, lending to agriculture, rural areas, and farmers as well as SMEs remained robust. As of end-2011, outstanding agro-linked loans in both RMB and foreign currencies totaled RMB14.6 trillion yuan, or 25.1 percent of the total lending, including RMB2.7 trillion yuan of new lending in 2011, or 34.1 percent of the total new lending in the year. Outstanding loans (including bill discounts) to small enterprises increased 25.8 percent year on year to RMB10.8 trillion yuan, surpassing lending to large- and medium-sized enterprises by 14.2 percentage points and 12.5 percentage points respectively.

V. Progress in cross-border use of RMB

Cross-border use of RMB was further expanded. In August 2011, after the PBC, together with five other government agencies, issued the *Notice on Extending the Geographical Coverage of the Use of RMB in Cross-border Trade Settlement*, the program for RMB settlement of cross-border trade was expanded to cover enterprises in all provinces. In the meantime, cross-border use of RMB was allowed for some activities under the capital account as RMB settlement of outward direct investments and foreign direct investments made progress. In January 2011, the PBC released the *Administrative Measures for the Pilot RMB Settlement of Outward Direct Investments*, which allowed enterprises to make outward investments in RMB and banks to lend RMB to Chinese-invested overseas enterprises or projects. In October, with the issuance of the *Administrative Measures on Settlement of Foreign Direct Investments in RMB* by the PBC, and the detailed requirements on lending RMB to overseas projects provided in the same month in the *Guidance on RMB Lending to Overseas Projects by Banking Financial Institutions in the Mainland*, foreign direct investments in RMB were allowed. In December, the China Securities Regulatory Commission (CSRC), the PBC, and the State Administration for Foreign Exchange (SAFE) jointly issued the *Pilot Measures on Investments in Securities in the Mainland by Fund Management Companies and Securities Companies as RMB Qualified Institutional Investors*, opening the door on a pilot basis for qualified Hong Kong-based subsidiaries of mainland fund management companies and securities companies to use RMB raised in Hong Kong for investments in securities in the mainland within an approved quota.

Cross-border trade and investments settled in RMB increased notably. In 2011, RMB settlement in cross-border trade registered RMB2.08 trillion yuan on a cumulative basis, expanding 3.1 times year on year. RMB receipts and payments became more balanced, with the receipt-to-payment ratio reaching 1:1.7, compared with 1:5.5 in 2010. Outward direct investments settled in RMB totaled RMB20.15 billion yuan, and foreign direct investments settled in RMB totaled RMB90.72 billion yuan.

Figure 1 Monthly RMB Settlement of Cross-border Trade

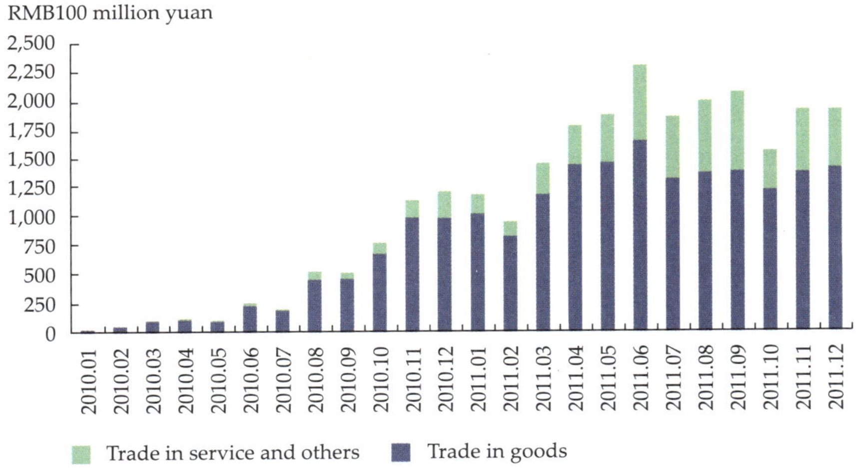

Source: The People's Bank of China.

Box 3 Steady Progress in Advancing the RMB Qualified Foreign Institutional Investor (RQFII) Scheme

RMB Qualified Foreign Institutional Investors (RQFII) are institutions that are allowed to use RMB raised in Hong Kong for investments in securities in the mainland. Hong Kong-based subsidiaries of mainland fund management companies and securities companies were chosen as the first group of RQFII under the pilot program.

The idea of RQFII was first announced by Vice Premier Li Keqiang in August 2011 when he attended a forum in Hong Kong on the 12th Five-year Program and on economic, trade, and financial cooperation between Hong Kong and the mainland. The RQFII program was officially launched on December 16, 2011, when the China Securities Regulatory Commission (CSRC), the PBC, and the State Administration for Foreign Exchange (SAFE) jointly issued the Pilot Measures on Investments in Securities in the Mainland by Fund Management Companies and Securities Companies as RMB Qualified Institutional Investors (hereinafter referred to as the Pilot Measures). For the first group of pilot participants, a quota of RMB20 billion yuan was approved by the State Council. The Pilot Measures include provisions on a number of key issues. First, a division of work among the CSRC, PBC, and SAFE is established, with the CSRC responsible for qualification examinations and securities investment activities, the PBC overseeing the opening of RMB accounts in the mainland by RQFIIs, and the SAFE managing the investment quota. The PBC will work together with the SAFE in monitoring capital inflows and outflows under the program. Second, as in the current QFII program, a trustee system is used in the pilot RQFII program. Third, detailed information is provided on criteria for applying to join the pilot program and for applying for a quota, as well as on the materials required. Fourth, regulatory requirements set by the CSRC and PBC on the products and shares of investments must be met. Fifth, the transfer of funds between Hong Kong and the mainland under the program should be made in accordance with the policies on the investment quotas, and after the exchange the capital and returns can be remitted out of the mainland either in RMB or foreign currency. Sixth, regulatory requirements must be met by the RQFIIs and their trustees and securities companies, and relevant obligations for statistical reporting must be met.

The RQFII program was created as a pilot measure to open capital markets by offering a new channel for RMB funds to flow back to China by encouraging Hong Kong-based Chinese securities institutions to expand their businesses as the RMB is more widely used in settling cross-border trade and direct RMB investments and off-shore RMB businesses continue to grow. While it draws on experiences from the QFII program, the RQFII program also has some new features. First, investments are made in RMB instead of foreign currencies. Second, participants are limited to Hong Kong-based subsidiaries of mainland fund management companies and securities companies. Third, investors under the RQFII program are allowed to invest not only in exchanges in RMB financial instruments, but also in the inter-bank bond market. Fourth, management of the quota and the cross-border receipts and payments under the program is streamlined as much as possible as long as the statistical and monitoring requirements are satisfied.

To ensure sound implementation of the pilot RQFII program, the CSRC, PBC, and SAFE released a more detailed document in line with the Pilot Measures. As of January 2, 2012, an approved RMB20 billion yuan quota was allocated to the 21 qualified institutions chosen as the first group of participants in the program, some of which are already raising funds and issuing products in Hong Kong.

The RQFII program will provide direct support for the development of the offshore RMB market in Hong Kong by promoting cross-border RMB businesses and offering new channels for overseas RMB holders to invest their RMB funds. It offers opportunities for Hong Kong-based investors and Chinese securities companies to leverage their advantage of having a better understanding of the mainland market in making securities investments in the mainland. It is also important for promoting a greater opening-up of the Chinese capital market in multi dimensions.

VI. Improvement in the RMB exchange-rate regime

The PBC further improved the RMB exchange-rate regime reform in line with the principle of making it a self-initiated, controllable, and gradual process. Focusing on the role of market supply and demand, the PBC enhanced RMB exchange-rate resilience with reference to a basket of currencies and kept the RMB exchange rate basically stable at an adaptive and equilibrium level. In 2011, the central parity of the RMB against the US dollar peaked at RMB6.3009 yuan per dollar and reached a trough of RMB6.6349 yuan per dollar. Among the 244 trading days, the interbank foreign exchange market saw an appreciation of the RMB against the US dollar on 143 days and a depreciation on 101 days. The largest intraday appreciation in 2011 was 0.30 percent (or 187 points), whereas the largest intraday depreciation was 0.22 percent (or 139 points).The RMB exchange rate moved in both directions against the euro, Japanese yen, and other major international currencies. At end-2011, the central parity of the RMB against the euro registered RMB8.1625 yuan per euro, an appreciation of 7.89 percent from end-2010, and the central parity of the RMB against the Japanese yen stood at RMB8.1103 yuan per 100 Japanese yen, an appreciation of 0.19 percent from end-2010. Beginning from the RMB exchange-rate regime reform in 2005 to end-2011, on a cumulative basis the RMB appreciated 22.68 percent against the euro and depreciated 9.92 percent against the Japanese yen.

In 2011, the PBC made active efforts to promote direct trading between the RMB and the currencies of the emerging market economies in the interbank market, and encouraged market-makers for the emerging market economy currencies to improve over-the-counter businesses and to participate in interbank market trading. Trading between the RMB and the Thai baht was introduced in the regional interbank market. In 2011, the interbank foreign exchange spot market recorded RMB35.5 trillion yuan of transactions in RMB against the US dollar, RMB90.4 billion yuan in RMB against the euro, RMB108.1 billion yuan in RMB against the Hong Kong dollar, RMB30.6 billion yuan in RMB against the Japanese yen, RMB2.7 billion yuan in RMB against the pound sterling, RMB5 billion yuan in RMB against the Russian ruble, RMB200 million yuan in RMB against the Malaysian ringgit, and RMB250 million yuan in RMB against the Thai baht. RMB trading against the Russian ruble, Malaysian ringgit, Thai baht, and currencies of other emerging markets became increasingly brisk in the interbank foreign exchange market, providing direct bilateral exchange rates for micro-level market players and supporting bilateral economic and trade development.

VII. Advances in financial institution reform

Reform of large commercial banks and policy financial institutions was promoted in a steady manner. The PBC supported and guided the Agricultural Bank of China (ABC) in its reform to build a multi-divisional structure for financial services to rural areas, and worked with relevant agencies to develop favorable policies, including business tax breaks, regulatory fee cuts, and a differentiated reserve requirement, which were successful in directing the reform process. The PBC expanded the pilot reform program to cover 371 ABC county-level sub-branches in Heilongjiang, Henan, Hebei, and Anhui provinces. With the overall reform plan approved by the State Council and the availability of RMB20 billion yuan in capital injections, the China Export and Credit Insurance Corporation (Sinosure) worked to implement the reform plan. To reform the China Agricultural Development Bank, a coordination mechanism was established and priorities and work divisions were established after the reform working group was set up. The overall restructuring of the CITIC Group was advanced, and the CITIC Group Corporation and CITIC Limited held their inaugural meeting in December 2011.

Differentiated incentive policies were implemented. In 2011, the PBC reviewed the effect of the reforms in 2,311 RCCs in counties and county-level cities that had received special central bank bill redemptions, and put in place incentives and restrictions accordingly. On March 31, the PBC provided RMB19.54 billion yuan in the form of 1-year central bank lending to 425 RCCs in counties and county-level cities that met the share requirement of local lending in total new lending and the criteria for policy examination and the follow-up monitoring after redemption of special central bank bills. The PBC increased policy support in terms of central bank lending to support agricultural development and rediscounts for RCCs that satisfied the follow-up monitoring and examination criteria after the redemption of special central bank bills, and imposed a number of restrictions on those that failed to meet the criteria. These policies have played an important role in driving further RCC reforms and have encouraged a greater supply of agro-linked credit. Concrete progress was made in reforming the rural credit cooperatives (RCCs), as reflected in the remarkably improved asset quality and operational performance, the significantly strengthened financial position, and the substantial increase in agro-linked lending. Based on the five-category loan classification, at end-2011 the NPL ratio for RCCs declined 1.9 percentage points to 5.5 percent from end-2010. The capital adequacy ratio stood at 10.7 percent, up 2 percentage points from end-2010, and the asset/profit ratio rose by 0.28 percentage point from end-2010 to 1 percent. New agro-linked loans and lending to rural households by RCCs in 2011 posted RMB737.4 billion yuan and RMB309.3 billion yuan respectively, and their outstanding amount at end-2011 expanded by 19 percent and 15 percent respectively year on year. At end-2011, outstanding agro-linked loans by RCCs accounted for 68.9 percent of all lending, a rise of 0.5 percentage point from end-2010. Moreover, steady progress was made in RCC property rights reform. As of end-2011, a total of 1,882 RCCs, 212 rural commercial banks, and 190 rural cooperative banks had been established, all with legal-person status at the county (city) level.

VIII. Deepened reform of foreign exchange administration

Action was taken to moderate the strong expansion of net purchases of foreign currencies by commercial banks and the rapid growth of foreign reserves. This includes efforts to enhance management of the banks' position for foreign exchange purchases and sales, receipts and sales of foreign exchange from exports, and foreign exchange capital surrendered by foreign-funded enterprises; to further reduce the 2011 aggregate short-term external debt quota for mainland financial institutions; to raise the transaction fees in the interbank foreign exchange market; and to encourage banks to adjust the foreign currency purchases and sales balance by improving the pricing of exchange rates. Efforts were made to strengthen verification of the authenticity of trade-based foreign exchange inflows, encourage foreign exchange purchases and payments with authentic trade and investment backgrounds, encourage exporters to deposit their proceeds in overseas banks, and introduce the "watch list" for purchases and sales of foreign currencies by individuals. These measures have been effective in discouraging speculative and arbitrage capital inflows and in eliminating the possibility of market volatility.

The reform of the verification of imports and exports was steadily promoted. On December 1, 2011, the reform was initiated in Jiangsu, Shandong, Fujian, and four other provinces (municipalities) on a pilot basis, helping improve the risk prevention mechanism and enhancing regulatory effectiveness while also improving efficiency by screening and matching the trade flows and fund flows under the current account and monitoring and carrying out category-specific supervision, instead of conducting the verification process against each import and export by enterprises complying with the relevant regulations. Experiences from the pilot program show that, as a result of the reform of foreign exchange administration for trade in goods, procedures have been streamlined and operational costs have been cut for banks and enterprises, and a new administrative model that focuses on both trade facilitation and risk management has emerged.

Measures were taken to further facilitate receipts, since Januray 1, 2011, payments, and trading of foreign currencies, including nationwide adoption of a policy encouraging depositing export proceeds in overseas banks, streamlining foreign exchange policies under some capital account items, delegating approval authority for five kinds of businesses, and facilitating sales and purchases of foreign exchange by individuals by regulating the individuals' foreign exchange sales and purchases via online banking.

PART 3 Financial Market Analysis

In 2011, China's financial market maintained healthy and sound performance amid continuous innovations. Reform and development policies proceeded steadily, and the role of the financial market in improving the financing structure and optimizing resource allocations was put into full play. With respect to the operation of the financial market, the money market traded briskly and in general interest rates were higher than in the previous year. Bond issuances increased steadily, and bond market indices moved upward amid fluctuations. Stock indices declined amid fluctuations, and trading on the stock market decreased.

I. Financial market analysis

1. The money market traded briskly, and in general interest rates were higher than those in the previous year

Repo transactions and interbank lending on the money market were brisk, with an increase in trade volume. In 2011, the turnover of bond repos posted RMB99.5 trillion yuan, with a daily average turnover of RMB397.8 billion yuan, up 13.5 percent year on year. The turnover of interbank lending posted RMB33.4 trillion yuan, with a daily average turnover of RMB133.8 billion yuan, up 20 percent year on year. Overnight products still dominated bond repos and interbank lending transactions, accounting for 74.8 percent and 81.7 percent of their respective turnover respectively, down 5.1 and 6.2 percentage points from the previous year. The turnover of government securities repos on the stock exchanges soared 203.0 percent year on year to RMB20.0 trillion yuan.

In terms of financing by financial institutions, the flow of funds among financial institutions

Table 4 Fund Flows among Financial Institutions in 2011

Unit: RMB100 million yuan

	Repo		Interbank borrowing	
	2011	2010	2011	2010
State-owned commercial banks	-192,145	-237,497	47,331	-23,502
Other commercial banks	51,817	84,212	-27,958	7,286
Other financial institutions	130,249	121,228	-9,802	13,599
Of which: Securities companies and fund management companies	66,659	74,675	10,237	2,149
Insurance companies	24,926	21,869	—	—
Foreign-funded financial institutions	10,079	32,057	-9,571	2,617

Note: "Other financial institutions" in the table refer to the China Development Bank, policy banks, policy banks associations of rural credit cooperatives, finance companies, trust and investment companies, insurance companies, securities companies, fund management companies, and so forth. A negative sign indicates net lending and a positive sign indicates net borrowing.
Source: China Foreign Exchange Trade System.

showed the following characteristics: First, although state-owned commercial banks remained net fund providers, their net lending decreased significantly and they changed from net lenders to net borrowers on the interbank lending market; Second, net borrowings of other commercial banks and foreign financial institutions declined considerably; Third, funding demands by securities companies and fund management companies remained stable.

In 2011, interest rates on the money market first rose and then dropped, in general remaining higher than in the previous year. During the first three quarters, interest rates on the money market moved up amid fluctuations. In the fourth quarter, due to a number of factors, such as weakened inflation expectations and a decrease in the reserve requirement ratio, interest rates on the money market declined slightly. In December, the weighted average interest rate of bond-pledged repos and the weighted average interest rate of interbank borrowing was 3.37 percent and 3.33 percent respectively, down 0.38 and 0.41 percentage point from September, and up 0.25 and 0.41 percentage point from the same period of the last year. In 2011, the Shibor rates of all maturities generally moved up.

Trading of RMB interest-rate swaps grew rapidly. In 2011, the total notional principals amounted to RMB2,675.96 billion yuan, an increase of 78.4 percent year on year. In terms of the maturity structure, RMB interest-rate swaps with a maturity of less than one year traded most briskly, and their aggregate notional principal amounted to RMB1,999.25 billion yuan, accounting for 74.7 percent of the total. The base rates of the floating end of the RMB interest-rate swaps included the 7-day fixing repo rate and the Shibor, and their notional principal accounted for 51.5 percent and 45.5 percent of the total respectively. Transactions of bond forwards and forward interest rate agreements were lukewarm.

2. Bond issuances grew steadily

The turnover of spot bond transactions on the interbank market remained stable. In 2011, a total of RMB63.6 trillion yuan of bonds was traded, with a daily average of RMB254.6 billion yuan, down 0.6 percent year on year. In terms of participants, state-owned commercial

Table 5 Transactions of Interest Rate Derivatives, 2006~2011

	Interest-rate swaps		Bond forwards		Forward-rate agreements	
	Transactions	Amount of notional principal (RMB100 million yuan)	Transactions	Amount (RMB100 million yuan)	Transactions	Amount of notional principal (RMB100 million yuan)
2006	103	355.7	398	664.5	—	—
2007	1,978	2,186.9	1,238	2,518.1	14	10.5
2008	4,040	4,121.5	1,327	5,005.5	137	113.6
2009	4,044	4,616.4	1,599	6,556.4	27	60.0
2010	11,643	15,003.4	967	3,183.4	20	33.5
2011	20,202	26,759.6	436	1,030.1	3	3.0

Source: China Foreign Exchange Trade System.

banks and foreign financial institutions were net purchasers on the interbank spot market, with net purchases of RMB564.5 billion yuan and RMB212.9 billion yuan respectively. Other commercial banks and other financial institutions were net sellers, with net sales of RMB551 billion yuan and RMB226.9 billion yuan respectively. Spot government securities transactions on the stock exchanges posted RMB125.3 billion yuan, RMB40.9 billion yuan less than in the previous year.

Bond price indices went up amid fluctuations. In the first three quarters, the bond market showed a generally weakening trend; in the fourth quarter, the bond market indices rebounded somewhat. The China Bond Composite Index (net price) rose 1.4 percent from 99.9 points at the beginning of the year to 101.3 points at year-end; and the China Bond Composite Index (full price) rose 2.3 percent, from 108.8 points early in the year to 111.3 points at year-end. The government securities index on the stock exchanges rose 4.0 percent, from 126.3 points early in the year to 131.4 points at year-end.

In 2011 the yield curve of government securities on the interbank market showed a downward and steepening trend, and their movements could be divided into three phases: in the first four months, relatively abundant liquidity in the market pushed the yields of short-term bonds down, while banks and insurance companies had a stronger demand for bond investments, the yields of medium- and long-term bonds slid slightly, and the yield curve of government securities showed a downward and steepening trend. In the second phase, from early May to end-August, affected by several factors such as the consecutive hikes in the reserve requirement ratios and heightened inflation expectations, market liquidity tightened somewhat and, given the deteriorating European debt crisis, yields of credit products generally increased and the yield curve of government securities generally shifted upward. In the third phase, from early September to year-end, as a number of macroeconomic indicators indicated a slowdown in economic growth, slowing CPI and PPI growth, and relaxed expectations for tightening measures, the yield curve of government securities saw an overall downward trend.

Bond issuances grew steadily. In 2011 a total of RMB6.41 trillion yuan (excluding central bank bills) was issued, up 23.4 percent year on year. In particular, issuances of subordinated bonds and hybrid capital bonds issued by commercial banks, policy financial bonds issued by the China Development Bank and other policy banks, and corporate credit-type bonds increased rapidly, while issuances of government securities declined slightly. In November 2011, four provinces and municipalities, including Shanghai, Guangdong, Zhejiang, and Shenzhen, began to issue municipal bonds in a pilot program, with the volume of issuances at RMB7.1 billion yuan, RMB6.9 billion yuan, RMB6.7 billion yuan, and RMB2.2 billion yuan respectively on the interbank bond market. As of the end of 2011, a total of RMB21.4 trillion yuan of bonds was deposited with the China Government Securities Depository Trust and Clearing Co., Ltd., an increase of 7.5 percent year on year.

In general, bond issuance rates of all maturities showed a downward trend. The interest rate of 3-year government securities issued in

Figure 2 Yield Curves of Government Securities on the Inter-bank Market in 2011

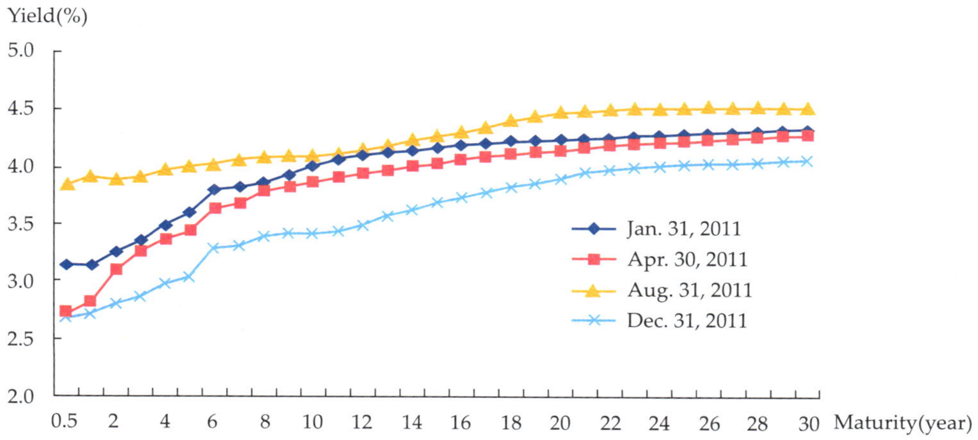

Source: China Government Securities Depository Trust and Clearing Co., Ltd..

Table 6 Issuances of Major Bonds in 2011

Type of bonds	Issuances (RMB100 million yuan)	Year-on-year growth (%)
Government securities[1]	17,100	-13.5
Of which：Municipal bonds	2,000	0.0
Policy financial bonds issued by the China Development Bank and other policy banks	19,973	51.4
Bank subordinate bonds and hybrid bonds	3,169	244.6
Bank ordinary bonds	350	3400.0
Enterprise bonds[2]	23,103	43.5
Of which: Short-term financial bills	8,032	19.1
Medium-term notes	7,270	47.6
Corporate bonds	1,253	107.7

Notes: 1. Including municipal bonds issued by the Ministry of Finance on behalf of local governments.
2. Including enterprise bonds, short-term financing bills, super and short-term commercial paper, medium-term notes, collective bills of SMEs, private placement of bond-financing instruments, and corporate bonds.
Source: The People's Bank of China, China Government Securities Depository Trust and Clearing Co., Ltd.

December was 2.82 percent, down 40 basis points from those of the same maturity issued at the beginning of the year. The interest rate of 10-year fixed-rate bonds issued by the China Development Bank in December was 3.49 percent, down 110 basis points from those of the same maturity issued at the beginning of the year. The Shibor played a greater role in bond pricing. In 2011 fifteen floating-rate bonds based on the Shibor were issued on the primary bond market, with a gross issuance volume of RMB130.28 billion yuan, an increase of 128 percent year on year. In addition, a total of RMB244.9 billion yuan of fixed-rate enterprise bonds was issued, all based on the Shibor, and RMB241.8 billion yuan of short-term fixed-rate financing bills based on the Shibor was issued, at par with the previous year and accounting for 31 percent of the issuance of all short-term fixed-rate financing bills.

3. Bill financing remained stable, and interest rates first rose and then slid

The bill discounting business maintained

growth momentum, but slowed down in the second half of the year. In 2011 commercial bills issued by enterprises totaled RMB15.1 trillion yuan, representing year-on-year growth of 23.8 percent; the total value of outstanding commercial bills at end-2011 posted RMB6.7 trillion yuan, representing year-on-year growth of 18.7 percent. Outstanding discounted bills increased from RMB5.6 trillion yuan at the beginning of the year to a historic high of RMB7.0 trillion yuan at end-August, but slowed down thereafter. Outstanding discounted bills increased by more than RMB1 trillion yuan throughout the year, rendering larger fund support to enterprises.

Bill financing increased slightly amid fluctuations, while interest rates on the bill market first rose and then slid a bit, but still remaining at an elevated level. In 2011 the volume of discounted bills of financial institutions amounted to RMB25.0 trillion yuan, representing a year-on-year decrease of 3.8 percent; outstanding discounted bills at end-2011 registered RMB1.5 trillion yuan, representing a year-on-year growth of 2.1 percent. As financial institutions strengthened control over the volume and pace of credit extensions, the balance of bill financing decreased slightly early in the year, gradually increased in the second quarter, and then hovered at around RMB1.5 trillion yuan in the second half of the year. The outstanding balance of bill financing at year-end accounted for 2.8 percent of all categories of loans, down 0.3 percentage point from early in the year. Affected by a number of factors such as money-market interest rates and changes in supply and demand, interest rates on the bill market generally remained at an elevated level. In particular, in the second half of the year interest rates on the bill market continued to move up amid fluctuations, reaching their highest point in October and falling slightly thereafter.

4. Stock indices declined amid fluctuations, and transaction volumes declined slightly

The stock indices declined amid fluctuations. The Shanghai Stock Exchange Composite Index and the Shenzhen Stock Exchange Component Index declined 21.7 percent and 28.4 percent from the end of the last year to close at 2,199 points and 8,919 points at end-2011, respectively. The average P/E ratio on the A-share market of the Shanghai Stock Exchange declined from 21.6 times at the end of the last year to 13.4 times at end-2011; the average P/E ratio on the A-share market of the Shenzhen Stock Exchange declined from 45.3 times to 23.5 times. The Growth Enterprise Board (GEB) Index (Chinext Price Index) of the Shenzhen Stock Exchange saw a larger decline and closed at 730 points at end-2011, down 35.9 percent from the end of the last year.

Transaction volumes on the stock markets declined slightly. In 2011, turnover on the Shanghai and Shenzhen Stock Exchanges totaled RMB42.2 trillion yuan, a decrease of 22.7 percent year on year, and the daily turnover averaged RMB172.8 billion yuan, RMB52.7 billion yuan less than during the last year. The turnover of the Growth Enterprise Board amounted to RMB1.89 trillion yuan, an increase of 20.1 percent from the end of the last year. At end-2011, the market capitalization of the Shanghai and Shenzhen Stock Exchanges had declined 14.6 percent from the previous year to RMB16.5 trillion yuan, while the market capitalization of the Growth Enterprise Board had increased 24.9 percent year on year to RMB250.4 billion yuan.

Financing on the stock markets declined substantially. In 2011, a total of RMB579.9 billion yuan was raised by all kinds of enterprises and financial institutions on the domestic and overseas stock markets by way of IPOs, additional offerings, and warrant exercises, RMB552 billion yuan less than in the previous year. Among this total, financing on the A-share market posted RMB507.3 billion yuan, RMB388.2 billion yuan less than during the previous year.

5. Total assets in the insurance industry maintained their steady growth

In 2011, total premium income in the insurance industry amounted to RMB1.43 trillion yuan, and total claim and benefit payments increased 22.8 percent year on year to RMB392.9 billion yuan. Specifically, total claim and benefit payments in the property insurance sector increased 24.5 percent, whereas those in the life-insurance sector increased 20.6 percent.

Total assets in the insurance industry maintained steady growth. At end-2011, total assets in the insurance industry posted RMB6.0 trillion yuan, an increase of 19.1 percent year on year. Among this total, bank deposits increased 27.5 percent, while investment-type assets increased 17.4 percent.

6. The foreign exchange market traded briskly and currency swap transactions increased rapidly

In 2011, the turnover of spot foreign exchange transactions totaled USD3,553.8 billion, representing an increase of 16.7 percent year on year. The turnover of RMB foreign exchange swap transactions totaled USD1,771 billion, representing an increase of 38.0 percent year on year; among this total, overnight RMB foreign exchange swap transactions amounted to USD1,022 billion, accounting for 57.7 percent of the total. The turnover on the RMB foreign exchange forward market totaled USD214.6 billion, an increase of 556.8 percent year on year. In 2011, the turnover of foreign currency pair transactions amounted to USD94.67 billion, an increase of 42.1 percent year on year. In particular, USD/HKD pairs accounted for the lion's share, or 45.2 percent, yet down 15.2 percentage points from the previous year. The number of participants on the foreign exchange market further expanded. At end-2011, there were 318 members on the foreign exchange spot market, 73 members on the foreign exchange forward market, 71 members on the foreign

Table 7 Use of Insurance Funds, End-2011

	Outstanding balance(RMB100 million yuan)		As a share of total assets (%)	
	End-2011	End-2010	End-2011	End-2010
Total assets	60,138	50,482	100.0	100.0
Of which: Bank deposits	17,737	13,910	29.5	27.6
Investment	37,737	32,137	62.8	63.7

Source: China Insurance Regulatory Commission.

exchange swap market, 27 members on the foreign exchange options market, 26 market-makers on the foreign exchange spot market, and 20 market-makers on the foreign exchange forward market.

7. The gold market saw large price volatility and the volume of transactions increased rapidly

The price of gold first increased and then fell and was characterized by large volatility. In early 2011, the price of gold on the international market was USD1,419.5 per ounce; it reached a historic high of USD1,920.5 per ounce in September and then went down amid fluctuations, closing at USD1,561.8 per ounce at end-2011, up 10.0 percent from the beginning of the year. The movement of domestic gold prices kept pace with that on the international market. During the year, the highest price on the Shanghai Gold Exchange (AU99.95) was RMB396 yuan per gram, and the price closed at RMB319.8 yuan per gram, up 5.9 percent from the beginning of the year. The weighted average price of gold was RMB327.5 yuan per gram, up RMB61.7 yuan from the previous year.

The volume of transactions on the Shanghai Gold Exchange increased rapidly. In 2011, the trading volume of gold was 7,438.5 tons, an increase of 22.9 percent year on year, and its turnover posted RMB2.48 trillion yuan, an increase of 53.5 percent year on year. The daily trading volume of gold averaged 30.5 tons, an increase of 22 percent year on year. The trading volume of silver was 247,000 tons, an increase of 235.6 percent year on year, and its turnover posted RMB1.94 trillion yuan, an increase of 402.2 percent year on year. The trading volume of platinum was 65.0 tons, an increase of 18.9 percent year on year, and its turnover posted RMB20 billion yuan, an increase of 20.5 percent year on year.

II. Institutional building in the financial market

1. Strengthening regulation on the interbank bond market

Efforts were made to promote the building of a proper debt financing mechanism for local governments. In November 2011, the People's Bank of China released the *Notice on Issues Concerning Issuance of Municipal Bonds by Pilot Provinces and Municipalities* to regulate the debt-financing behavior of local governments.

Launching a net clearing business for spot bonds. The People's Bank of China guided the Shanghai Clearing House to develop a net clearing scheme of spot bond transactions, and released the *Official Reply to Rules (Trial) on the Net Clearing Business for Spot Bond Transactions interbank bond market by the PBC General Administration Department*, listing specific requirements on market entry for clearing members, a risk management system, a real-time monitoring mechanism and asset segregation, and so forth. On December 19, 2011, the net clearing business for spot bonds deposited with the Shanghai Clearing House was formally launched. Realization of the net clearing business for spot bonds was a major innovation in the clearing system of the interbank bond market and represented significant progress in the building of a market infrastructure on the interbank market.

2. Promoting the healthy development of the gold market

First, in order to strengthen regulation and supervision of intermediaries on the gold market, the People's Bank of China promulgated the *Administrative Measures on Regulation and Supervision of the Business of the Shanghai Gold Exchange*. Second, in order to gradually improve market trading rules, the People's Bank of China guided the Shanghai Gold Exchange in releasing guidelines on the handling of business by commercial banks on behalf of individuals and guidelines on IT management of agent commercial banks to handle such businesses for individuals, and amended six rules, including on spot gold transactions, so as to prevent transaction risks on the gold market. Third, the People's Bank of China, jointly with other ministries and commissions, released the *Notice on Strengthening Regulation on the Gold Exchange and Other Gold Trading Platforms*, to close illegal trading platforms for gold and gold derivatives.

3. Improving institutional arrangements on the securities market

Further improving the inside information management system of public companies. In October 2011, the China Securities Regulatory Commission issued the *Rules for Listed Companies in Establishing a Registration and Management System for Persons Familiar with Inside Information*, requiring listed companies to build records for persons familiar with inside information and to make relevant registration and confidentiality arrangements for inside information. Such an arrangement raises the listed companies' confidentiality awareness, as well as that of relevant persons familiar with inside information and provides evidence and clues for investigating insider trading; therefore, it is essential and fundamental for preventing and striking against insider trading.

4. Improving institutional arrangements on the insurance market

Strengthening capital management and reducing risks in the insurance sector. In October, the China Insurance Regulatory Commission amended the *Administrative Measures on Subordinated Term Debts of Listed Companies*, which increased the qualification requirements for fund raisers, stipulating that subordinated bonds as a percentage of supplementary capital could not exceed 50 percent of net assets and that the raised funds should not be used for investment in equity, real estate, infrastructure, and so forth. The amended *Measures* are of great importance in regulating insurance companies using subordinated bonds to increase their capital, in strengthening the core capital of the insurance industry, and in improving capital quality and reducing industry risks.

Regulating the behavior of insurance companies and protecting the interests of policyholders. Efforts were made to expedite the sharing of motor insurance information across the nation, and a national motor insurance information platform, including regarding compulsory motor insurance and commercial motor insurance, was put into place. In order to regulate the behavior of insurance companies and to better protect the interests of policyholders and beneficiaries, a number of regulations were released, such as rules on the operation of life insurance businesses, administrative measures regarding insurance salesmen, and promulgating the *Guidelines for Regulation of the Bancassurance Business of Commercial Banks*. In addition, the *Interim Rules on Administration of Portfolio Transfers of Insurance Companies* were promulgated, laying out an initial institutional framework and a basic procedure for portfolio transfers in the insurance business.

PART 4

Macroeconomic Analysis

I. Global economic and financial developments

In 2011, the global recovery stalled due to the escalating sovereign debt crisis and the intensified downside risks. In the United States, there were signs of recovery in the latter half of the year. Fiscal and financial risks in the euro area mixed with one another and escalated, indicating dimmed growth prospects. Shocked by the earthquake and the tsunami, the Japanese economy slid into recession but later rebounded. Growth momentum in most emerging market economies moderated and some countries even faced risks caused by sharp inflation and volatile short-term capital flows. In the January 2012 *World Economic Outlook Update*, the IMF revised down its forecast for global growth in 2011 by 0.2 percentage point to 3.8 percent. Output of the United States, the euro area, Japan, and the emerging and developing economies expanded by 1.8 percent, 1.6 percent, -0.9 percent, and 6.2 percent respectively in 2011, down 1.2, 0.3, 5.3, and 1.1 percentage points from the previous year.

1. Economic developments in the major economies

The economy of the United States saw positive dynamics, reflected in improved inflation and employment conditions. GDP growth picked

Table 8 Macroeconomic and Financial Indices of the Major Economies

Country	Index	2010 Q4			2011 Q1			2011 Q2			2011 Q3			2011 Q4		
		Oct.	Nov.	Dec.	Jan.	Feb.	Mar.	Apr.	May	Jun.	Jul.	Aug.	Sept.	Oct.	Nov.	Dec.
United States	Real GDP growth rate (annualized quarterly rate, YOY, %)	3.1			0.4			1.3			1.8			2.8 (initial number)		
	Unemployment rate (%)	9.6	9.8	9.4	9.1	9.0	8.9	9.0	9.0	9.1	9.1	9.1	9.0	8.9	8.7	8.5
	CPI (YOY, %)	1.2	1.1	1.5	1.6	2.1	2.7	3.2	3.6	3.6	3.6	3.8	3.9	3.5	3.4	3.0
	DJ industrial average(closing number)	11,118	11,006	11,578	11,892	12,226	12,320	12,811	12,570	12,414	12,143	11,613	10,913	11,955	12,045	12,218
	NASDAQ(closing number)	2,507	2,498	2,653	2,700	2,782	2,781	2,874	2,835	2,774	2,756	2,579	2,415	2,684	2,620	2,605
Euro Area	Real GDP growth rate (quarterly YOY, %)	2.0			2.4			1.6			1.3			—		
	Unemployment rate (%)	10.1	10.1	10.0	10.0	10.0	10.0	9.9	10.0	10.0	10.1	10.1	10.2	10.3	10.4	10.4
	HICP (YOY, %)	1.9	1.9	2.2	2.3	2.4	2.7	2.8	2.7	2.7	2.5	2.5	3.0	3.0	3.0	2.7
	EURO STOXX 50(closing number)	2,543	2,478	2,601	2,654	2,713	2,583	2,661	2,632	2,561	2,511	2,238	2,160	2,318	2,299	2,370
Japan	Real GDP growth rate (annualized quarterly rate, %)	-2.4			-3.7			-2.1			5.6			—		
	Unemployment rate (%)	5.1	5.1	4.9	4.9	4.6	4.6	4.7	4.5	4.6	4.7	4.3	4.1	4.5	4.5	4.5
	CPI (YOY, %)	0.2	0.1	0.0	-0.6	-0.5	-0.5	-0.4	-0.4	-0.4	0.2	0.2	0.0	-0.2	-0.2	-0.2
	NIKKEI 225(closing number)	9,202	9,937	10,229	10,238	10,624	9,755	9,850	9,694	9,816	9,833	8,955	8,700	8,988	8,435	8,455

Source: Statistical bureaus and central banks of the relevant economies.

up pace during Q4 2011. The unemployment rate stood at 8.5 percent in December, down 0.2 percentage point month on month and the total unemployment claim was 13.1 million, the lowest level since 2009. Year-on-year CPI edged up by 3.0 percent in December, representing a slowdown for three consecutive months and indicating somewhat eased inflationary pressures. The trade deficit dropped steadily since July, climbed in November, and ended at USD47.75 billion. The fiscal deficit still posed great challenges. The U.S. federal deficit for fiscal year 2011 was USD1.3 trillion, accounting for 8.7 percent of GDP. Though lower than the 9.0 percent registered in 2010, the deficit share of GDP still ranked the third highest since 1945.

The recovery in the euro area lost momentum due to diverse growth rates across the member states. According to the ECB, the euro area was projected to expand by -0.4 to 1 percent and likely to recede into another round of recession. Inflation remained above the 2 percent target for thirteen consecutive months and the year-on-year HICP increased by 2.7 percent in December. With respect to the various member-states, in Q3 GDP in Germany picked up by 2.6 percent year on year, marking a second quarterly decrease but still significantly higher than that of the other countries in the euro area. France experienced a 1.6 percent year-on-year GDP growth in Q3. However, conditions in the heavily indebted countries such as Greece and Portugal continued to deteriorate, and GDP in these two countries contracted by 5.2 percent and 1.7 percent respectively in Q3. To fight the sovereign debt crisis, the EU launched a series of reform plans, whose effect have yet to be tested by the market. In December, Standard & Poor's and Fitch cut the sovereign rating outlook of several euro area countries.

Hit hard by the earthquake and the tsunami, Japanese economic activity weakened, putting a drag on the already crumbling trade and debt conditions. In 2011 the Japanese economy initially contracted due to the impact of the earthquake and the tsunami in March, but it later rebounded. The CPI continued at a low level, and the December core CPI declined by 0.2 percent year on year. Due to many factors such as the appreciation of the Japanese yen, the major earthquake, and the decline in external demand, Japan's exports dropped sharply in 2011, leading to a trade deficit of 2.5 trillion yen and ending the record thirty-one years of a trade surplus. Due to the earthquake and the disaster, fiscal expenditures soared, adding to the government's fiscal woes. At the end of Q3, the debt balance reached a historic high of 954 trillion yen, accounting for 199 percent of GDP. Estimated expenditures for fiscal year 2012 are 90 trillion yen, among which 44 trillion yen should be financed through debt.

The pace of expansion in the major emerging market economies cooled down against the backdrop of a tighter domestic policy, a downward cyclical impact, and declining external demand. These countries faced challenges to stabilize growth, curb inflation, and tame volatile short-term cross-border capital flows. GDP growth in India increased by 6.9 percent year on year in Q3, a slowdown for six consecutive quarters. The Q3 GDP growth in Brazil was zero month on month, or 2.1 percent year on year, a record low since Q1 2009. Furthermore, emerging market economies such as South Africa, Turkey, Indonesia, and Vietnam also experienced moderate growth.

The dimmed growth outlook shook investors' confidence in the assets of the emerging market economies as euro area banks were also selling assets of these countries to replenish capital. As a result, some emerging market economies saw capital outflows and a currency depreciation, making it more difficult for them to make proper macro-economic decisions.

2. Global financial market development

The exchange rates of the major currencies fluctuated with large swings. At the end of 2011, the exchange rate of the US dollar against the euro was 1.2945 dollar per euro, a depreciation of the US dollar by 3.23 percent compared with the last year. From January to April, the euro continued to strengthen against the dollar as stable economic performance in the euro area heightened market expectations of an interest rate increase. From May, with the deterioration and spread of the debt crisis, the euro fell against the US dollar. The Japanese yen due to risk-aversion demand was pushed higher against the US dollar. At the end of the year, the exchange rate of the Japanese yen against the US dollar stood at 76.94 yen per dollar, an appreciation of 5.47 percent from the last year. The Trade Weighted US Dollar Index, which is published by the Federal Reserve, rose by a cumulative 1.65 percent in 2011.

International money-market interest rates fluctuated within a large range. The US dollar Libor picked up after an initial dip. In the first half of the year, the US dollar Libor drifted lower under the influence of the quantitative easing monetary policy implemented by the US Federal Reserve, but it rapidly recouped its losses as the sovereign debt crisis intensified and safe-haven demand picked up. On June 13, the 1-year Libor plummeted to the year's low of 0.72 percent but it rebounded and rallied up to 1.13 percent on December 30, 0.35 percentage point higher than that at the beginning of the year. The Euribor fluctuated upwards, driven by the ECB's interest rate increases in April and July. On July 8, the 1-year Euribor reached the year's high of 2.2 percent and remained at that level amidst a handful of small corrections. As the sovereign debt crisis rippled through the banking system and the real economy, the ECB cut its interest rates twice, in November and December. As a result, the Euribor retreated from its high level. On December 30, 2011, the 1-year Euribor was 1.95 percent, up 0.44 percent from the beginning of the year.

The yields of government securities in the major countries were depressed by hedging demand. In the first half of the year, the yields of bonds in Greece, Ireland, and Italy rocketed and risk-aversion demand rose, as the international rating companies reduced the credit ratings of the euro area countries in succession. Though Standard & Poor's and Moody's slashed the sovereign ratings of the United States and Japan, their yields of Treasury bonds bucked the trend in an upward movement. The yields of German Treasuries fluctuated downwards. In Q4, the yields of the U.S. and German bonds declined further after the Europe debt summits held on October 26 and December 9 as the debt talks dragged on. On December 31, the yields of 10-year Treasury bonds in the U.S., euro area, and Japan closed at 1.88 percent, 1.83 percent, and 0.99 percent respectively, down 1.48, 1.14, 0.13 percentage points from the end of the last year.

The major stock indices experienced large

fluctuations. In the first half of the year, global stock markets remained stable amidst the relatively good performance of the major economies, tentatively easing the sovereign debt crisis. However, in the middle of March, the major earthquake in Japan triggered an avalanche in global stock markets. In Q3, against the backdrop of stalled global recovery and intensified market panic caused by the deteriorating debt crisis in the United States and the EU, the major stock markets slumped and remained at low level. In Q4, boosted by changes in expectations about the debt crisis and the pickup of the economic performance of the United States and the EU in Q3, the stock markets in these countries squeezed up. On December 30, the Dow Jones Industrial Average, the NASDAQ, and the STOXX50 closed at 12,218, 2,605, and 2,370 respectively, up 5.5 percent, 1.8 percent, and down 8.9 percent respectively from the end of the last year. Influenced by the twin dangers of a sluggish recovery and the devastating earthquake and tsunami, the Japanese stock market continuously moved downward in 2011, with the Nikkei 225 closing the year at 8,455, down 17.3 percent year on year.

3. Development of the housing market in the major economies

There were positive signs for a recovery in the U.S. housing market, but the outlook still remained uncertain. According to the U.S. Department of Commerce, sales of new homes registered 302,000 in 2011, down 6.2 percent year on year; the median price of new homes decreased by a large margin to USD210,300 per unit in December, down 12.9 percent year on year; the start of new housing edged up by 1.2 percent year on year. According to the National Association of Realtors, in 2011 sales of existing homes rebounded after an initial decline, reaching 4.26 million units by the end of year, an increase of 1.7 percent compared with the last year. At the same time, the median price of existing homes also moved upwards after falling a bit at the beginning of the year, reaching USD1,645,000 per unit, a decrease of 2.5 percent compared with the last year.

The recovery of the housing market proceeded at different paces across the various member states of the EU. In 2011, housing prices continued to rise in Germany and France, while in Britain they first climbed up a bit but soon settled onto a downward track. The Halifax Index declined by 0.9 percent month on month in December and dropped by 1.3 percent year on year in Q4. Dimmed growth prospects weighed on British housing prices. And the housing markets in the EU peripheral countries saw no improvement, due to the stalled global recovery and the spread of the EU debt crisis.

The Japanese housing market was bolstered by demand for post-disaster reconstruction but housing prices remained flat. According to the Ministry of Land, Infrastructure, Transport, and Tourism, starts of new housing in 2011 went up by 4.2 percent compared with the same period of the last year and construction orders received by the 50 big construction companies increased by 10.3 percent year on year. The benchmark land price fell by 3.4 percent over the previous year, marking twenty consecutive declines.

4. The monetary policies of the major economies

Financial and fiscal risks alternated and escalated, adding uncertainties to the global recovery. In response, the major central banks of the advanced countries adhered to an extremely accommodative monetary policy and unconventional policy measures such as quantitative easing. The U.S. Fed kept the Federal Fund rate unchanged within the range of 0 to 0.25 percent and hinted at the beginning of 2012 that the extremely low benchmark interest rate could be sustained until at least the end of 2014. The Bank of Japan maintained its "zero interest rate" policy, keeping the range of the overnight call rate unchanged at 0 to 0.1 percent. To counter the EU debt crisis, after interest rate boosts in April and July, the ECB reduced the interest rate of the main refinancing operations from 1.5 percent to a historic low of 1 percent on November 3 and December 8, loosening its monetary policy from a relatively tight stance. The Bank of England left the bank rate unchanged at a record low of 0.5 percent. In addition, by the end of June the Federal Reserve as planned had completed the second round of its asset purchase program. On September 21, the Federal Reserve launched a "reverse operation," a bold attempt to sell USD400 billion in short-term government bonds to raise the necessary funds and at the same time to buy the equivalent amount of long-term bonds. To inject liquidity into the market as a countermeasure to the EU debt crisis, the Federal Reserve, together with the European Central Bank, the Bank of England, the Bank of Japan, the Bank of Canada, and Schweizerische National Bank, announced on November 30 that it would lower the rate for US dollar liquidity swap arrangements by 50 basis points and extend authorization of these swap arrangements until February 1, 2013. Starting from November, the ECB kicked off a new round of covered bond purchases totaling 40 billion euro, provided low-price backstop liquidity to the banking system through LTROs, lowered the rating threshold for certain asset-backed securities to increase the availability of collateral, and reduced the reserve requirement ratio from 2 to 1 percent. Against the volatile external environment and in order to relieve the impact of the earthquake, the Bank of Japan unveiled a 500 billion yen lending program to support small- and medium- sized enterprises and gradually expanded the scale of its asset purchase program from 40 trillion yen to 55 trillion yen. In addition, it continued to offer a maximum of one trillion yen in loans at very low rates to financial institutions in the earthquake-hit areas. Such lending would be extended until April 30, 2012. On October 6, the Bank of England announced that to stimulate the economy it would increase the size of its asset purchase program by GBP75 billion to a total of GBP275 billion.

There were differences in the monetary policy stances of the various emerging market economies. Under the mixed impact of tepid growth and eased inflationary pressures, the major emerging economies chose to loosen their monetary policy stance due to worries about the worsening external conditions. South Korea, Philippine, Peru, Malaysia, and Chile raised their benchmark rates in the first half of the year and kept the rates unchanged throughout the year; Russia, Brazil, Thailand, and Indonesia cut their rates in Q4 to promote economic growth. Specifically, the Bank of Thailand lowered the overnight repo rate by 25 basis points to 3.25 percent on November 30, the first rate cut during the past two years; to boost economic activities, the Bank of Brazil reduced its benchmark rates on three occasions, in August, October, and November; and the Reserve Bank of India announced that it would keep the repo rate at 8.5 percent, ending the cycle of nineteen consecutive months of a rate hike.

5. World economic outlook

In its *World Economic Outlook Update* published in January 2012, the IMF projected that global growth would decelerate in 2012 and downside risks would intensify. Global output was projected to slow down to 3.3 percent in 2012, with U.S. output expanding by 1.8 percent, the same level as that in 2011, the euro area contracting by 0.5 percent, Japan rebounding to 1.7 percent as its industrial chain gained strength in the aftermath of the disaster, and the emerging economies moderating to 5.4 percent.

Looking into the future, the major risks facing a global recovery stem from several sources: First, the sovereign debt crisis, which is spreading across the entire euro area, might trigger a new round of worldwide systemic risks if it is not handled properly; Second, the lack of a credible fiscal consolidation plan for the major advanced economies might curb a medium-and long-term recovery; Third, growing risks in the world banking system and protracted bank deleveraging might depress the real economy; Fourth, further moderation of economic activities in the emerging market economies and risks from rising inflation and the possibility of a reverse in capital flows will increase the macro-management difficulties in those countries; Fifth, trade protectionism could come to the fore.

II. Analysis of China's macro-economic performance

In 2011, while shifting from stimulus-driven to endogenous growth, China's economy continued to perform well in the direction intended by the macro-economic policies. Consumption and investment grew steadily, foreign trade became more balanced, agricultural and industrial production registered robust growth, and the momentum for a rapid price hike was contained. In 2011, the Gross Domestic Product (GDP) registered RMB47.2 trillion yuan, up 9.2 percent year on year in terms of comparable prices. In the fourth quarter, GDP grew 8.9 percent year on year, or 2.0 percent quarter on quarter. The Consumer Price Index (CPI) was up 5.4 percent year on year for the whole year, representing an acceleration of 2.1 percentage points from the previous year, and up 4.6 percent year on year in the fourth quarter, representing a deceleration of 1.7 percentage points from the previous quarter. In 2011, the trade surplus posted USD155.1 billion, a reduction of USD26.4 billion from 2010.

1. Consumption and investment grew steadily and foreign trade became more balanced

Supported by the stable income gains of urban residents and the rapid income gains of rural residents, domestic consumer demand remained stable. In 2011, the per capita disposable income of urban households posted RMB21,810 yuan, representing year-on-year growth of 14.1 percent and price-adjusted real growth of 8.4 percent. The per capita cash income of rural households registered

Figure 3 Stable and Rapid GDP Growth

Source: National Bureau of Statistics.

RMB6,977 yuan, up 17.9 percent in nominal terms or 11.4 percent in real terms. The PBC survey of urban depositors in the fourth quarter shows that the residents' income index rebounded by 0.5 percentage point from the previous quarter to 50.9 percent, thus ending the drastic downward trend in the previous two quarters; the propensity to consume remained stable. In 2011, retail sales of consumer goods totaled RMB18.1 trillion yuan, representing a year-on-year increase of 17.1 percent, or 11.6 percent in real terms and a deceleration of 3.2 percentage points from 2010. Consumption growth in the urban areas slightly outpaced that in the rural areas. In 2011, retail sales in the urban areas registered RMB15.7 trillion yuan, up 17.2 percent year on year, whereas retail sales in the rural areas grew 16.7 percent year on year to RMB2.4 trillion yuan.

Figure 4 Consumer Demand Remained Stable

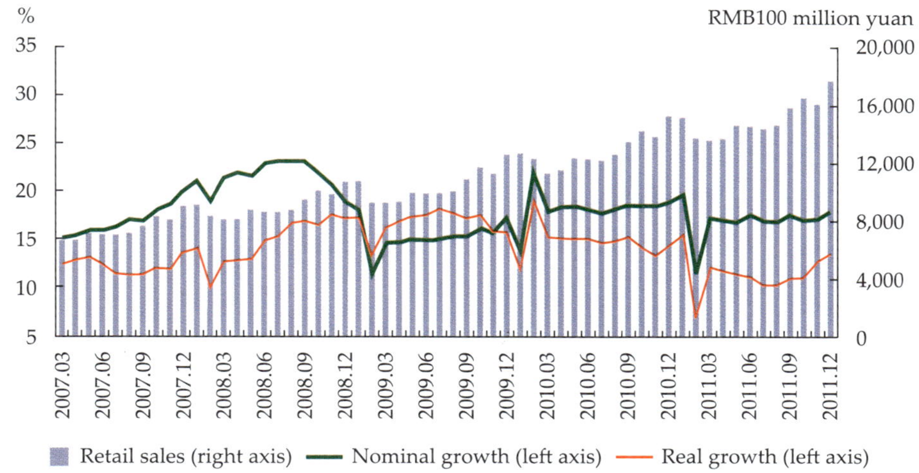

Sources: National Bureau of Statistics, the People's Bank of China.

The growth of fixed-asset investments remained relatively rapid, with growth in central and western China notably outpacing that in the east. In 2011, fixed-asset investments (excluding investments by rural households) totaled RMB30.2 trillion yuan, up 23.8 percent year on year, or 16.1 percent in real terms. Among this total, investments by state-owned and state-shareholding enterprises registered RMB10.7 trillion yuan, up 11.1 percent year on year. Broken down by region, growth in the eastern, central, and western regions registered 21.3 percent, 28.8 percent, and 29.2 percent respectively. Broken down by industry, fixed-asset investments in the primary, secondary, and tertiary industries grew 25.0 percent, 27.3 percent, and 21.1 percent respectively. Total planned investment in new projects grew by 22.5 percent year on year to RMB24.0 trillion yuan, and total planned investment in projects under construction grew 18.7 percent year on year to RMB63.2 trillion yuan.

The trade surplus continued to decrease due to slower growth in imports and exports. In 2011, imports and exports posted USD3,642.1 billion, up 22.5 percent year on year, representing a deceleration of 12.2 percentage points from 2010; exports registered USD 1,898.6 billion, up 20.3 percent year on year, a deceleration of 11 percentage points from 2010; imports posted USD 1,743.5 billion, up 24.9 percent year on year, a deceleration of 13.8 percentage points. The trade surplus declined for the third straight year, from USD155.1 billion in 2010 to USD26.4 billion in 2011. Trade with the EU, the U.S., and Japan grew steadily, and trade with the emerging market economies registered rapid growth. In 2011, the value of trade with the EU, the U.S., and Japan increased by 18.3 percent, 15.9 percent, and 15.1 percent respectively, while the total value of bilateral trade with the ASEAN nations, Brazil, Russia, and South Africa jumped by 23.9 percent, 34.5 percent, 42.7 percent, and 76.7 percent respectively.

Figure 5 Fixed-asset Investments Grew Relatively Rapidly

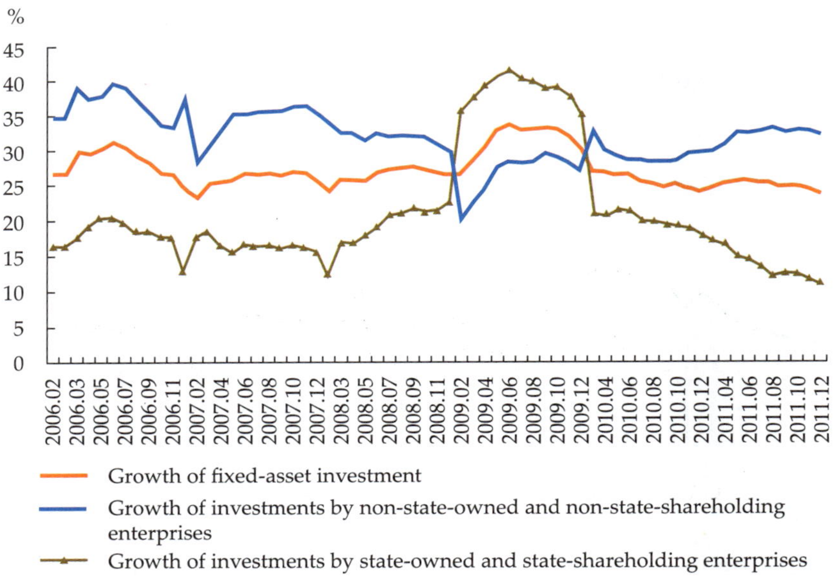

Source: National Bureau of Statistics.

Figure 6 Foreign Trade Became More Balanced

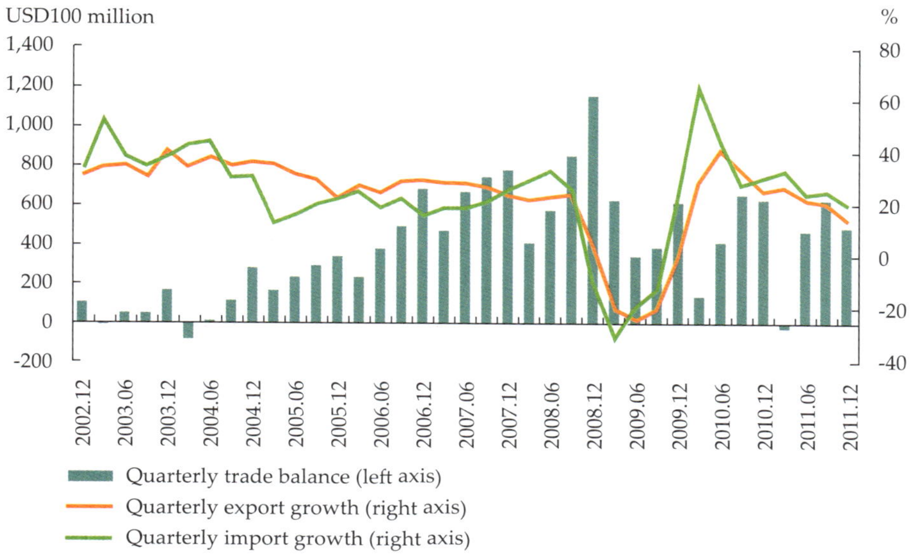

Sources: General Administration of Customs, the People's Bank of China.

Trade modalities continued to improve, with general trade growing rapidly and the share of processing trade falling markedly. In 2011, there was a hike in general trade imports and exports of 29.2 percent, reaching USD1.9 trillion and accounting for 52.8 percent of the total trade volume, 2.7 percentage points more than that in the previous year. Processing trade grew by 12.7 percent to USD1.3 trillion, accounting for 36.1 percent of the total and down by 2.8 percentage points from a year earlier. In 2011, actually utilized foreign direct investment grew by 9.7 percent year on year to USD116 billion, representing a deceleration of 7.7 percentage points from the previous year.

2. Agricultural production performed well and industrial production grew steadily

In 2011, the value-added of the primary, secondary, and tertiary industries reached RMB4.8 trillion yuan, RMB22.1 trillion yuan, and RMB20.3 trillion yuan respectively, up 4.5 percent, 10.6 percent, and 8.9 percent. The shares of the three industries in GDP were 10.1 percent, 46.8 percent, and 43.1 percent respectively.

The year 2011 witnessed stable growth of agricultural production and another bumper grain harvest. Grain output in 2011 posted 571.21 million tons, up 4.5 percent from the previous year. The total output of meat (including pork, beef, mutton, and poultry) posted 78.03 million tons, up 0.3 percent year on year.

Industrial production posted stable growth, and production and sales of industrial products were well matched. In 2011 the value-added of statistically large enterprises grew 13.9 percent year on year. Production and sales of industrial products were well matched, and 98 percent of manufactured goods were sold. The profitability of industrial enterprises continued to improve, with the profits of statistically large enterprises posting RMB5.5 trillion yuan, up

25.4 percent year on year. The survey of 5,000 industrial enterprises conducted by the PBC in the fourth quarter reveals that the business index dropped to 67.5 percent. The market demand index posted 57.4 percent, a decline of 3.2 percentage points from the previous quarter. Among this total, the domestic orders index dropped for a fourth consecutive quarter to 53.2 percent; the export orders index declined further by 2.9 percentage points to 48.7 percent, entering the below 50 percent slump zone for the first time since the fourth quarter of 2009. The raw materials supply index climbed by 1.0 percentage point to 63.5 percent, the second successive quarterly increase.

3. The rapid price increase momentum was initially contained

Since the beginning of 2011, due to the combined effects of various factors such as rising energy, resource, and labor costs, strong inflationary expectations, and rapid growth in domestic demand, pressures of a price hike mounted. In the latter half of the year, with the economic growth gradually stabilizing, the unfolding of the effects of the prudent monetary policy, and the falling commodity prices, the pressures of a price hike were eased and the major price indices started to retreat; as a result, the momentum of an excessive growth in prices was initially contained.

Growth in the CPI accelerated in year-on-year terms in the first half of the year, but decelerated month by month from July. In 2011, the CPI grew 5.1 percent, 5.7 percent, 6.3 percent, and 4.6 percent year on year in the four quarters respectively, averaging 5.4 percent and accelerating by 2.1 percentage points from a year earlier. Broken down by food and non-food items, food prices gained 11.8 percent year on year, an acceleration of 4.6 percentage points from the previous year; prices of non-food items increased by 2.6 percent, an acceleration of 1.3 percentage points from 2010. Broken down by consumer goods and services, the prices of consumer goods grew by 6.2 percent year on year, up 2.5 percentage points from the previous year, and the prices of services were up 3.5 percent, representing an acceleration of 1.5 percentage points from the previous year.

Growth of producer prices remained at an elevated level in the first three quarters, but fell significantly in the fourth quarter. In 2011, ex-factory producer prices of industrial products during the four quarters grew 7.1 percent, 6.9 percent, 7.1 percent, and 3.1 percent respectively year on year, averaging 6.0 percent and accelerating by 0.5 percentage point from the previous year. Producer purchasing prices in the four quarters increased by 10.2 percent, 10.4 percent, 10.5 percent, and 5.5 percent respectively year on year, averaging 9.1 percent and decelerating by 0.5 percentage point from the previous year. In 2011, the Corporate Goods Price Index (CGPI) was up 7.6 percent in year-on-year terms, representing an acceleration of 1.1 percentage points from 2010. Broken down by the application of the goods in the CGPI basket, the prices of investment goods and consumer goods rose 7.0 percent and 9.0 percent respectively. Broken down by categories within the CGPI basket, the prices of agricultural produces, mineral products, coal, oil, and electricity, and processed products were up 14.4 percent, 11.4 percent, 9.5 percent, and 5.6 percent respectively year on year. Growth of producer prices of agricultural products (the prices at which farmers sell their agricultural products) outpaced that of the prices of agricultural capital goods. In 2011, the producer prices of agricultural products increased by 16.5 percent, an acceleration of 5.6 percentage points, whereas the prices of agricultural capital goods gained 11.3 percent, up 8.4 percentage points from 2010.

The increase in import prices outpaced that of export prices. In 2011, import prices gained 14.6 percent, 15.1 percent, 15.1 percent, and 11.1 percent year on year in the four quarters respectively, averaging 14.0 percent and accelerating by 0.3 percentage point from the previous year. Export prices increased 10.0 percent, 10.4 percent, 9.7 percent, and 10.1 percent in the four quarters respectively, averaging 10.0 percent and accelerating by 7.6 percentage points from 2010. In 2011, the average price of crude oil futures on the New York Mercantile Exchange increased by 10.9 percent, 8.2 percent, -12.5 percent, and 5.0 percent in the four quarters, or by a cumulative 10.4 percent. The spot copper prices on the London Metals Exchange grew 11.7 percent, -5.3 percent, -1.7 percent, and -16.6 percent in the four quarters respectively, or -13.3 percent in cumulative terms. The average price of aluminum on the London Metals Exchange rose by 6.8 percent, 3.9 percent, -7.7 percent, and -12.9 percent in the four quarters respectively, or -10.9 percent in cumulative terms.

The GDP deflator fell modestly. GDP registered RMB47.2 trillion yuan in 2011, up 9.2 percent year on year. Movement of the GDP deflator (as a ratio of the nominal GDP versus the real GDP) was 7.6 percent, up 0.9 and 0.1 percentage point from the previous year and from the first three quarters respectively.

The resource products pricing reform made new progress. First, the reform of the resources tax was advanced. An ad valorem tax was added to the existing specific tax levied on resource products, and the tax rate on items such as crude oil and natural gas was adjusted. Second, the State Council, making it clear that it would pursue environmentally friendly economic policies, promoted the reform of the environment tax and explored the possibility of levying an environmental protection tax. Third, a new aviation fuel pricing mechanism was implemented, whereby buyers and suppliers negotiated to determine that in principle the ex-factory price should not exceed the CIF price in Singapore. Fourth, after price hearings a progressive electricity tariff for the household sector was implemented on a pilot basis. Fifth, a pilot program to reform the pricing mechanism for natural gas was conducted in Guangdong Province and Guangxi Autonomous Region in order to establish a dynamic price adjustment mechanism reflecting market supply and demand and the scarcity of resources, to streamline the share of natural gas versus renewable energies, and to accumulate experience so to implement the natural gas price reform nationwide.

Box 4 Producer Price Index

The Producer Price Index (PPI), as a measurement of the trend versus the magnitude of the movement in industrial producer prices, is an important economic indicator reflecting the movement of producer prices during a given period of time. The PPI includes the ex-factory producer prices, the prices at which industrial products are sold for the first time, and the producer purchasing prices, the prices at which industrial enterprises purchase intermediate inputs.

In the PPI basket, capital goods account for about 70 percent; therefore, movements of capital goods play a determining role in PPI movements. Specifically, commodity prices in international markets and domestic investment demands are the two basic elements influencing the prices of capital goods and, in turn, the PPI movements. First, with its further opening-up and the sustained and rapid economic development, China is increasingly relying on imported crude oil, iron ore, and other energy and resources; therefore, commodity price volatility is increasingly passed through trade and expectation channels to the domestic PPI. The prices of crude oil, iron ore, and other commodities soared in the first half of 2008 and then tumbled in the second half of the year, as China's PPI experienced volatile movement of 10 percent during the same period. Second, a change in investment demand during the transition of economic cycle would also impact the prices of capital goods and in turn the PPI. During the period from 2007 to the first half of 2008 and in 2009 when policies were taken in response to the global financial crisis, investment growth rapidly rallied and the price index of fixed-asset investments rallied, and then the PPI grew markedly; since the beginning of 2011 as investment growth has slowed down, the PPI has declined in tandem.

The PPI and CPI, as the upstream and the downstream price indices with a basic corresponding relationship, can pass from one to the other; however, due to apparent differences in the baskets and in the data collection, the two differ in terms of the timing and magnitude of the fluctuations. Specifically, the CPI basket is mainly comprised of consumer goods, including the prices in the services industry, whereas the PPI basket is mainly made up of capital goods, excluding the prices of the services industry. When collecting price data, the PPI focuses on price movements from the perspective of producers, whereas the CPI measures price changes from the perspective of consumers. Historically, the PPI has moved in advance of the CPI and in a more volatile manner. In the recent price hike episodes, the PPI decelerated before the CPI and by a larger margin. The major reasons include commodity prices were declining since April 2011 and the price index of CRB futures reversed to a year-on-year decrease of 6.7 percent in December, having a greater impact on the PPI mainly comprised of capital goods. With respect to the CPI, though prices of non-food items more closely related to the PPI have dropped in year-on-year terms, to some extent the CPI decline has been contained by the still rapid hike in the prices of food and services that are heavily influenced by raw material and labor costs. However, due to the slower domestic demand and the decreasing external demand, the oversupply has put a lid on the scope for a price hike of most industrial products.

4. Fiscal revenue grew faster than in 2010, and fiscal expenditures maintained rapid growth

In 2011, fiscal revenue (excluding debt income) surged by 24.8 percent year on year to RMB10.4 trillion yuan, representing an acceleration of 3.5 percentage points from the previous year, whereas fiscal expenditures registered RMB10.9 trillion yuan, up 21.2 percent year on year, representing an acceleration of 3.4 percentage points from the previous year. As a result, revenue was RMB519 billion yuan less than expenditures.

As for the structure of fiscal revenue, tax revenue posted RMB9.0 trillion yuan for the whole year, up 22.6 percent year on year and representing a deceleration of 0.4 percentage point from the previous year. In particular, the domestic VAT, business tax, consumption tax, the VAT and excise tax on imported products, the corporate income tax, and the personal income tax were up 15.0 percent, 22.6 percent, 14.2 percent, 29.3 percent, 30.5 percent, and 25.2 percent respectively year on year.

As for the structure of fiscal expenditures in 2011, spending for housing subsidies, transportation, and medical services registered relatively rapid growth of 60.8 percent, 36.1 percent, and 32.5 percent respectively year on year. In the expenditure basket, the three largest items were education, social security and employment, and general public services, posting RMB1,611.6 billion yuan, RMB1,114.4 billion yuan, and RMB1,110.9 billion yuan respectively, accounting for 14.8 percent, 10.2 percent, and 10.2 percent.

5. Pressures from the imbalance in the balance of payments eased

In 2011 China's balance of payments (BOP) continued to post a twin surplus in the current account and the capital and financial account, and foreign exchange reserves continued to build up. The current account surplus declined by 30.7 percent year on year to USD141.2 billion, the capital and financial account surplus was up 92.2 percent year on year to USD250.1 billion, and foreign exchange reserves increased by USD375.4 billion. Since the beginning of the fourth quarter, affected by the debt crisis in Europe and the U.S., changes in market expectations, adjustments in the foreign administration policies oriented toward surplus reductions and economic rebalancing, the net flows of cross-border funds moderated and bank-intermediated foreign exchange sales posted deficits for several months, thus easing pressures from the BOP imbalance. As of end-2011, foreign exchange reserves amounted to USD3,181.1 billion.

It is expected that the current foreign exchange receipts and sales momentum will last for some time, in general foreign exchange funds will be net inflows in 2012, but notably fewer than during the past several years. The import and export surplus and FDI will remain the major channels for foreign exchange inflows. On the one hand, domestic savings exceed investments in the domestic market during the current period, the pattern in the current account, in particular the trade surplus, will not be reversed given the existing division of labor in the international market. On the other hand, the domestic market enjoys tremendous potential as China's economy continues to grow in a sustainable and relatively rapid manner, which is likely to continue to attract inflows of long-term capital. Moreover, the impact of the debt problems in Europe and the U.S. and developments in international financial markets on China's BOP remain to be seen.

The volume of external debt increased. As of end-September 2011, the stock of China's external debt stood at USD697.16 billion, up 27.6 percent year on year. Among this total, the stock of registered external debt posted USD440.56 billion, up 34.9 percent year on year and accounting for 63.2 percent of the total; short-term external debt posted USD507.63 billion, a year-on-year increase of 37.4 percent and accounting for 72.8 percent of the total.

6. Sectoral analysis

Industrial profits grew steadily. In 2011, 37 out of the 39 industrial sectors reported a year-on-year growth in profits, whereas two sectors experienced a year-on-year decline in profits. Among the industries, the profits of oil and natural gas exploration, the ferrous metals mining industry, the chemical raw materials and chemical products manufacturing industry, and the oil refinement, coking and nuclear fuel-processing industry grew by 44.8 percent, 53.0 percent, 32.1 percent, and -92.8 percent respectively. In 2011, power generation increased 12.0 percent year on year to 4,603.7 billion kilowatt hours, crude oil output grew by 0.3 percent year on year to 203.65 million tons, and the output of crude coal was up 11.6 percent year on year to 3.46 billion tons. A total of 33.03 billion tons of cargo was transported, up 14.3 percent year on year.

(1) The real estate sector

In January 2011, the General Office of the State Council issued the *Notice of the General Office of the State Council on Issues Relating to Further Improvements in Regulating the Real Estate Market* (State Council General Department Document No. 1 [2011]), aimed at strengthening regulation over the real estate market through land, tax, financial, and other policy measures. With the various policies put into place, the real estate market gradually stabilized, construction of low-income housing accelerated, and real estate loans by major financial institutions slowed down.

More cities witnessed month-on-month declines in housing prices. In December, the prices of newly built commercial residential housing dropped month on month in 52 out of 70 large- and medium-sized cities, 49 more than in January, and remained flat in 16 cities; and among the cities with month-on-month price hikes, no cities reported growth higher than 0.1 percent. The price of pre-occupied residential housing fell in month-on-month terms in 51 cities, 48 more than in January, and remained flat in 16 cities; among the cities with month-on-month price hikes, no cities reported an increase higher than 0.2 percent.

Sales of commercial real estate decelerated. In 2011, the sold area of commercial real estate posted 1.099 billion square meters, up 4.9 percent year on year, a deceleration of 5.7 percentage points from the previous year. Sales of commercial real estate were up 12.1 percent year on year to RMB5.9 trillion yuan, representing a deceleration of 6.8 percentage points from 2010. In particular, the sold area and sales value of commercial residential housing accounted for 88.3 percent and 82.2 percent of the sold area and sales value of commercial housing. Growth of sales of office buildings and commercial business premises considerably outpaced that of commercial residential housing.

Investment in real estate development slowed down gradually from an elevated level. In 2011, investment in real estate development totaled RMB6.2 trillion yuan, up 27.9 percent year on year, representing a deceleration of 5.3 percentage points from the previous year. In particular, investment in residential housing reached RMB4.4 trillion yuan, accounting for 71.8 percent of the total. The growth of floor area of newly built housing slowed down gradually. In 2011, the floor area of newly built housing grew 16.2 percent to 1.901 billion square meters, a deceleration of 24.4 percentage points from the previous year. The floor area of housing under construction grew 25.3 percent to 5.08 billion square meters, a deceleration of 1.2 percentage points from the previous year. The floor area of completed housing stood at 892 million square meters, up 13.3 percent year on year and representing an acceleration of 5.0 percentage points from 2010.

Growth of real estate loans decelerated across the board. Year-on-year growth of outstanding real estate loans peaked at 46.4 percent in April 2010 and decelerated thereafter until a slight rebound in December 2011. As of end-2011, the real estate loans of the major financial institutions (including foreign financial institutions) posted RMB10.73 trillion yuan, an increase of 13.9 percent year on year and a deceleration of 13.5 percent from end-2010. Among this total, outstanding land development loans were down 7.9 percent year on year to RMB768 billion yuan, whereas as of end-2010 they had registered a year-on-year increase of 24.7 percent. Outstanding housing estates development loans grew by 17.1 percent year on year to RMB2.72 trillion yuan, representing a decelerating by 5.9 percent from the end of the previous year. Outstanding mortgage loans registered RMB7.14 trillion yuan, up 15.5 percent year on year and a deceleration of 14.0 percentage points from end-2010. As of end-2011, outstanding land and housing loans accounted for 20.1 percent of the total outstanding loans. In terms of new loans, new real estate loans in 2011 reached RMB1.26 trillion yuan, a decrease of RMB770.4 billion yuan year on year.

Credit support for low-income housing was gradually reinforced. In 2011, over 10 million units of low-income housing and renovations of shanty housing broke ground in the urban areas, meeting the target set at the beginning of the year. As of end-2011, outstanding loans for low-income housing reached RMB340.9 billion yuan, accounting for 12.5 percent of the total real estate development loans. Among this total, new loans in 2011 posted RMB175.1 billion yuan, accounting for 50.1 percent of the total new real estate development loans and representing an acceleration of 31.7 percentage points from the beginning of the year. Moreover, the pilot program of using the housing provident fund loans to support the construction of low-income housing was advanced steadily. As of end-2011, loans to approved projects amounted to RMB40.029 billion yuan, out of which RMB26.588 billion yuan in loans was issued by commercial banks in 29 cities on behalf of the Housing Provident Fund Management Center. Financial institutions also provided active support for the building of low-income housing through a variety of financial instruments, such as trust products, wealth management products, insurance investment, all types of bonds, commercial bills, and financial leasing.

In an effort to implement the *Notice of the General Office of the State Council on Issues Relating to Further Improvements in Regulating the Real Estate Market* and to put into play the role of finance in supporting the building of public rental housing and other types of low-income housing, the PBC and the China Banking Regulatory Commission (CBRC) jointly issued the *Circular on Providing Quality Financial Services for Public Rental Housing and Other Low-Income Housing Projects* (PBC Document No. 193 [2011]), which explicitly establishes financial policies to support public rental housing and requires that banking financial institutions actively provide loans to various low-income housing projects in line with the prevailing policies. Going forward, the PBC will make earnest efforts to provide quality financial services, promote the healthy development of the real estate market, and improve the people's livelihood in line with the requirements raised by the Central Economic Work Conference.

(2) The iron and steel sector

As a fundamental sector in the national economy, the iron and steel sector plays an important role in China's industrialization and urbanization drive. During the 11th Five-Year Plan period, the iron and steel sector developed rather rapidly, making obvious progress in energy conservation and pollution reduction, and therefore satisfied the demands for economic and social development. However, it is worth noting that the iron and steel sector is facing grave challenges, such as increasing losses of profits in 2011, the lower end of the value chain, a fragmented industrial organizational structure, large-scale outdated production capacity and other structural problems, as well as increasing resource and environmental constraints.

The problem of relative overcapacity has become more acute. China's crude steel output reached 627 million tons in 2010, accounting for 44.3 percent of the world's total and exceeding the combined output of all countries ranking between the second and the twentieth. In 2011, production of the iron and steel sector increased in the first half of the year and then decreased. The oversupply situation has not yet been reversed. In 2011, the output of crude steel grew by 8.9 percent year on year to 680 million tons; the output of steel products registered 880 million tons, up 12.3 percent in year-on-year terms. During the same period, fixed-asset investments in the ferrous metals smelting and rolling industry grew by 14.6 percent year on year, including steel plates and strips whose production capacity was already relatively in oversupply, thus, going forward, heightening the risks of a price war.

The prices of iron and steel products fluctuated greatly. Affected by the output growth and the weakening demand from the downstream industries, the prices on the iron and steel market fluctuated dramatically. According to the China Iron and Steel Association, the composite steel product price index was up by 12.34 percent, 15.97 percent, and 10.78

percent respectively in the first three quarters, but the end-of-year figure was -6.11 percent; in particular, the price index of long products fell 6.13 percent year on year, whereas the price index of plate products dropped by 6.61 percent.

The hike in production costs has squeezed corporate profits. In 2011, the average FOB price of imported iron ore grew 28.1 percent year on year to USD163.8 per ton, making iron and steel enterprises pay USD25 billion more to purchase iron ore and thus becoming an important factor in shoring up production costs. In the first eleven months of the year, the cumulative realized profits of large- and medium-sized iron and steel enterprises posted RMB85.3 billion yuan, up 8.07 percent year on year; however, the average sales revenue profitability in October and November was merely 0.48 percent and 0.43 percent respectively. Over one-third of the enterprises suffered losses, which, after deducting for investment returns, stood at RMB920 million yuan in November.

The 12th Five-Year Plan period is critical for the transformation of the development pattern in China's iron and steel industry. Slow growth and razor-thin profits are direct results of the pains of labor transformation. The iron and steel industry needs to rise to the challenge and speed up structural adjustments and upgrading. First, expansion of production capacity should be rigorously contained, and outdated capacity should be scraped, in order to meet the target of scraping 48 million tons of iron smelting capacity and 48 million tons of steel smelting capacity. Second, mergers and acquisitions should be promoted, as before, so as to increase the industrial concentration. According to China's Iron and Steel Association, industrial concentration in 2011 was a mere 49 percent. The 12th Five-Year Plan for the iron and steel industry requires that the share of steel output of the top 10 company groups be raised from 48.6 percent at the end of 2010 to around 60 percent by 2015. Third, self-initiated innovation and technological upgrading should be leveraged to improve product quality and to expand the types of high-performing steel products in order to further save on energy and to cut emissions.

PART 5 Monetary Policy Stance for the Next Period

I. Outlook for the Chinese economy

China is still at a stage of important strategic opportunities for socio-economic development and there are many favorable conditions to support stable and fairly rapid economic growth. With the localities keen to promote urbanization, industrialization, and balanced regional development, the good momentum in consumption expansion and the large potential in service-sector development, the fundamentals for long-term growth remain unchanged. As the sovereign debt crisis further deepened in Europe, global recovery slowed down and downward pressures e intensified in China, macro-economic management will require preemptive adjustments and fine-tuning. In Q4 2011, GDP growth was 8.8 percent year on year and the major economic indicators registered higher month-on-month growth after seasonal adjustments, indicating fairly strong endogenous drivers of economic growth.

At the same time, it should be acknowledged that the economic environment, both at home and abroad, is very complicated. The global recovery by and large has been tepid and the sovereign debt problem in Europe remains unresolved. As such, the global outlook is uncertain, with financial-market fluctuations and global capital flows frequently changing directions. Unstable and uncertain factors are abundant and may affect China through channels such as trade, capital, and expectations. The uneven, unbalanced, and unsustainable problems remain obvious in China's economic performance and potential risks in the real economy and financial sectors should not be neglected. The pace and dynamism of macro-economic policies should be properly managed and efforts should be made to step up management of systemic and regional risks. In addition, with external demand fairly weak and the growth pattern and factor structures being adjusted at home, the potential growth of the Chinese economy is gradually decelerating. Maintaining stable and reasonable growth will be conducive to price stability and job creation and will provide a good basis for economic restructuring and sustainable development.

A series of macro-economic policies adopted by the Chinese government are gradually having an effect. Growth in the overall price level is moderating, but we still need to closely watch future inflationary risks. As domestic demand remains relatively stable, monetary conditions are normalizing and the outlook for grain production is fairly good, and with global growth on the decline, movements in demand and supply relationships are supporting price stability. Since August 2011, month-on-month CPI growth has been lower than the average in the past many months, and the year-on-year CPI is likely to decline further. In addition, with the excessive housing price hikes being contained, housing prices in some regions are declining to varying degrees. According to the PBC's survey of urban depositors in Q4 2011, expectations of future price declines were down 9.4 and

16.3 percentage points respectively from the previous quarter and the corresponding period of the last year and expectations of future housing price hikes declined as well. Yet, with regard to price movements, upward pressures will remain. The CPI reading in January 2012 is higher than market expectations, and current inflation expectations are not stable, given the structural factors such as the growing shortage of labor supply and the yet-to-be completed resource price reform that are likely to solidify inflation expectations and increase the sensitivity of prices to aggregate changes in demand. In addition, domestic drivers for expansion of the Chinese economy, a continued generous supply of global liquidity, and inflationary pressures on global commodities all point to the possibility of future price hikes in China. In brief, we cannot expect unconditional stability in the overall price level in China and it is thus necessary to manage the strength and pace of macro-economic policies in the period ahead.

II. Monetary policy during the next stage

In 2012, in line with the overall arrangements of the Central Economic Work Conference and the National Financial Work Conference, the PBC will follow the theme of sustainable development and transformation of the growth pattern, properly handle the relationship among supporting stable and fairly rapid economic growth, economic restructuring, and managing inflation expectations, continue to implement a prudent monetary policy, maintain the continuity and stability of policies, closely monitor economic and financial developments at home and abroad, enhance the targeted, flexible, and forward-looking nature of the measures of macro-economic management, initiate fine-tuning and preemptive adjustments as appropriate, improve the quality of financial services to the real sector, effectively mitigate systemic financial risks and keep the financial sector stable, keep overall price levels generally stable, and contribute to stable and fairly rapid economic growth. In 2012, the projected growth of broad money M2 supply will be about 14 percent.

First, through a mix of various monetary policy instruments and improvements in the macro-prudential policy framework the credit structure will be further optimized on the basis of proper aggregate volume, proper adjustments will be made to money and credit supply, and all-system financing aggregate will be kept at proper volumes. Liquidity management will continue to be optimized; the instrument mix, maturity structure, and operation strength will be properly arranged in view of developments in the real economy, the financial sector, and capital flows to keep banking-sector liquidity at reasonable levels and to guide interest-rate movements on the money market. Price tools such as interest rates will be used flexibly to adjust the demand for credit as well as investment and savings behavior and to preserve stability in economic performance and overall price levels. The macro-prudential policy framework will be improved so that enhanced macro-prudential regulation will work together with measures to manage money, credit, and liquidity to adjust the aggregates of these indicators; moreover, the relevant parameters of the dynamic adjustment mechanism of the differentiated deposit reserve requirement ratio will be properly adjusted in response to changes in the performance of the macro-economy, the soundness of financial institutions, and monetary and credit conditions.

Second, the credit structure will be optimized to provide good services to the real sector. The coordination of credit and industrial policies will be enhanced, and an evaluation of the effect of credit policy will be promoted to guide financial institutions to properly manage the pace and structure of credit extensions and to earnestly implement the differentiated credit policy. Innovation in financial products and services will be encouraged to increase effective credit inputs into enterprises that comply with industrial policies, in particular micro and small enterprises and follow-up projects of key national projects. A multi-layered, diversified rural financial service system featuring adequate competition will be built to better support the agricultural sector and rural borrowers. Emphasis will be placed on supporting people's welfare projects, especially government-subsidized housing projects, under-developed regions, innovation in science and technology, emerging strategic industries, and technological upgrading of enterprises. Lending to high energy- consuming and highly polluting industries and those with excess capacity will be strictly controlled.

Third, the market-based interest rate reform and the RMB exchange-rate regime reform will be advanced. Measures will be taken to develop a system of market base rates to encourage financial institutions to enhance their risk-pricing capability, and to explore an effective approach for furthering the market-based interest rate reform. The RMB exchange-rate regime will be further improved to enhance RMB exchange-rate flexibility in both directions and to keep the exchange rate basically stable at an adaptive and equilibrium level. Development of the foreign exchange market will be advanced and innovation in exchange-rate risk-management instruments will be promoted. To respond to market demand, the product variety and range of cross-border RMB businesses will be expanded. With regard to RMB settlement of cross-border trade and investment transactions, monitoring and supervision of cross-border RMB flows will be conducted earnestly, and individuals as parties to the transactions will be examined, and further progress will be made in the listing and quotation of RMB trading of RMB and other emerging market currencies in the inter-bank foreign exchange market. The impact of changes in the international situation on capital movements will be closely monitored and early warnings on cross-border capital flows will be enhanced.

Fourth, the sound development of the financial market will be promoted and the reform of financial institutions will be deepened. Efforts will be made to develop financial markets, optimize the financing structure, encourage financial innovation, broaden the financing channels of small and micro enterprises, step up the building of infrastructure in the financial markets, and gradually advance the opening up of the inter-bank bond market. Large commercial banks will be encouraged to improve their modern enterprise mechanisms and to speed up the transformation of their growth pattern. The development of policy finance will be considered comprehensively; the market reform of the China Development

Bank will be deepened, while the reform of the Export-Import Bank of China and the Agricultural Development of China will be advanced based on the principle of one set of specific policies for one bank and differentiated guidance.

Fifth, effective measures will be adopted to mitigate systemic financial risks and to preserve stability in the financial system. Macro-prudential regulation will be enhanced to guide financial institutions to run their businesses soundly. Monitoring and analysis of informal lending, the real estate sector, government financing platforms, and so forth will be strengthened to identify risks promptly and to manage the relationship between reasonable loan growth and higher loan quality from comprehensive, systemic perspective, and long-term, and to provide risk warnings and to manage risks. Measures will be adopted to prevent cross-sector, cross-market risks, to prevent risks from spreading from the informal financial sector and related sectors to the financial system. It is necessary to prevent financial risks from spreading and at the same time to prevent a moral hazard and to guard against the bottom line of allowing no systemic risks to occur in a region.

附录一　2011年中国货币政策大事记

2011年年初，中国人民银行引入差别准备金动态调整机制，构建宏观审慎政策框架。

1月6日，经商国家发展和改革委员会、商务部，中国人民银行会同国家外汇管理局制定发布了《境外直接投资人民币结算试点管理办法》（中国人民银行公告[2011]第1号），跨境贸易人民币结算试点地区的银行和企业可开展境外直接投资人民币结算试点。

1月14日，中国人民银行决定从2011年1月20日起上调存款类金融机构人民币存款准备金率0.5个百分点。

1月25日，中国人民银行向全国人大财经委员会汇报2010年货币政策执行情况。

1月30日，发布《2010年第四季度中国货币政策执行报告》。

2月9日，中国人民银行决定上调金融机构人民币存贷款基准利率，其中，1年期存款基准利率上调0.25个百分点，由2.75%提高到3%；1年期贷款基准利率上调0.25个百分点，由5.81%提高到6.06%；其他期限档次存贷款基准利率及个人住房公积金贷款利率作相应调整。

2月14日，为进一步丰富外汇市场交易品种，为企业和银行提供更多的汇率避险保值工具，国家外汇管理局发布《关于人民币对外汇期权交易有关问题的通知》（汇发[2011]8号），批准中国外汇交易中心在银行间外汇市场组织开展人民币对外汇期权交易。

2月18日，中国人民银行决定从2011年2月24日起上调存款类金融机构人民币存款准备金率0.5个百分点。

2月22日，中国人民银行办公厅印发《关于安排增加支农再贷款，支持重点地区做好春耕抗旱金融服务工作的通知》（银办发[2011]45号），对河南、山东、河北等受旱灾影响严重的8省安排增加支农再贷款额度100亿元，积极鼓励和引导金融机构全力做好抗旱救灾金融服务工作，支持粮食稳定增产。

3月18日，中国人民银行决定从2011年3月25日起上调存款类金融机构人民币存款准备金率0.5个百分点。

3月18日，为合理引导跨境资金流动，防范违法违规资金流入，维护国家涉外经济金融安全，国家外汇管理局发布《关于进一步加强外汇业务管理有关问题的通知》（汇发[2011]11号）。

3月25日，中国人民银行货币政策委员会召开2011年第一季度例会。

3月28日，中国人民银行农村信用社改革试点专项中央银行票据发行兑付考核评审委员会第20次例会决定，对海南等4个省（区）辖内屯昌等19个县（市）农村信用社兑付专项票据，额度为19.9亿元。

3月31日，中国人民银行办公厅印发《关于认真组织落实县域法人金融机构新增存款一定比例用于当地贷款激励政策及农村信用社专项票据兑付后续监测考核激励约束政策的通知》（银办发[2011]82号），自2011年4月1日至2012年3月31日，对经考核达到新增存款一定比例用于当地贷款政策考核标准的县域法人金融机构，执行低于同类金融机构正常标准1个百分点的存款准备金率；对同时达到新增存款一定比例用于当地贷款和专项票据兑付后续监测考核政策标准的425个县（市）农村信用社和16个村镇银行，安排增加支农再贷款额度200亿元。

4月6日，中国人民银行决定上调金融机构人民币存贷款基准利率，其中，1年期存款基准利率上调0.25个百分点，由3%提高到3.25%；1年期贷款基准利率上调0.25个百分点，由6.06%提高到6.31%；其他各档次存贷款基准利率及个人住房公积金贷款利率相应调整。

4月9日，发布中国人民银行公告[2011]第3号，对全国银行间债券市场交易管理提出了具体要求，引入了重大异常交易披露制度、异常交易事前报备制度等，有利于进一步规范全国银行间债券市场债券交易行为。

4月14日，中国人民银行向全国人大财经委员会汇报2011年第一季度货币政策执行情况。

4月15日，中国人民银行、财政部联合发布中国人民银行、财政部公告[2011]第6号，就新发关键期限国债做市有关事宜提出具体要求，以进一步改善市场价格发现机制，有利于完善国债收益率曲线。

4月17日，中国人民银行决定从2011年4月21日起，上调存款类金融机构人民币存款准备金率0.5个百分点。

4月18日，中国人民银行与新西兰储备银行签署金额为250亿元人民币/50亿新西兰元的双边本币互换协议，有效期为3年，经双方同意可以展期。

4月19日，中国人民银行与乌兹别克斯坦共和国中央银行签署金额为7亿元人民币/1 670亿乌兹别克斯坦苏姆的双边本币互换协议，有效期为3年，经双方同意可以展期。

5月3日，发布《2011年第一季度中国货币政策执行报告》。

5月6日，中国人民银行与蒙古国中央银行签署金额为50亿元人民币/10万亿图格里特的双边本币互换协议，有效期为3年，经双方同意可以展期。

5月12日，中国人民银行决定从2011年5月18日起，上调存款类金融机构人民币存款准备金率0.5个百分点。

6月1日，发布《2010年中国区域金融运行报告》。

6月13日，中国人民银行与哈萨克斯坦共和国国家银行签署金额为70亿元人民币/1 500亿坚戈的双边本币互换协议，有效期为3年，经双方同意可以展期。

6月14日，中国人民银行决定从2011年6月20日起，上调存款类金融机构人民币存款准备金率0.5个百分点。

6月23日，中国人民银行与俄罗斯联邦中央银行签订新的双边本币结算协定。协定签订后，中俄本币结算从边境贸易扩大到一般贸易，并扩大地域范围。协定规定两国经济活动主体可自行决定用自由兑换货币、人民币和卢布进行商品和服务的结算与支付。协定将进一步加深中俄两国的金融合作，促进双边贸易和投资增长。

7月1日，中国人民银行货币政策委员会召开2011年第二季度例会。

7月7日，中国人民银行决定上调金融机构人民币存贷款基准利率。其中，1年期存款基准利率上调0.25个百分点，由3.25%提高到3.50%；1年期贷款基准利率上调0.25个百分点，由6.31%提高到6.56%；其他各档次存贷款基准利率及个人住房公积金贷款利率相应调整。

7月14日，中国人民银行向全国人大财经委员会汇报2011年上半年货币政策执行情况。

7月15日，中国人民银行发布《关于开展涉农信贷政策导向效果评估的通知》（银发[2011]181号），明确从2011年开始，中国人民银行分支机构对县域金融机构开展涉农信贷政策导向效果评估，促进金融机构更好地服务"三农"，着力提高涉农信贷政策导向效果。

7月22日，中国人民银行发布《关于开展中小企业信贷政策导向效果评估的通知》（银发[2011]185号），明确从2011年开始，中国人民银行分支机构对省级及省级以下金融机构开展中小企业信贷政策导向效果评估，促进金融机构进一步改进和提升对中小企业的综合金融服务水平，提高中小企业信贷政策导向效果。

8月4日，中国人民银行、中国银行业监督管理委员会联合印发《关于认真做好公共租赁住房等保障性安居工程金融服务工作的通知》（银发[2011]193号），明确和重申公共租赁住房等保障性安居工程信贷支持政策，要求银行业金融机构在加强管理、防范风险的基础上，加大对保障性安居工程建设的信贷支持。

8月12日，发布《2011年第二季度中国货币政策执行报告》。

8月22日，中国人民银行会同五部委发布《关于扩大跨境贸易人民币结算地区的通知》（银发[2011]203号），将跨境贸易人民币结算境内地域范围扩大至全国。

8月，国务院批准境内机构赴港发行人民币债券共500亿元，其中，境内金融机构发行人民币债券250亿元，境内非金融企业发行人民币债券250亿元。

9月14日，为便利俄罗斯莫斯科银行间货币交易所人民币对卢布交易的开展，中国人民银行发布《关于俄罗斯莫斯科银行间货币交易所人民币对卢布交易人民币清算有关问题的通知》（银发[2011]222号），允许在莫斯科银行间货币交易所开展人民币对卢布交易的俄罗斯商业银行在中国境内商业银行开立人民币特殊账户，专门用于人民币对卢布交易产生的人民币资金清算。

9月28日，中国人民银行货币政策委员会召开2011年第三季度例会。

10月12日，中国人民银行向全国人大财经委员会汇报2011年前三个季度货币政策执行情况。

10月14日，中国人民银行发布《外商直接投资人民币结算业务管理办法》（中国人民银行公告[2011]第23号），明确银行可按照相关规定为境外投资者办理外商直接投资人民币结算业务。

10月26日，中国人民银行与韩国中央银行续签中韩双边本币互换协议，互换规模由原来的1 800亿元人民币/38万亿韩元扩大至3 600亿元人民币/64万亿韩元，有效期为3年，经双方同意可以展期。

10月26日，中国人民银行发布《关于境内银行业金融机构境外项目人民币贷款的指导意见》（银发[2011]255号），对境内银行开展境外项目人民币贷款业务进行了明确规定，有助于规范和促进相关业务发展。

11月16日，发布《2011年第三季度中国货币政策执行报告》。

11月22日，中国人民银行与香港金融监管局续签货币互换协议，互换规模由原来的2 000亿元人民币/2 270亿港元扩大至4 000亿元人民币/4 900亿港元，有效期为3年，经双方同意可以展期。

11月25日，中国人民银行农村信用社改革试点专项中央银行票据发行兑付考核评审委员会第21次例会决定，对辽宁省等6个省辖内辽阳县等11个县（市）农村信用社兑付专项票据，额度为10.84亿元。

11月30日，中国人民银行决定从2011年12月5日起下调存款类金融机构人民币存款准备金率0.5个百分点。

11月，4省（市）开展地方政府自行发债试点。上海市、广东省、浙江省和深圳市政府分别在银行间市场发行债券71亿元、69亿元、67亿元和22亿元。

12月16日，中国证券监督管理委员会、中国人民银行、国家外汇管理局联合发布《基金管理公司、证券公司人民币合格境外机构投资者境内证券投资试点办法》（中国证券监督管理委员会 中国人民银行 国家外汇管理局第76号令），允许境内基金管理公司、证券公司的香港子公司作为试点机构，运用其在香港募集的人民币资金在经批准的人民币投资额度内开展境内证券投资业务。

12月19日，在云南省推出人民币对泰铢银行间市场区域交易。

12月22日，中国人民银行与泰国银行签署规模为700亿元人民币/3 200亿泰铢的双边本币互换协议，有效期为3年，经双方同意可以展期。

12月23日，中国人民银行与巴基斯坦国家银行签署规模为100亿元人民币/1 400亿卢比的双边本币互换协议，有效期为3年，经双方同意可以展期。

12月27日，中国人民银行等五部委联合发布了《关于加强黄金交易所或从事黄金业务交易平台管理的通知》（银发[2011]301号），明确除上海黄金交易所和上海期货交易所外，其他任何地方、机构或个人均不得设立黄金交易所（交易中心），也不得在其他交易场所（交易中心）内设立黄金交易平台。银行业金融机构应停止为非法黄金交易所或黄金交易平台提供开户、托管、资金划汇、代理买卖、投资咨询等中介服务。

12月28日，中国人民银行货币政策委员会召开2011年第四季度例会。

12月31日，中国人民银行发布《关于实施〈基金管理公司、证券公司人民币合格境外机构投资者境内证券投资试点办法〉有关事项的通知》(银发[2011]321号)，进一步规范试点机构的账户管理、资金汇出入、资产配置、银行间债券市场投资和信息报送等行为。

Appendix 1 Highlights of China's Monetary Policy in 2011

In early 2011, the PBC introduced a dynamic adjustment mechanism for the differentiated deposit reserve requirement to improve the macro-prudential policy framework.

On January 6, after consultation with the National Development and Reform Commission and the Ministry of Commerce, the PBC and the SAFE jointly issued the *Administrative Rules on Pilot RMB Settlement of Outward Direct Investments* (PBC Document [2011] No.1), allowing commercial banks and enterprises located in areas covered by the pilot cross-border RMB trade settlement scheme to carry out RMB settlement of outward direct investment business.

On January 14, the PBC announced that it would raise the RMB deposit reserve requirement ratio for deposit-taking financial institutions by 0.5 percentage point, effective from January 20, 2011.

On January 25, the PBC reported to the Finance and Economic Committee of the National People's Congress on implementation of monetary policy in 2010.

On January 30, the *Monetary Policy Report for Q4 2010* was released.

On February 9, the PBC decided to raise the RMB benchmark deposit and loan rates of financial institutions. The one-year benchmark deposit rate was raised from its current level of 2.75 percent to 3 percent, up 0.25 percentage point. The one-year benchmark loan rate was raised from its current level of 5.81 percent to 6.06 percent, up 0.25 percentage point. The benchmark rates on deposits and loans of other maturities and mortgage loans supported by provident housing funds were adjusted accordingly.

On February 14, in order to further enrich products traded on the foreign exchange market and to provide enterprises and banks with more tools for hedging exchange-rate risks, the SAFE issued the *Notice on Issues Relating to RMB-FOREX Options Trading* (SAFE Document [2011] No.8), allowing the China Foreign Exchange Trade System to launch RMB-FOREX options trading on the interbank foreign exchange market.

On February 18, the PBC announced it would raise the RMB deposit reserve requirement ratio for deposit-taking financial institutions by 0.5 percentage point, effective from February 24, 2011.

On February 22, the General Administration Department of the PBC issued the *Notice on Increasing the Credit Lines for Central Bank Lending to Agriculture to Support Key Areas to Make Proper Financial Arrangements for Combating Drought* (PBC General Administration Department Document [2011] No.45), which increased the central bank lending credit line by RMB10 billion yuan for 8 drought-affected provinces, including Henan, Shandong, and Hebei, so as to support and guide financial institutions to make their utmost efforts to provide proper financial services for anti-drought work, to support a stable increase in agricultural production, and to ensure a bumper harvest.

On March 18, the PBC announced it would raise the RMB deposit reserve requirement ratio for deposit-taking financial institutions by 0.5 percentage point, effective from March 25, 2011.

On March 18, in order to guide cross-border funds flow, to pre-empt inflows of illegal and irregular funds, and to safeguard China's financial security, the SAFE issued the Notice on Strengthening Foreign Exchange Administration (SAFE Document [2011] No.11).

On March 25, the Monetary Policy Committee of the PBC convened its first regular quarterly meeting in 2011.

On March 28, the 20th regular meeting of the committee that reviewed the redemption of special central bank notes under the pilot program initiated by the PBC for the reform of the rural credit cooperatives (RCCs) decided to redeem central bank notes issued to RCCs in Tunchang and 18 other counties and county-level cities in 4 provinces/autonomous regions, including Hainan Province, with a total quota of RMB1.99 billion yuan.

On March 31, the General Administration Department of the PBC issued the *Notice on Earnestly Implementing Measures for Encouraging Legal Person Financial Institutions at the County-level to Use Some Portion of Their Incremental Deposits for Local Lending and Measures Concerning Follow-up Monitoring and Assessments of the Incentives and Restrictions on Post-redemption of Special Central Bank Notes of the Rural Credit Cooperatives* (RCCs). According to the Notice, from April 1, 2011 to March 31, 2012, financial institutions with legal status at the county-level that have used some portion of their incremental deposits for local lending shall be subject to the deposit reserve requirement ratio at one percentage point lower than other applicable financial institutions. In the meantime, an additional agro-linked central bank credit quota of RMB20 billion yuan was extended to 425 rural credit cooperatives at the county level and 16 township banks that have met both the requirement to use some portion of their incremental deposits for local lending and the requirement for post-redemption monitoring and assessment standards.

On April 6, the PBC decided to raise the RMB benchmark deposit and loan rates of financial institutions. The one-year benchmark deposit rate was raised by 0.25 percentage point from 3 percent to 3.25 percent, and the one-year benchmark loan rate was raised by 0.25 percentage point from 6.06 percent to 6.31 percent. The benchmark rates on deposits and loans of other maturities and personal provident housing funds were adjusted accordingly.

On April 9, the PBC issued PBC Decree [2011] No.3, establishing specific rules for the management of trading on the interbank bond market by introducing rules on the disclosure of significant abnormal trading and on ex-ante reporting of abnormal trading for the purpose of further regulating trading behavior on the interbank bond market.

On April 14, the PBC reported to the Finance and Economy Committee of the National People's Congress on implementation of monetary policy in the first quarter of 2011.

On April 15, the PBC and the MOF jointly issued PBC and MOF Decree [2011] No.6, establishing specific requirements for market-making of newly issued treasury bonds of key maturities, so as to further improve the market price discovery mechanism as well as the treasury bond yield curves.

On April 17, the PBC announced it would raise the RMB reserve requirement ratio for deposit-taking financial institutions by 0.5 percentage point, effective from April 21, 2011.

On April 18, the PBC and the New Zealand Reserve Bank signed a bilateral local currency swap agreement in the amount of RMB25 billion yuan/NZD 5 billion. The currency swap agreement will expire in three years, but with mutual consent it can be extended.

On April 19, the PBC and the Central Bank of the Republic of Uzbekistan signed a bilateral local currency swap agreement in the amount of RMB700 million yuan/167 billion UZS. The currency swap agreement will expire in three years, but with mutual consent it can be extended.

On May 3, the China Monetary Policy Report for Q1 2011 was released.

On May 6, the PBC and the Central Bank of Mongolia signed a bilateral local currency swap agreement in the amount of RMB5 billion yuan/10 trillion MNT. The currency swap agreement will expire in three years, but with mutual consent it can be extended.

On May 12, the PBC announced it would raise the RMB deposit reserve requirement ratio for deposit-taking financial institutions by 0.5 percentage point, effective from May 18, 2011.

On June 1, the *Regional Financial Sector Performance Report for 2010* was released.

On June 13, the PBC and the National Bank of Kazakhstan signed a bilateral local currency swap agreement in the amount of RMB7 billion yuan/150 billion KZT. The currency swap agreement will expire in three years, but with mutual consent it can be extended.

On June 14, the PBC announced it would raise the RMB deposit reserve requirement ratio for deposit-taking financial institutions by 0.5 percentage point, effective from June 20, 2011.

On June 23, the PBC signed a new bilateral local currency settlement agreement with the Central Bank of the Russian Federation. With the signing of the agreement, bilateral local currency settlement will cover not only border trade but also general trade and it will have an expanded geographical coverage. According to the agreement, economic entities in the two countries will be able to carry out settlements and payments for trade in goods and services with the currency of their choice, i.e., either a freely convertible currency or the RMB/the ruble. The agreement is expected to deepen financial cooperation and to promote bilateral trade and investment between China and Russia.

On July 1, the PBC Monetary Policy Committee convened its second regular quarterly meeting of 2011.

On July 7, the PBC decided to raise the RMB benchmark deposit and loan interest rates of financial institutions. The 1-year benchmark deposit rate was raised by 0.25 percentage point, from 3.25 percent to 3.50 percent, and the 1-year benchmark loan rate was raised by 0.25 percentage point, from 6.31 percent to 6.5 percent. The benchmark rates on deposits and loans of other maturities and on personal provident housing funds were adjusted accordingly.

On July 14, the PBC reported to the Finance and Economy Committee of the National People's Congress on implementation of monetary policy in the first half of 2011.

On July 15, the PBC issued the *Notice on Conducting an Assessment of the Effects of Policy Guidance on Agro-linked Loans* (PBC Document [2011] N0. 181), specifying that starting from 2011 PBC branch offices will conduct assessments of the effects of policy guidance on agro-linked loans for county-level financial institutions, so as to encourage financial institutions to better serve agriculture, rural areas, and farmers, and to improve the effects of policy guidance on agro-linked loans.

On July 22, the PBC issued the *Notice on Assessing the Effects of Policy Guidance on SME Loans* (PBC Document [2011] N0.185), specifying that starting from 2011 PBC branch offices will carry out assessments of the effects of policy guidance on SME loans for financial institutions at the provincial level or below, so as to encourage financial institutions to upgrade their services to SMEs and to improve policy guidance on SME loans.

On August 4, the PBC jointly with the China Banking Regulatory Commission issued the *Circular on the Provision of Quality Financial Services for Public Rental Housing and Other Government-Subsidized Housing Projects* (PBC Document [2011] No. 193), clarifying and reiterating the credit-support policy for government-subsidized housing projects, including public rental housing, and requiring banking financial institutions to step up credit support to government-subsidized housing projects on the basis of strengthened management and risk prevention.

On August 12, the China Monetary Policy Report for Q2 2011 was released.

On August 22, the PBC, jointly with five other ministries and government agencies, issued the *Notice on Extending the Geographical Coverage of the Use of RMB for Cross-border Trade Settlements* (PBC Document, [2011] No. 203), extending the geographical coverage of cross-border trade settlements in RMB to the entire nation.

On August, the State Council allowed domestic institutions to issue a total of RMB50 billion yuan of RMB bonds in Hong Kong, among which domestic financial institutions issued RMB25 billion yuan of RMB bonds, and domestic non-financial enterprises issued RMB25 billion yuan of RMB bonds.

On September 14, in order to facilitate RMB/ruble trading on the Moscow Interbank Currency Exchange (Micex), the PBC issued the

Notice on RMB Clearing on the Moscow Interbank Currency Exchange (Micex) (PBC Document [2011] No. 222), allowing Russian commercial banks that conduct ruble/RMB trading on the Micex to open special RMB accounts in commercial banks located in China that are dedicated to clearing RMB funds resulting from such trade.

On September 28, the PBC Monetary Policy Committee convened its third regular quarterly meeting of 2011.

On October 12, the PBC reported to the Finance and Economy Committee of the National People's Congress on implementation of monetary policy in the first three quarters of 2011.

On October 14, the PBC issued the *Administrative Rules on the Settlement Business of Foreign Direct Investments Denominated in RMB* (PBC Announcement [2011] No. 23), stipulating that banks can, according to the relevant laws and regulations, begin to provide settlement services to overseas investors who have made RMB-denominated direct investments in China.

On October 26, the PBC signed an agreement with the Bank of Korea to renew the bilateral local currency swap arrangement and to increase its size from RMB180 billion yuan/38 trillion won to RMB360 billion yuan/64 trillion won. The effective period of the renewed arrangement will be three years, but with mutual consent it can be extended.

On October 26, the PBC issued the *Guidelines on RMB Loans for Overseas Projects by Domestic Banking Financial Institutions* (PBC Document [2011] No. 255), which explicitly regulates the overseas RMB project loan business of domestic banks in order to regulate and promote the overseas RMB loan business.

On November 16, the *China Monetary Policy report for Q3 2011* was released.

On November 22, the PBC and the Hong Kong Monetary Authority signed an agreement to renew the bilateral currency swap arrangement and to increase its size from RMB200 billion yuan/HKD 227 billion to RMB400 billion yuan/HKD 490 billion. The currency swap agreement will expire in three years, but with mutual consent it can be extended.

On November 25, the 21st regular meeting of the committee that reviewed the redemption of special central bank notes under the pilot program initiated by the PBC for the reform of rural credit cooperatives (RCCs) decided to redeem central bank notes issued to RCCs in Liaoyang county and 10 other counties and county-level cities in 6 provinces/autonomous regions, including Liaoning Province, with a total quota of RMB1.084 billion yuan.

On November 30, the PBC announced it would cut the RMB deposit reserve requirement ratio for deposit-taking financial institutions by 0.5 percentage point, effective from December 5, 2011.

In November, four provinces and municipalities, including Shanghai, Guangdong, Zhejiang, and Shenzhen, began to issue municipal bonds on a pilot basis, with an issuance volume of RMB7.1 billion yuan, RMB6.9 billion yuan, RMB6.7 billion yuan, and RMB2.2 billion yuan respectively on the interbank bond market.

On December 16, the China Securities Regulatory Commission, jointly with the PBC and the SAFE, released the *Provisional Administrative Rules for a Pilot Program Allowing Fund Management Companies and Securities Companies that Have Been Approved as Renminbi Qualified Foreign Institutional Investors (RQFII) to Invest in the Domestic Securities Market* (CSRC, PBC, and SAFE Decree No. 76), allowing Hong Kong subsidiaries of domestic fund management companies and securities companies to use RMB funds raised in Hong Kong to invest in the domestic securities market within a pre-approved investment quota.

On December 19, trading of the RMB against the Thai Baht was launched on the interbank market in Yunnan Province.

On December 22, the PBC signed a bilateral local currency swap agreement with the Bank of Thailand in the amount of RMB70 billion yuan, or 320 billion Thai Baht. The effective period of the arrangement will be three years, but with mutual consent it can be extended.

On December 23, the PBC signed with the State Bank of Pakistan a bilateral local currency swap agreement in the amount of RMB10 billion yuan, or 140 billion Pakistan rupees. The effective period of the arrangement will be three years, but with mutual consent it can be extended.

On December 27, the PBC, jointly with other four ministries and commissions, released the *Notice on Strengthening Regulation of the Gold Exchanges and Other Gold Trading Platforms* (PBC Document [2011] No. 301), stipulating that except for the Shanghai Gold Exchange and the Shanghai Futures Exchange, no other localities, institutions, or individuals may establish gold exchanges (centers) or establish gold trading platforms within the existing exchanges (centers). Banking financial institutions should cease to provide intermediary services, such as account opening, custody, fund transfers, agent trading, and investment counseling, to illegal gold exchanges or platforms.

On December 28, the PBC Monetary Policy Committee convened its fourth regular quarterly meeting of 2011.

On December 31, the PBC released the *Announcement of the People's Bank of China Concerning Implementation of Measures for the Pilot Program Allowing Fund Management Companies and Securities Companies Approved as Renminbi Qualified Foreign Institutional Investors (RQFII) to Invest in the Domestic Securities Market* (PBC Document [2011] No. 321), in order to further regulate the behavior of the pilot institutions, including their account management, inward/outward remittances, asset allocations, investments in the interbank market, information reporting, and so forth.

附录二 2011年主要经济体中央银行货币政策

一、美联储

2011年各次例会，美联储公开市场委员会（FOMC）均宣布维持0～0.25%的联邦基金利率目标区间，并表示将继续采取一系列措施促进经济复苏，维持价格稳定。

6月末，美联储购买6 000亿美元长期国债的第二轮量化宽松政策如期结束。9月21日例会声明中，美联储宣布推出“扭转操作”，即在2012年6月底前购买4 000亿美元6年期至30年期国债，同时出售相同规模的3年期或更短期的国债。美联储认为，采取“扭转操作”是在经济前景面临显著的下行风险以及金融市场紧张的情况下作出的决定。这将压低长期利率，有助于改善融资环境。

为应对欧洲主权债务危机，向市场注入美元流动性，美联储联合欧洲中央银行、日本银行、英格兰银行、加拿大中央银行和瑞士中央银行五家中央银行于11月30日宣布，将美元货币互换利率下调50个基点，并将互换协议延期至2013年2月1日。

二、欧洲中央银行

为遏制不断上升的通货膨胀压力，欧洲中央银行分别于4月7日和7月7日将主要再融资利率、存款便利利率和贷款便利利率从2009年5月以来1.0%、0.25%和1.75%的历史最低水平两次调高0.25个百分点至1.5%、0.75%和2.25%。随着欧洲主权债务危机的蔓延，欧洲中央银行利率政策由紧转松，分别于11月3日和12月8日将主要再融资利率、存款便利利率和贷款便利利率两次下调0.25个百分点至1%、0.25%和1.75%的历史低点。

2011年，欧洲中央银行继续通过主要再融资操作（MROs）、特别期限再融资操作（STROs）和长期再融资操作（LTROs）以固定利率全额满足欧元区金融机构的资金需求。欧洲中央银行逐渐延长LTROs期限，旨在以优惠条件改善银行流动性头寸，12月8日，宣布推出3年期LTROs，并扩展了抵押品的范围。10月6日，欧洲中央银行宣布推出规模为400亿欧元的新一轮担保债券购买计划（CBPP2）。该计划于2011年11月开始执行，并预计最晚于2012年10底完成。12月8日，欧洲中央银行宣布自2012年1月18日起将存款准备金率从2%降至1%。

6月29日，欧洲中央银行、加拿大银行、英格兰银行和瑞士国家银行等联合宣布，将与美联储之间建立的流动性互换安排展期至2012年8月1日。8月25日，欧洲中央银行决定将与英格兰银行签订的货币互换协议展期至2012年9月28日。

三、日本银行

2011年，日本银行继续维持“零利率政策”，将银行间无担保隔夜拆借利率保持在0～0.1%的区间。

为应对3月11日特大地震海啸灾害给金融市场带来的冲击，日本银行进一步强化宽松的货币政策，分别于3月14日、8月4日和10月27日将资产购买计划规模扩大5万亿、10万亿和5万亿日元，至55万亿日元，向市场注入流动性。3月18日，日本银行宣布与美联储、欧洲中央银行、英格兰银行和加拿大中央银行联合干预外汇市场，遏制日元震后过度升值。5月

23日，日本银行向地震灾区的金融机构发放首笔741亿日元贷款，计划到10月底共发放1万亿日元低息贷款，并于第三季度宣布将该项目延长至2012年4月30日，以继续支持灾后重建。6月14日，日本银行推出总额5 000亿日元的融资支持措施，鼓励金融机构对具备技术优势的中小企业提供资金支持，促进经济复苏。

四、英格兰银行

英格兰银行货币政策委员会（MPC）在2011年的各次例会上均决定保持0.5%的基准利率不变。截至2011年年底，该利率水平已经维持了34个月。在10月6日发布的例会声明中，英格兰银行表示全球经济增速放缓，一些欧洲国家和银行的债务危机加深，导致金融市场的压力增大，威胁英国的经济复苏。为应对经济下行风险，英格兰银行宣布将资产购买规模从2 000亿英镑扩大到2 750亿英镑，计划于4个月内完成。

Appendix 2 Monetary Policies of the Central Banks of the Major Economies in 2011

I. U.S. Federal Reserve

At its various regular meetings in 2011, the Federal Open Market Committee (FOMC) announced that the federal funds target rate would remain unchanged within a band between 0 and 0.25 percent and that it would continue to promote the economic recovery and to maintain price stability by adopting a series of measures.

As planned, the Federal Reserve completed the second round of quantitative easing by purchasing USD600 billion of long-term Treasury securities by the end of June. At its regular meeting on September 21, the FOMC announced its intention to launch "reverse operations" to buy USD400 billion of Treasury securities with remaining maturities of 6 to 30 years and to sell an equal amount of Treasury securities with remaining maturities of 3 years or less. The Federal Reserve held that, given the substantial downward risks to economic activities and the mounting financial market pressures, reverse operations represent a correct decision. It was expected that this program would put downward pressures on longer-term interest rates and would help make broader financial conditions more accommodative.

To inject liquidity into the market as a countermeasure to the EU debt crisis, the Federal Reserve, together with other 5 central banks, i.e., the European Central Bank, the Bank of Japan, the Bank of England, the Bank of Canada, and the Swiss National Bank, announced on November 30 that they would lower the rate for US dollar liquidity swap arrangements by 50 basis points and would extend authorization of these swap arrangements until February 1, 2013.

II. European Central Bank

To deal with the increasing inflationary pressures, the Governing Council of the European Central Bank (ECB) increased the benchmark interest rates by 25 basis points, on April 7 and July 7 respectively, i.e., raising the interest rate on the main refinancing operations, the marginal interest rate on the deposit facility, and the marginal interest rate on the lending facility by a cumulative 50 basis points, from the record-low in May 2009, i.e., 1.0 percent, 0.25 percent and 1.75 percent, to 1.5 percent, 0.75 percent, and 2.25 percent respectively. With the contagion of the European debt crisis, the interest rate policy stance of the ECB shifted from tightening to easing, and the Governing Council of the ECB on two occasions cut the interest rate on the main refinancing operations, the marginal interest rate on the deposit facility, and the marginal interest rate on the lending facility by 25 basis points to return to the record-low of 1 percent, 0.25 percent, and 1.75 percent respectively.

In 2011, the Governing Council of the ECB continued conducting its main refinancing Operations (MROs), the Eurosystem's special-term refinancing operations (STROs), and longer-term refinancing operations (LTROs) as fixed-term refinancing tender procedures with a full allotment to meet the financing needs of financial institutions in the euro area. The ECB extended the maturity of LTROs on a gradual basis in order to provide liquidity to the banking system with preferential conditions. On December 8, the ECB announced it would launch the 3-year LTROs and expand the coverage of loan collaterals. On October 6, the ECB announced it would launch a new round of covered bond purchases (CBPP2) totaling 40 billion euro. The program was scheduled to be implemented beginning from November 2011 and to be completed no later than the end of October 2012. On December 8, the ECB decided to reduce the reserve requirement ratio from 2 percent to 1 percent, effective from January 18, 2012.

On June 29, the ECB, the Bank of Canada, the Bank of England, and the Swiss National Bank jointly announced that they would extend the liquidity swap arrangement with the U.S. Federal Reserve to August 1, 2012. On August 25, the ECB decided to extend the currency swap arrangement with the Bank of England to September 28, 2012.

III. Bank of Japan

At its regular meetings in 2011, the Bank of Japan (BOJ) decided to keep its key rate at near zero, i.e., to keep the uncollaterized overnight call rate unchanged at 0-0.1 percent.

In order to provide relief to the impact of the devastating earthquake and ensuing tsunami on the financial market, the BOJ decided to further strengthen its accommodative monetary policy and increased the amount of the Asset Purchase Program by 5 trillion yen on March 14, 10 trillion yen on August 4, and 5 trillion yen on October 27 respectively to inject liquidity into the market, reaching a total of about 55 trillion yen. On March 18, the BOJ, jointly with the U.S. Federal Reserve, the ECB, the Bank of England, and the Bank of Canada, announced it would intervene in the foreign exchange market so as to curb excessive appreciation of the yen in the post-quake era. On May 23, the BOJ extended its first loan in the amount of 74.1 billion yen to financial institutions located in the disaster areas, planned to make total loans amounting to 1 trillion yen by the end of October, and announced it would extent the program until April 30, 2012, in order to support post-disaster restoration and rebuilding. On June 14, the BOJ launched a new credit line with the total amount set at RMB500 billion yen, encouraging financial institutions to provide financing to SMEs with technological advantages and growth potential and to support the strengthening of the foundations for economic growth.

IV. Bank of England

At its regular meetings in 2011, the Monetary Policy Committee of the Bank of England announced that it would keep unchanged the official rate of 0.5 percent. By the end of 2011, that interest rate level had remained unchanged for 34 months. The Bank of England pointed out in the minutes of its regular meeting on October 16 that the slowing of the global economic recovery and the deterioration of the debt crisis in some European countries and banks created severe strains on financial markets and threatened recovery in the U.K. To deal with the downside risks to economic growth, the Bank of England announced that in order to provide a stimulus to the economy its asset purchase program would be expanded for four months from GBP200 billion to GBP275 billion.

附录三 中国主要经济和金融指标
Appendix 3 China's Major Economic and Financial Indicators

一、经济增长与经济发展水平
1. Economic Growth

1978年以来我国经济增长与宏观经济政策

China's economic growth and macroeconomic policies since 1978

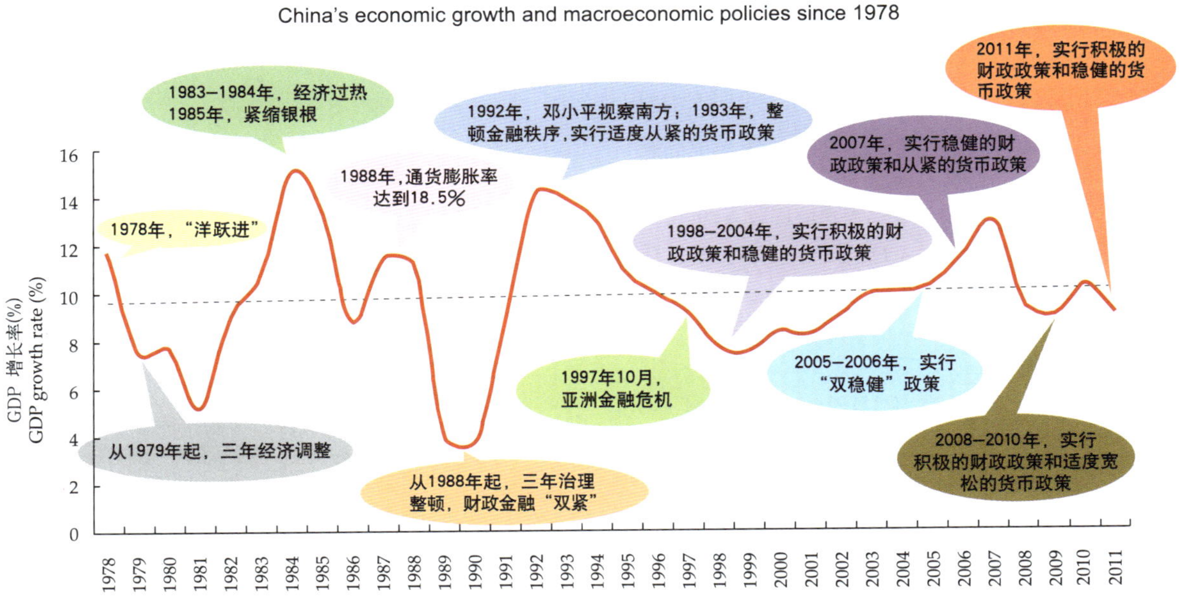

"Great leap forward" in 1978
3-year economic adjustment between 1979 and 1981
Over-heated economy between 1983 and 1984, tight monetary policy in 1985
Inflation of 18.5% in 1988
3-year rectification from 1988 to 1991, "double tightening" of fiscal and monetary policy
Deng Xiaoping's remarks on economic reform during his 1992 trip to South China, rectification of financial order and adoption of appropriately tight monetary policy in 1993
Asian financial crisis of October 1997
Proactive fiscal policy and sound monetary policy from 1998 to 2004
"Double sound" fiscal and monetary policy in 2005 and 2006
Sound fiscal policy and tight monetary policy in 2007
Proactive financial policy and moderately loose monetary policy in 2008 to 2010
Proactive financial policy and sound monetary policy in 2011

人均国内生产总值

Per capita GDP

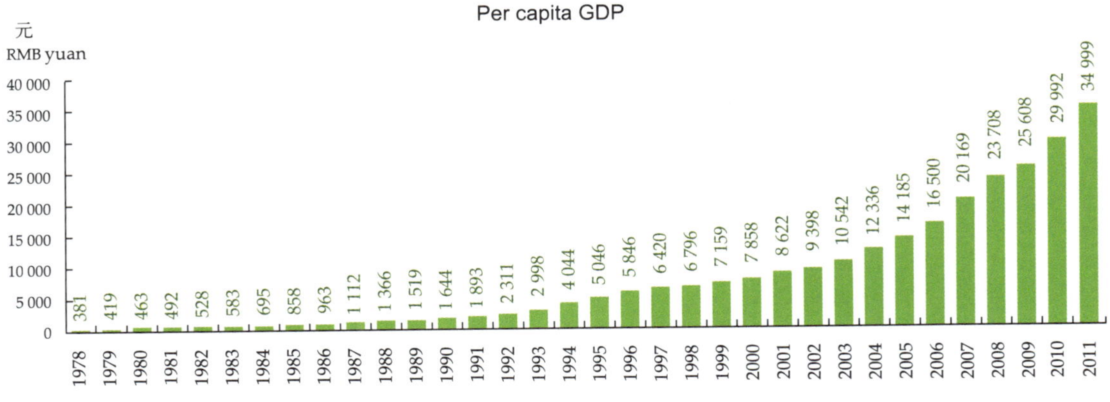

注：图中数据根据国家统计局最新数据修订。

Note: Data are revised by National Bureau of Statistics of China.

GDP总量：据世界银行按汇率套算，2010年中国GDP总量为5.88万亿美元，占世界GDP总量63.05万亿美元的9.3%，位居第二，排在美国之后。根据《2011年世界发展指标》，按购买力平价方法计算，2010年中国GDP总量为10.08万亿美元，占世界GDP总量76.3万亿美元的13.2%，位居第二，排在美国之后。

人均GDP：2011年，我国人均GDP为34 999元人民币，按年末汇率折算为5 555美元。

人均国民收入：据世界银行按汇率折算方法测算，2010年，世界人均国民收入为9 097美元，中国人均国民收入为4 260美元，位居世界215个经济体由高向低排列的第121位，属于中等收入国家中的较低收入组。按购买力平价方法计算，2010年中国人均国民收入为7 570美元，相当于世界人均国民收入11 058美元的68.5%，位居世界215个经济体由高向低排列的第118位，依然属于中等收入国家中的较低收入组。

Gross Domestic Product (GDP): The World Bank estimated that the world total GDP and China's GDP in 2010 were USD63.05 trillion and USD5.88 trillion respectively based on the current exchange rate. Accounting for 9.3 percent of the world total, China's GDP ranked 2nd in the world after U.S.. The World Bank estimated that the world total GDP and China's GDP in 2010 were USD76.3 trillion and USD10.08 trillion respectively based on a PPP basis, according to the *World Development Indicators 2010*. Accounting for 13.2 percent of the world total, China's GDP ranked 2nd in the world, after the U.S..

GDP per capita: In 2011, China's GDP per capita reached RMB34,999 yuan, or USD5,555 based on the exchange rate at the end of 2011.

Gross National Income (GNI) per capita: The World Bank estimated that in 2010 the GNI per capita for the world as a whole was USD9,097 based on Atlas methodology. The GNI per capita in China was USD4,260, ranking 121st among 215 worldwide economies, meaning that China is a lower-middle-income country. In PPP terms, the GNI per capita in China in 2010 was USD7,570, equivalent to 68.5 percent of the world figure which was USD11,058, thus ranking 118th among the 215 worldwide economies, and a ranking that still indicates China's status as a lower-middle-income country.

2010年世界银行按汇率折算方法估算的GDP总量前10名排序

Top ten economies in terms of GDP based on current exchange rate in 2010 (World Bank estimation)

排名 Rank	国家 Country		GDP(万亿美元) GDP (USD trillion)	占世界GDP总量的比重(%) As a percent of the world total (%)
1	美国	U.S.	14.58	23.1
2	**中国**	**China**	**5.88**	**9.3**
3	日本	Japan	5.50	8.7
4	德国	Germany	3.31	5.2
5	法国	France	2.56	4.1
6	英国	U.K.	2.25	3.6
7	巴西	Brazil	2.09	3.3
8	意大利	Italy	2.05	3.3
9	印度	India	1.73	2.7
10	加拿大	Canada	1.57	2.5
世界	**World total**		**63.05**	**100**

2010年世界银行按购买力平价方法估算的GDP总量前10名排序

Top ten economies in terms of GDP based on PPP in 2010 (World Bank estimation)

排名 Rank	国家 Country		GDP(万亿美元) GDP (USD trillion)	占世界GDP总量的比重(%) As a percent of the world total (%)
1	美国	U.S.	14.58	19.1
2	中国	China	**10.08**	**13.2**
3	日本	Japan	4.33	5.7
4	印度	India	4.20	5.5
5	德国	Germany	3.07	4.0
6	俄罗斯	Russia	2.81	3.7
7	英国	U.K.	2.23	2.9
8	法国	France	2.19	2.9
9	巴西	Brazil	2.17	2.8
10	意大利	Italy	1.91	2.5
世界	**World total**		**76.3**	**100**

世界银行估算的2010年人均国民收入

National income per capita in 2010 (estimated by the World Bank)

单位：美元 Unit: USD

	世界平均 Global average	低收入国家 Low-income countries	中等收入国家 Middle-income countries			高收入国家 High-income countries
				较低收入组 Lower-middle-income countries	较高收入组 Upper-middle-income countries	
汇率折算法 Atlas methodology	9 097	510	3 764	1 658	5 884	38 658
购买力平价法 On a PPP basis	11 058	1 246	6 780	3 701	9 904	37 183

国内生产总值
Gross domestic product

年/季 Year /Quarter		国内生产总值 GDP		第一产业 Primary industry		第二产业 Secondary industry		第三产业 Tertiary industry	
		绝对值(亿元) Absolute value (RMB 100 million yuan)	增长(%) Growth(%)	绝对值(亿元) Absolute value (RMB 100 million yuan)	增长(%) Growth(%)	绝对值(亿元) Absolute value (RMB 100 million yuan)	增长(%) Growth(%)	绝对值(亿元) Absolute value (RMB 100 million yuan)	增长(%) Growth(%)
2007	I	53 058	13.0	3 654	4.4	26 465	14.6	22 940	12.7
	I–II	112 458	13.4	9 283	4.0	57 615	15.0	45 561	13.5
	I–III	174 428	13.4	17 937	4.3	86 405	14.8	70 086	14.0
	I–IV	257306	13.0	28 627	3.7	124 799	14.7	103 880	13.8
2008	I	66 284	11.3	4 679	2.8	31 658	11.5	27 097	10.9
	I–II	140 478	11.0	11 697	3.4	70 543	11.3	53 596	10.7
	I–III	217 026	10.6	21 869	4.4	105 889	11.2	81 989	11.2
	I–IV	314 045	9.6	33 702	5.4	149 003	9.9	131 340	10.4
2009	I	69 817	6.6	4 627	3.5	32 658	5.8	32 531	7.9
	I–II	148 204	7.5	11 831	3.8	71 703	7.1	64 670	8.5
	I–III	231 303	8.2	22 142	4.0	109 101	8.1	100 060	9.3
	I–IV	340 503	9.1	35 226	4.2	157 639	9.9	148 038	9.3
2010	I	82 496	12.0	5 144	3.8	39 467	14.7	37 886	10.2
	I–II	174 879	11.2	13 379	3.6	86 328	13.5	75 172	9.7
	I–III	272 169	10.7	25 623	4.0	130 084	12.8	116 462	9.5
	I–IV	401 202	10.4	40 534	4.3	187 581	12.4	173 087	9.6
2011	I	96 975	9.7	5 980	3.5	47 009	11.1	43 987	9.1
	I–II	205 779	9.6	15 700	3.2	102 647	10.9	87 432	9.2
	I–III	320 692	9.4	30 340	3.8	154 795	10.8	135 557	9.0
	I–IV	471 564	9.2	47 712	4.5	220 592	10.6	203 260	8.9

注：① 表中绝对数按当年价格计算，“比上年同期增长”按不变价格计算。
② 表中数据根据国家统计局最新数据修订。

Notes: 1. Absolute figures in this table are calculated at current prices, and the year-on-year growth rates are calculated at constant prices.
2. Data are revised by National Bureau of Statistics of China.

1978年以来GDP及其增长率
GDP and its annual growth rate since 1978

年 Year	GDP(万亿元) GDP(RMB trillion yuan)	GDP增长率(%) GDP growth rate(%)
1978	0.4	11.7
1979	0.4	7.6
1980	0.5	7.8
1981	0.5	5.3
1982	0.5	9.0
1983	0.6	10.9
1984	0.7	15.2
1985	0.9	13.5
1986	1.0	8.9
1987	1.2	11.6
1988	1.5	11.3
1989	1.7	4.1
1990	1.9	3.8
1991	2.2	9.2
1992	2.7	14.2
1993	3.5	14.0
1994	4.8	13.1
1995	6.1	10.9
1996	7.1	10.0
1997	7.9	9.3
1998	8.4	7.8
1999	9.0	7.6
2000	9.9	8.4
2001	11.0	8.3
2002	12.0	9.1
2003	13.6	10.0
2004	16.0	10.1
2005	18.3	10.4
2006	21.2	11.6
2007	25.7	13.0
2008	31.4	9.6
2009	34.1	9.1
2010	40.1	10.4
2011	47.2	9.2

注：表中数据根据国家统计局最新数据修订。
Note: Data are revised by National Bureau of Statistics of China.

1978年以来GDP及其增长率
GDP and its annual growth rate since 1978

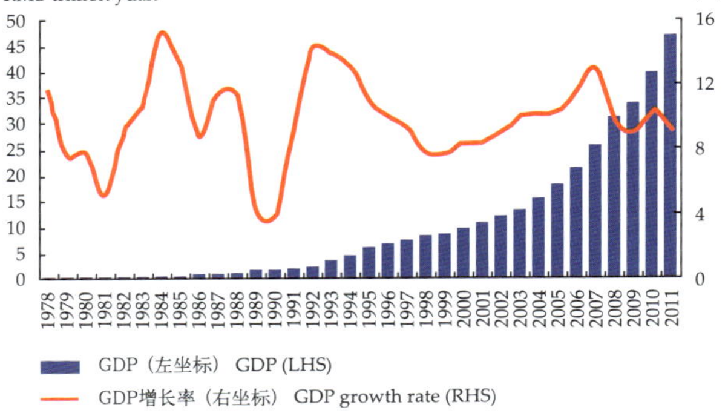

2000年以来年度GDP中三大产业比重
Shares of industries in GDP since 2000

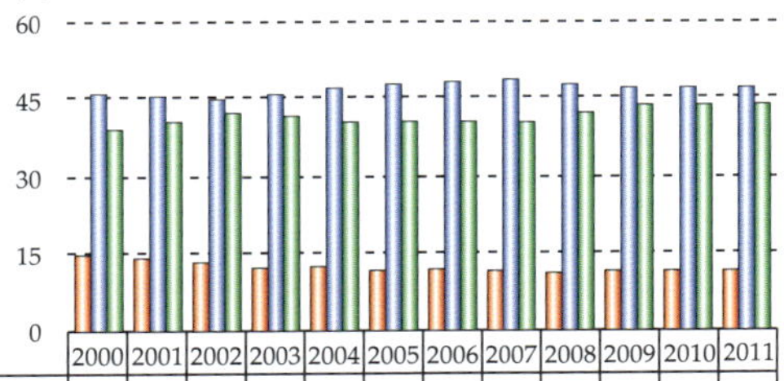

	2000	2001	2002	2003	2004	2005	2006	2007	2008	2009	2010	2011
第一产业 Primary industry	14.8	14.1	13.5	12.6	13.1	12.2	11.1	11.1	10.7	10.3	10.1	10.1
第二产业 Secondary industry	45.9	45.2	44.8	46.0	46.2	47.7	47.9	48.5	47.4	46.2	46.7	46.8
第三产业 Tertiary industry	39.3	40.7	41.7	41.4	40.7	40.1	40.0	40.4	41.8	43.4	43.2	43.1

注：图中数据根据国家统计局最新数据修订。
Note: Data are revised by National Bureau of Statistics of China.

季度GDP三次产业所占的比重与增长率变化
Shares of industries in GDP and their growth rates on a quarterly basis

单位：% Unit: %

年/季 Year/Quarter	第一产业所占的比重 Share of primary industry	第二产业所占的比重 Share of secondary industry	第三产业所占的比重 Share of tertiary industry	第一产业同比累计增长 YOY accumulated growth of primary industry	第二产业同比累计增长 YOY accumulated growth of secondary industry	第三产业同比累计增长 YOY accumulated growth of tertiary industry
2007Q1	6.9	49.9	43.2	4.4	14.6	12.7
2007Q2	8.3	51.2	40.5	4.0	15.0	13.5
2007Q3	10.3	49.5	40.2	4.3	14.8	14.0
2007Q4	11.1	48.5	40.4	3.7	14.7	13.8
2008Q1	7.4	49.9	42.7	2.8	11.5	10.9
2008Q2	8.8	51.5	39.8	3.5	11.3	10.7
2008Q3	10.6	50.0	39.4	4.5	10.6	10.5
2008Q4	10.7	47.4	41.8	5.5	9.3	9.5
2009Q1	7.1	48.6	44.2	3.5	5.3	7.4
2009Q2	8.6	50.1	41.3	3.8	6.6	8.3
2009Q3	10.3	48.9	40.8	4.0	7.5	8.8
2009Q4	10.3	46.2	43.4	4.2	9.9	9.3
2010Q1	6.2	47.7	46.0	3.8	14.5	10.5
2010Q2	7.7	49.3	43.0	3.6	13.3	9.9
2010Q3	9.4	47.7	42.9	4.0	12.6	9.7
2010Q4	10.1	46.7	43.2	4.3	12.3	9.8
2011Q1	6.2	48.4	45.5	3.5	11.1	9.1
2011Q2	7.6	49.9	42.5	3.2	10.9	9.2
2011Q3	9.4	48.2	42.4	3.8	10.8	9.0
2011Q4	10.1	46.8	43.1	4.5	10.6	8.9

注：① 从2006年第一季度开始，根据《国民经济行业分类》(2002)，将"农林牧渔服务业"从第三产业调整到第一产业。
② 表中数据根据国家统计局最新数据修订。

Notes: 1. Beginning from the first quarter 2006,according to the *Classification of National Economic Sectors* (2002), services for agriculture,forestry, animal husbandry and fishery have been readjusted for tertiary industry to primary industry.
2. Data are revised by National Bureau of Statistics of China.

季度GDP三次产业所占的比重与增长率变化
Shares of industries in GDP and their growth rates on a quarterly basis

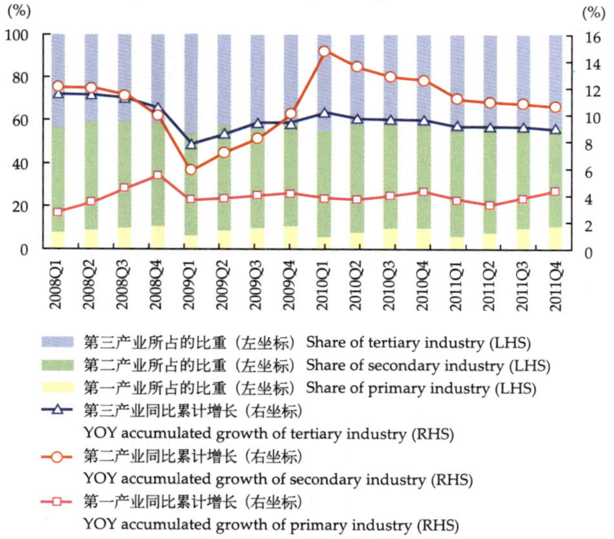

2004年以来GDP季度累计增长率
Quarterly accumulated GDP growth rates since 2004

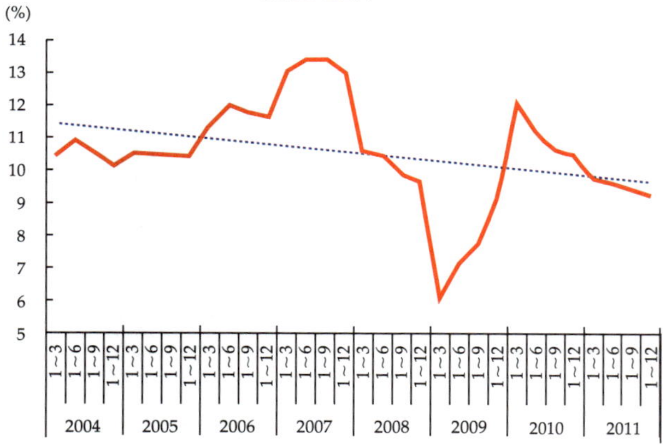

工业增加值增长速度
Growth rate of value added of industry

单位：% Unit: %

年/月 Year/Month		工业增加值 Value added	轻工业 Light industry	重工业 Heavy industry	国有及国有控股企业 State-owned and state-holding enterprises	集体企业 Collectively-owned enterprises	股份制企业 Joint-stock enterprises	外商及港澳台投资企业 Enterprises with foreign, Hongkong, Macau, and Taiwan investment
		比上年同期增长(%) Year-on-year growth rate(%)						
2007		18.5	16.3	19.6	13.8	11.5	20.6	17.5
2008		12.9	12.3	13.2	9.1	8.1	15.0	9.9
2009		11.0	9.7	11.5	6.9	10.2	10.3	6.2
2010	10	13.1	12.9	13.2	10.6	7.9	14.3	11.2
	11	13.3	12.7	13.6	10.9	10.8	14.4	11.7
	12	13.5	13.0	13.7	9.8	7.9	15.0	11.4
2011	1	—	—	—	—	—	—	—
	2	14.9	13.1	15.6	10.5	11.7	16.5	12.2
	3	14.8	12.8	15.6	12.9	8.9	16.5	11.6
	4	13.4	11.9	14.0	10.4	8.1	15.4	9.7
	5	13.3	12.9	13.5	8.9	9.5	15.2	9.5
	6	15.1	13.9	15.6	10.7	11.2	17.2	11.3
	7	14.0	12.8	14.5	9.5	9.2	15.8	10.6
	8	13.5	13.4	13.5	9.4	8.7	15.5	10.0
	9	13.8	12.8	14.3	9.9	7.2	16.0	10.1
	10	13.2	12.1	13.7	8.9	9.2	15.1	9.6
	11	12.4	12.4	12.4	7.8	6.8	14.4	8.4
	12	12.8	12.6	13.0	9.2	11.4	14.7	8.7
2010	1～10	16.1	13.6	17.1	14.8	9.2	17.1	15.3
	1～11	15.8	13.6	16.7	14.2	9.3	16.9	14.9
	1～12	15.7	13.6	16.5	13.7	9.4	16.8	14.5
2011	1～2	14.1	13.3	14.4	10.6	10.5	15.6	12.2
	1～3	14.4	13.1	14.9	11.4	10.2	15.9	11.9
	1～4	14.2	12.9	14.7	11.2	9.4	15.9	11.4
	1～5	14.0	12.9	14.4	10.7	9.4	15.8	10.9
	1～6	14.3	13.1	14.7	10.7	9.6	16.1	11.1
	1～7	14.3	13.1	14.7	10.6	9.6	16.2	11.1
	1～8	14.2	13.1	14.6	10.4	9.6	16.1	10.9
	1～9	14.2	13.1	14.6	10.4	9.6	16.1	10.9
	1～10	14.1	13.0	14.5	10.1	9.1	16.0	10.7
	1～11	14.0	13.0	14.4	9.9	9.0	16.0	10.6
	1～12	13.9	13.0	14.3	9.9	9.3	15.8	10.4

注：①自2011年起，工业统计范围调整为年主营收入2 000万元及以上的工业企业。
②本表中"比上年同期增长"按可比价格计算。

Notes: 1. Since 2011, the statistical coverage of industry has been adjusted to industrial enterprises with the annual sales income from main business of RMB20 million yuan and above.
2. The year-on-year changes in this table are calculated at comparable prices.

工业增加值增长速度及工业产品销售率
Growth rate of industrial value added and ratio of sales to output of industrial products

单位：% Unit: %

年/月 Year/Month		当月工业增加值同比增长 YOY growth of monthly industrial value added	工业增加值月度累计同比增长 YOY growth of monthly accumulated industrial value added	当月销售率 Monthly ratio of sales to output
2010	1	—	—	—
	2	12.8	20.7	96.9
	3	18.1	19.6	97.8
	4	17.8	19.1	98.4
	5	16.5	18.5	97.6
	6	13.7	17.6	97.5
	7	13.4	17.0	98.1
	8	13.9	16.6	98.2
	9	13.3	16.3	98.0
	10	13.1	16.1	97.8
	11	13.3	15.8	97.5
	12	13.5	15.7	98.9
2011	1	—	—	—
	2	14.9	14.1	97.9
	3	14.8	14.4	97.8
	4	13.4	14.2	98.4
	5	13.3	14.0	98.1
	6	15.1	14.3	97.6
	7	14.0	14.3	98.5
	8	13.5	14.2	98.2
	9	13.8	14.2	97.8
	10	13.2	14.1	97.8
	11	12.4	14.0	97.5
	12	12.8	13.9	98.8

工业增加值增长速度及工业产品销售率
Growth rate of industrial value added and ratio of sales to output of industrial products

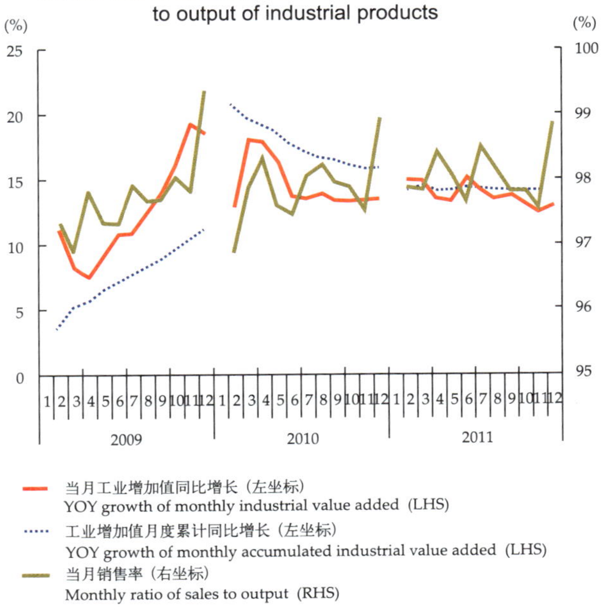

二、价格走势
2. Price Development

1.各种价格指数一览
(1) Overview of price indices

各种价格指数变动表
Changes in price indices

单位：% Unit: %

年/月 Year/Month	居民消费价格指数 CPI			农业生产资料价格指数 Agricultural production materials price index		工业生产者购进价格指数 Purchasing price index for industrial producers		工业生产者出厂价格指数 Producer price index for manufactured goods		固定资产投资价格指数 Fixed-asset investment price index		进出口同比价格指数 Import-export price index (YOY)		
	月环比 MOM	当月同比 YOY	累计同比 Accu-mulated YOY	当月同比 YOY	累计同比 Accu-mulated YOY	当月同比 YOY	累计同比 Accu-mulated YOY	当月同比 YOY	累计同比 Accu-mulated YOY	当季同比 YOY	累计同比 Accu-mulated YOY	出口 Exports	进口 Imports	贸易条件 Terms of trade
2009 1	0.9	1.0	1.0	9.7	9.7	-5.3	-5.3	-3.3	-3.3	—	—	2.3	-10.6	114.4
2	0.0	-1.6	-0.3	6.8	8.2	-7.1	-6.2	-4.5	-3.9	—	—	-2.5	-17.6	118.3
3	-0.3	-1.2	-0.6	1.3	5.8	-8.9	-7.1	-6.0	-4.6	-1.2	-1.2	-5.6	-18.5	115.8
4	-0.2	-1.5	-0.8	-1.7	3.8	-9.6	-7.7	-6.6	-5.1	—	—	-5.9	-19.2	116.5
5	-0.3	-1.4	-0.9	-3.6	2.3	-10.4	-8.2	-7.2	-5.5	—	—	-6.2	-20.4	117.8
6	-0.5	-1.7	-1.1	-5.8	0.9	-11.2	-8.7	-7.8	-5.9	-3.9	-2.6	-8.8	-16.3	109.0
7	0.0	-1.8	-1.2	-7.2	-0.4	-11.7	-9.2	-8.2	-6.2	—	—	-7.1	-16.7	111.5
8	0.5	-1.2	-1.2	-7.5	-1.3	-11.4	-9.4	-7.9	-6.4	—	—	-9.3	-20.4	113.9
9	0.4	-0.8	-1.1	-7.3	-2.0	-10.1	-9.5	-7.0	-6.5	-3.6	-2.9	-9.1	-15.3	107.3
10	-0.1	-0.5	-1.1	-6.1	-2.4	-8.4	-9.4	-5.8	-6.4	—	—	-8.7	-12.4	104.2
11	0.3	0.6	-0.9	-3.9	-2.6	-3.6	-8.9	-2.1	-6.0	—	—	-7.5	-1.3	93.7
12	1.0	1.9	-0.7	-1.9	-2.5	3.0	-7.9	1.7	-5.4	-1.0	-2.4	-3.5	8.6	88.9
2010 1	0.6	1.5	1.5	-0.4	-0.4	8.0	8.0	4.3	4.3	—	—	-5.3	13.5	83.4
2	1.2	2.7	2.1	0.3	-0.1	10.3	9.1	5.4	4.9	—	—	-5.5	15.6	81.7
3	-0.7	2.4	2.2	0.9	0.3	11.5	9.9	5.9	5.2	1.9	1.9	1.4	17.6	86.2
4	0.2	2.8	2.4	1.2	0.5	12.0	10.4	6.8	5.6	—	—	-0.7	19.4	83.2
5	-0.1	3.1	2.5	2.1	0.8	12.2	10.8	7.1	5.9	—	—	2.2	19.2	85.7
6	-0.6	2.9	2.6	2.5	1.1	10.8	10.8	6.4	6.0	3.6	2.7	3.4	17.4	88.1
7	0.4	3.3	2.7	2.9	1.3	8.5	10.5	4.8	5.8	—	—	4.0	12.8	92.2
8	0.6	3.5	2.8	3.5	1.6	7.5	10.1	4.3	5.6	—	—	6.5	10.5	96.4
9	0.6	3.6	2.9	3.9	1.9	7.1	9.8	4.3	5.5	3.5	3.0	4.9	9.5	95.8
10	0.7	4.4	3.0	5.2	2.2	8.1	9.6	5.0	5.5	—	—	4.8	10.4	94.9
11	1.1	5.1	3.2	6.5	2.6	9.7	9.6	6.1	5.5	—	—	7.6	8.9	98.8
12	0.5	4.6	3.3	6.0	2.9	9.5	9.6	5.9	5.5	5.4	3.6	4.9	10.1	95.3
2011 1	1.0	4.9	4.9	5.4	5.4	9.7	9.7	6.6	6.6	—	—	11.0	11.7	99.4
2	1.2	4.9	4.9	6.5	6.0	10.4	10.0	7.2	6.9	—	—	11.4	16.6	95.5
3	-0.2	5.4	5.0	8.6	6.9	10.5	10.2	7.3	7.1	6.5	6.5	7.5	15.5	93.1
4	0.1	5.3	5.1	10.2	7.7	10.4	10.3	6.8	7.0	—	—	10.9	12.9	98.2
5	0.1	5.5	5.2	11.4	8.4	10.2	10.2	6.8	7.0	—	—	9.4	16.7	93.7
6	0.3	6.4	5.4	13.5	9.3	10.5	10.3	7.1	7.0	6.7	6.6	10.9	15.7	95.9
7	0.5	6.5	5.5	14.6	10.0	11.0	10.4	7.5	7.1	—	—	10.3	15.0	95.9
8	0.3	6.2	5.6	14.7	10.6	10.6	10.4	7.3	7.1	—	—	9.2	15.6	94.5
9	0.5	6.1	5.7	15.0	11.1	10.0	10.4	6.5	7.0	7.3	6.8	9.5	14.8	95.4
10	0.1	5.5	5.6	13.7	11.4	8.0	10.1	5.0	6.8	—	—	9.5	13.6	96.4
11	-0.2	4.2	5.5	11.2	11.4	5.1	9.7	2.7	6.4	—	—	9.6	10.5	99.2
12	0.3	4.1	5.4	10.4	11.3	3.5	9.1	1.7	6.0	5.7	6.6	11.1	9.1	101.8

注：国家统计局从2011年1月开始实施新的工业生产者价格统计调查制度方法。“工业品价格统计”改称为“工业生产者价格统计”，相应地将“原材料、燃料、动力购进价格指数”改称为“工业生产者购进价格指数”，将“工业品出厂价格指数”改称为“工业生产者出厂价格指数”。

Note: Since January 2011, NBS begins to conduct new statistical system and survey methods on PPI. "Prices statistics on industrial goods" is renamed to "prices statistics on industrial producers". Accordingly, "purchasing prices for raw material,fuels and power" is renamed to "purchasing price for industral producers", "producer price index of industrial products" is renamed to "producer price index for manufactured goods".

居民消费价格月环比指数变动
Change in CPI (month-on-month)

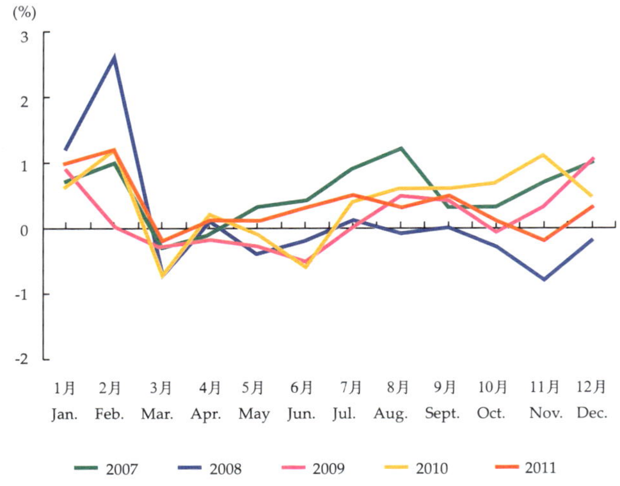

居民消费价格同比指数变动
Change in CPI (year-on-year)

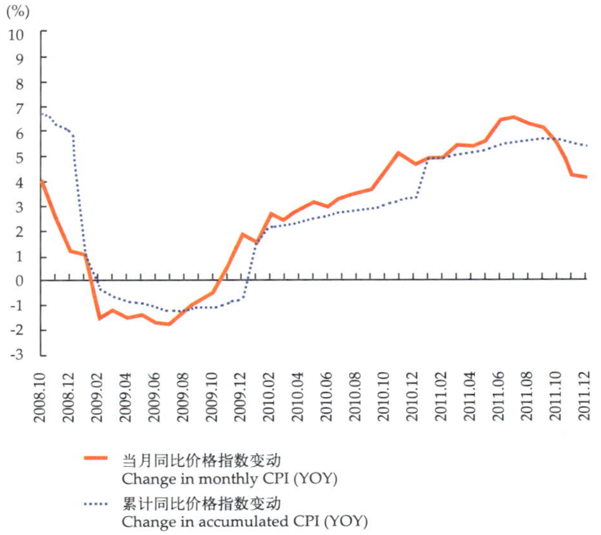

居民消费价格指数与生产价格指数的比较
Comparison between changes in CPI and PPI

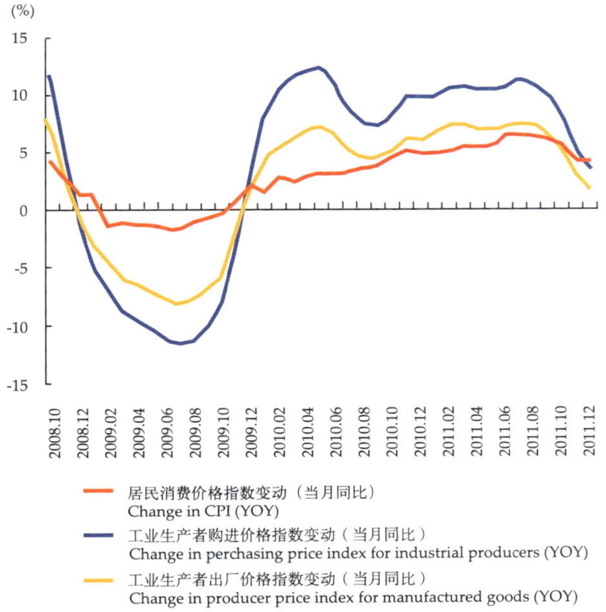

进出口价格指数和贸易条件
Import-export price index and terms of trade

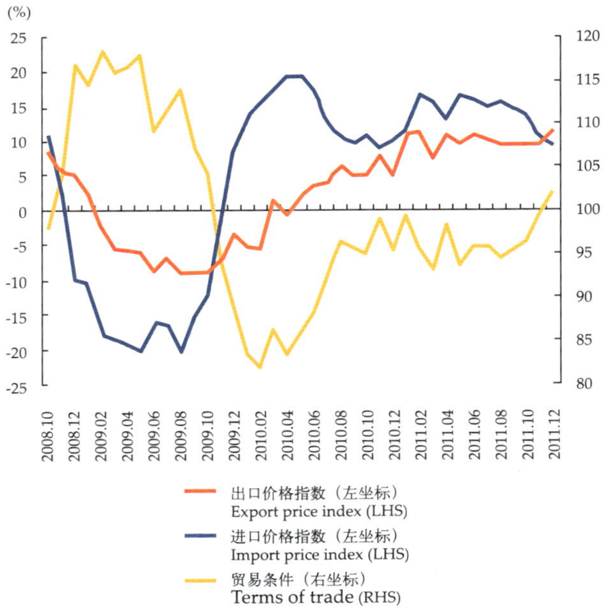

2.分类指数

(2) Breakdown of indices

居民消费价格当月同比分类指数变动

Breakdown of changes in CPI (YOY)

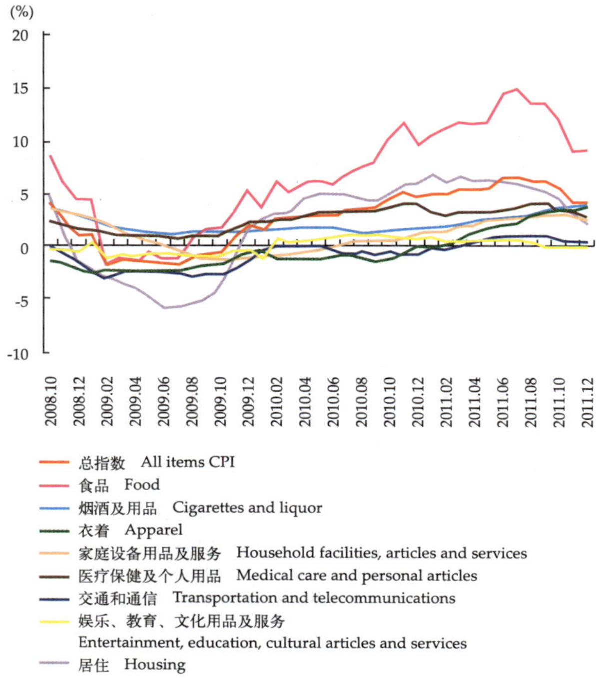

工业生产者出厂价格当月同比指数变动
按生产资料和生活资料分类

Breakdown of changes in producer price index (PPI) for manufactured goods by means of production and means of consumer goods (YOY)

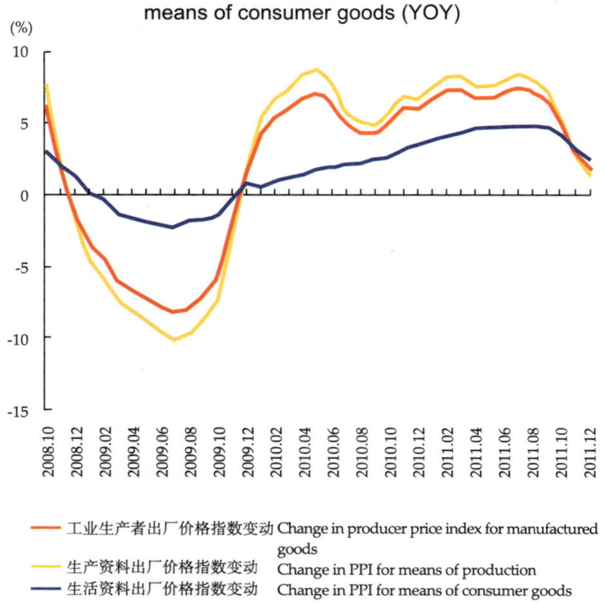

生活资料出厂价格当月同比分类指数变动

Breakdown of changes in PPI for means of consumer goods (YOY)

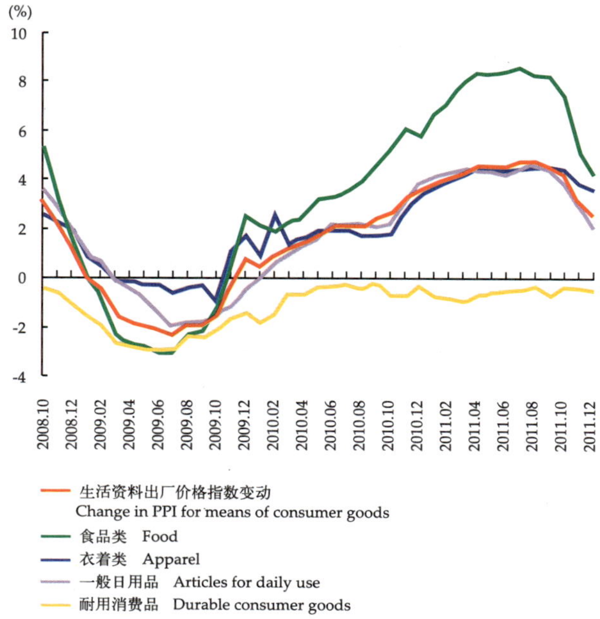

生产资料出厂价格当月同比分类指数变动

Breakdown of changes in PPI for means of production (YOY)

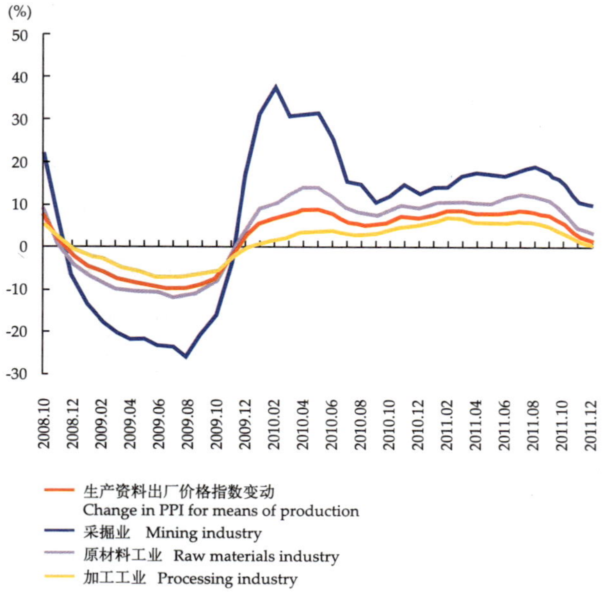

三、就业、失业与收入
3. Employment, Unemployment and Income

人口与就业基本情况
Population and employment

年 Year	年底总人口（亿人） Population at the end of the year (100 million people)	城镇 Urban	比重(%) Share (%)	乡村 Rural	比重(%) Share (%)	15~64岁人口数(亿人) Population between 15~64 years of age (100 million people)	就业人员(亿人) Employment (100 million people)
2002	12.8	5.0	39	7.8	61	9.0	7.3
2003	12.9	5.2	41	7.7	59	9.1	7.4
2004	13.0	5.4	42	7.6	58	9.2	7.4
2005	13.1	5.6	43	7.5	57	9.4	7.5
2006	13.1	5.8	44	7.3	56	9.5	7.5
2007	13.2	6.1	46	7.1	54	9.6	7.5
2008	13.3	6.2	47	7.0	53	9.7	7.6
2009	13.3	6.5	48	6.9	52	9.7	7.6
2010	13.4	6.7	50	6.7	50	10.0	7.6
2011	13.5	6.9	51	6.6	49	10.0	—

注：表中根据第六次人口普查数据重新修订。
Note:Data are revised according to the 6th National Population Census.

就业人员按城乡和产业分类
Employment in urban and rural areas and in industries

年 Year	就业人员(亿人) Employment (100 million people)	按城乡分 Urban and rural				按产业分 Industries					
		城镇 Urban	比重(%) Share (%)	乡村 Rural	比重(%) Share (%)	第一产业 Primary industry	比重(%) Share (%)	第二产业 Secondary industry	比重(%) Share (%)	第三产业 Tertiary industry	比重(%) Share (%)
2002	7.33	2.52	34.3	4.81	65.7	3.66	50.0	1.57	21.4	2.10	28.6
2003	7.37	2.63	35.6	4.75	64.4	3.62	49.1	1.59	21.6	2.16	29.3
2004	7.43	2.73	36.8	4.70	63.2	3.48	46.9	1.67	22.5	2.27	30.6
2005	7.46	2.84	38.0	4.63	62.0	3.34	44.8	1.78	23.8	2.34	31.4
2006	7.50	2.96	39.5	4.53	60.5	3.19	42.6	1.89	25.2	2.41	32.2
2007	7.53	3.10	41.1	4.44	58.9	3.07	40.8	2.02	26.8	2.44	32.4
2008	7.56	3.21	42.5	4.35	57.5	2.99	39.6	2.06	27.2	2.51	33.2
2009	7.58	3.33	43.9	4.25	56.1	2.89	38.1	2.11	27.8	2.59	34.1
2010	7.61	3.47	45.6	4.14	54.4	2.79	36.7	2.18	28.7	2.63	34.6

注：表中根据第六次人口普查数据重新修订。
Note:Data are revised according to the 6th National Population Census.

城乡居民家庭人均收入
Urban and rural household income (per capita)

年/季 Year/Quarter		农村居民家庭人均现金收入 Rural household cash income (per capita)		城镇居民家庭人均可支配收入 Urban household disposable income (per capita)	
		绝对值(元) Absolute value (RMB yuan)	同比实际增长(%) Growth in real terms (YOY) (%)	绝对值(元) Absolute value (RMB yuan)	同比实际增长(%) Growth in real terms (YOY) (%)
2009	I	1 622	8.6	4 834	11.2
	I-II	2 733	8.1	8 856	11.2
	I-III	4 307	9.2	12 973	10.5
	I-IV	6 270	—	17 175	9.8
2010	I	1 814	9.2	5 308	7.5
	I-II	3 078	9.5	9 757	7.5
	I-III	4 869	9.7	14 334	7.5
	I-IV	7 089	—	19 109	7.8
2011	I	2 187	14.3	5 963	7.1
	I-II	3 706	13.7	11 041	7.6
	I-III	5 875	13.6	16 301	7.8
	I-IV	8 639	—	21 810	8.4

城镇失业人数和失业率
Unemployed urban population and unemployment rate

年/季度末 Year/End of quarter		城镇登记失业人数(万人) Registered unemployment in urban areas (10 000 people)	城镇登记失业率(%) Registered unemployment rate in urban areas(%)
2009	I	915	4.3
	II	906	4.3
	III	915	4.3
	IV	921	4.3
2010	I	919	4.2
	II	911	4.2
	III	905	4.1
	IV	908	4.1
2011	I	909	4.1
	II	908	4.1
	III	911	4.1
	IV	922	4.1

四、国内需求
4. Domestic Demand

1.按支出法计算的国内生产总值
(1) Expenditure-based GDP

按支出法计算的国内生产总值及其构成
Expenditure-based GDP and its composition

年 Year	按支出法计算的国内生产总值(亿元) Expenditure-based GDP (RMB100 million yuan)	最终消费 Final consumption	居民消费 Household consumption	城镇居民 Urban	农村居民 Rural	政府消费 Government consumption	资本形成总额 Total capital formation	固定资本形成 Fixed capital formation	存货增加 Increased inventory	货物和服务净出口 Net exports of goods and services
	绝对值(亿元) Absolute value (RMB100 million yuan)									
2000	98 749	61 516	45 855	30 707	15 147	15 661	34 843	33 844	998	2 390
2001	109 028	66 934	49 436	33 645	15 791	17 498	39 769	37 755	2 015	2 325
2002	120 476	71 817	53 057	36 785	16 272	18 760	45 565	43 632	1 933	3 094
2003	136 635	77 686	57 650	41 344	16 306	20 036	55 963	53 491	2 472	2 986
2004	160 800	87 553	65 219	47 529	17 690	22 334	69 168	65 118	4 051	4 079
2005	187 131	99 051	72 653	53 281	19 372	26 399	77 857	74 233	3 624	10 223
2006	222 240	112 632	82 104	60 842	21 261	30 528	92 954	87 954	5 000	16 654
2007	265 834	131 510	95 610	71 488	24 122	35 900	110 943	103 949	6 995	23 381
2008	314 901	152 347	110 595	83 100	27 495	41 752	138 325	128 084	10 241	24 229
2009	345 024	165 527	121 130	92 296	28 834	44 397	164 464	156 680	7 784	15 033
2010	394 308	186 905	133 291	102 394	30 897	53 614	191 691	182 340	9 351	15 712
	构成(%) Composition (%)									
2000	100	62.3	46.4	31.1	15.3	15.9	35.3	34.3	1.0	2.4
2001	100	61.4	45.3	30.9	14.5	16.0	36.5	34.6	1.8	2.1
2002	100	59.6	44.0	30.5	13.5	15.6	37.8	36.2	1.6	2.6
2003	100	56.9	42.2	30.3	11.9	14.7	41.0	39.1	1.8	2.2
2004	100	54.4	40.6	29.6	11.0	13.9	43.0	40.5	2.5	2.5
2005	100	52.9	38.8	28.5	10.4	14.1	41.6	39.7	1.9	5.5
2006	100	50.7	36.9	27.4	9.6	13.7	41.8	39.6	2.2	7.5
2007	100	49.5	36.0	26.9	9.1	13.5	41.7	39.1	2.6	8.8
2008	100	48.4	35.1	26.4	8.7	13.3	43.9	40.7	3.3	7.7
2009	100	48.0	35.1	26.8	8.4	12.9	47.7	45.4	2.3	3.9
2010	100	47.4	33.8	26.0	7.8	13.6	48.6	46.2	2.4	4.0

注：表中数据根据国家统计局最新数据修订。
Note: Data are revised by National Bureau of Statistics of China.

按支出法计算的国内生产总值构成变化
Changes in the composition of GDP (based on expenditures)

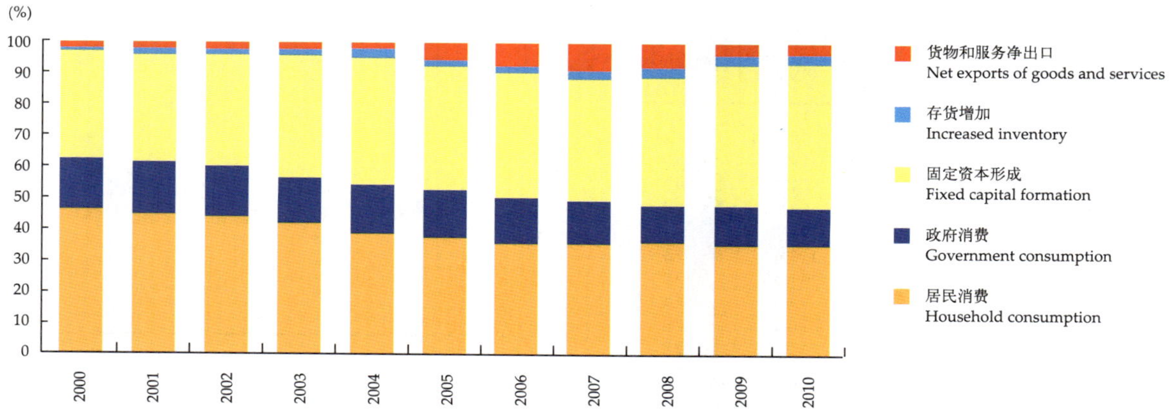

投资率和消费率
Investment ratio and consumption ratio

单位：% Unit: %

年 Year	资本形成率(投资率) Capital formation ratio (investment ratio)	最终消费率(消费率) Final consumption ratio (consumption ratio)
1978	38.2	62.1
1979	36.1	64.4
1980	34.8	65.5
1981	32.5	67.1
1982	31.9	66.5
1983	32.8	66.4
1984	34.2	65.8
1985	38.1	66.0
1986	37.5	64.9
1987	36.3	63.6
1988	37.0	63.9
1989	36.6	64.5
1990	34.9	62.5
1991	34.8	62.4
1992	36.6	62.4
1993	42.6	59.3
1994	40.5	58.2
1995	40.3	58.1
1996	38.8	59.2
1997	36.7	59.0
1998	36.2	59.6
1999	36.2	61.2
2000	35.3	62.3
2001	36.5	61.4
2002	37.9	59.6
2003	41.0	56.8
2004	43.2	54.3
2005	42.7	51.8
2006	42.6	49.9
2007	41.7	49.5
2008	43.9	48.4
2009	47.5	48.6
2010	48.6	47.4

注：表中数据根据国家统计局最新数据修订。
Note: Data are revised by National Bureau of Statistics of China.

生产法现价GDP与支出法现价GDP及其增长率比较
Comparison between production-based GDP and expenditure-based GDP at current price

年 Year	(1)生产法GDP Production-based GDP		(2)支出法GDP Expenditure-based GDP		(1)−(2)	
	绝对量(亿元) Absolute value (RMB100 million yuan)	现价增速(%) Growth rate at current price(%)	绝对量(亿元) Absolute value (RMB100 million yuan)	现价增速(%) Growth rate at current price(%)	绝对量(亿元) Absolute value (RMB100 million yuan)	现价增速(%) Growth rate at current price(%)
1978	3 645	13.8	3 606	13.9	40	-0.04
1979	4 063	11.5	4 093	13.5	-30	-2.06
1980	4 546	11.9	4 593	12.2	-47	-0.33
1981	4 892	7.6	5 009	9.1	-117	-1.45
1982	5 323	8.8	5 590	11.6	-267	-2.77
1983	5 963	12.0	6 216	11.2	-254	0.81
1984	7 208	20.9	7 363	18.4	-155	2.45
1985	9 016	25.1	9 077	23.3	-61	1.80
1986	10 275	14.0	10 509	15.8	-233	-1.80
1987	12 059	17.4	12 277	16.8	-219	0.53
1988	15 043	24.8	15 389	25.3	-346	-0.59
1989	16 992	13.0	17 311	12.5	-319	0.47
1990	18 668	9.9	19 348	11.8	-680	-1.90
1991	21 781	16.7	22 577	16.7	-796	-0.01
1992	26 923	23.6	27 565	22.1	-642	1.52
1993	35 334	31.2	36 938	34.0	-1 604	-2.76
1994	48 198	36.4	50 217	36.0	-2 020	0.46
1995	60 794	26.1	63 217	25.9	-2 423	0.24
1996	71 177	17.1	74 164	17.3	-2 987	-0.24
1997	78 973	11.0	81 659	10.1	-2 685	0.84
1998	84 402	6.9	86 532	6.0	-2 129	0.90
1999	89 677	6.3	91 125	5.3	-1 448	0.94
2000	99 215	10.6	98 749	8.4	466	2.27
2001	109 655	10.5	109 028	10.4	627	0.11
2002	120 333	9.7	120 476	10.5	-143	-0.76
2003	135 823	12.9	136 635	13.4	-812	-0.54
2004	159 878	17.7	160 800	17.7	-922	0.02
2005	184 937	15.7	187 131	16.4	-2 194	-0.70
2006	216 314	17.0	222 240	18.8	-5 926	-1.80
2007	265 810	22.9	265 834	19.6	-24	3.27
2008	314 045	18.1	314 901	18.5	-856	-0.31
2009	340 903	8.6	345 024	9.6	-4 121	-1.01
2010	401 202	17.7	394 308	14.3	6 894	3.40

注：表中数据根据国家统计局最新数据修订。
Note: Data are revised by National Bureau of Statistics of China.

投资率和消费率
Investment ratio and consumption ratio

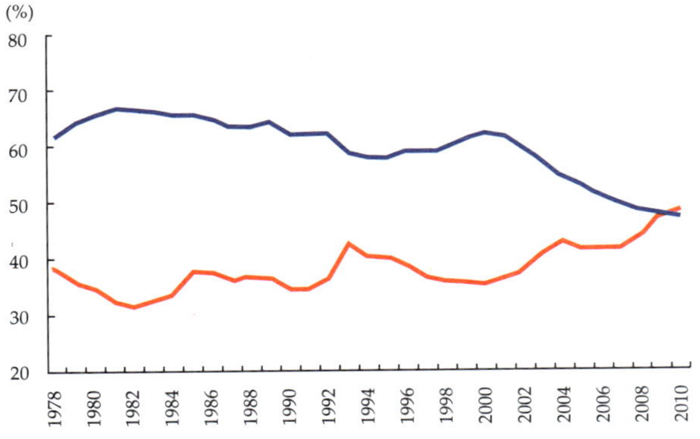

资本形成率（投资率） Capital formation ratio (investment ratio)
最终消费率（消费率） Final consumption ratio (consumption ratio)

生产法现价GDP与支出法现价GDP增速比较
Comparison of growth rate at current prices between production-based GDP and expenditure-based GDP

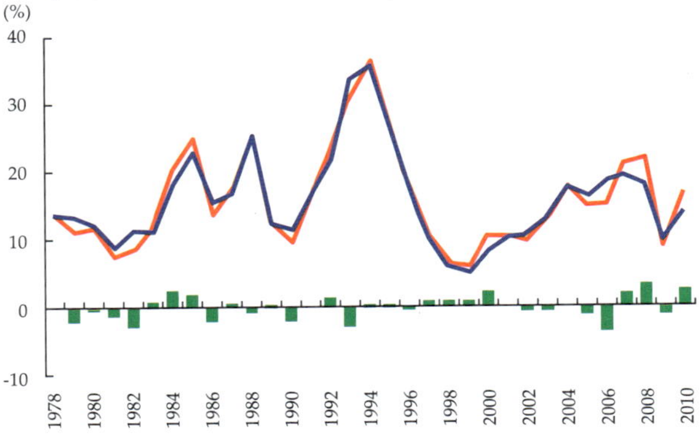

生产法现价GDP增速－支出法现价GDP增速 Gap between the two growth rates
生产法现价GDP增速 Growth rate of production-based GDP at current prices
支出法现价GDP增速 Growth rate of expenditure-based GDP at current prices

2. 社会消费品零售额
(2) Retail sales of consumer goods

月度社会消费品零售额
Monthly retail sales of consumer goods

单位：亿元
Unit: RMB 100 million yuan

年/月 Year/Month	社会消费品零售总额 Retail sales of consumer goods	当月同比增长率(%) Monthly growth rate(YOY)(%)	累计同比增长率(%) Accumulated growth rate(YOY)(%)
2010.01	12 718	14.0	14.0
2010.02	12 334	22.1	17.9
2010.03	11 322	18.0	17.9
2010.04	11 510	18.5	18.1
2010.05	12 455	18.7	18.2
2010.06	12 330	18.3	18.2
2010.07	12 253	17.9	18.2
2010.08	12 570	18.4	18.2
2010.09	13 537	18.8	18.3
2010.10	14 285	18.6	18.3
2010.11	13 911	18.7	18.4
2010.12	15 330	19.1	18.4
2011.01	15 249	19.9	19.9
2011.02	13 769	11.6	15.8
2011.03	13 588	17.4	16.3
2011.04	13 649	17.1	16.5
2011.05	14 697	16.9	16.6
2011.06	14 565	17.7	16.8
2011.07	14 408	17.2	16.8
2011.08	14 705	17.0	16.9
2011.09	15 865	17.7	17.0
2011.10	16 546	17.2	17.0
2011.11	16 129	17.3	17.0
2011.12	17 740	18.1	17.1

社会消费品零售总额与最终消费增长率的比较
Comparison of growth rate at current prices between retail sales of consumer goods and final consumption expenditure

单位：万亿元
Unit: RMB trillion yuan

年 Year	社会消费品零售总额 Retail sales of consumer goods	最终消费 Final consumption	社会消费品零售总额现价增长率(%) Growth rate at current prices of retail sales of consumer goods(%)	最终消费现价增长率(%) Growth rate at current prices of final consumption expenditure(%)
1991	0.94	1.41	13.4	16.6
1992	1.10	1.72	16.8	22.1
1993	1.43	2.19	29.8	27.3
1994	1.86	2.92	30.5	33.5
1995	2.36	3.67	26.8	25.7
1996	2.84	4.39	20.1	19.5
1997	3.13	4.81	10.2	9.6
1998	3.34	5.16	6.8	7.2
1999	3.56	5.56	6.8	7.8
2000	3.91	6.15	9.7	10.6
2001	4.31	6.69	10.1	8.7
2002	4.81	7.17	11.8	7.2
2003	5.25	7.74	9.1	8.0
2004	5.95	8.70	13.3	12.4
2005	6.72	9.78	12.9	12.4
2006	7.60	11.06	13.1	12.8
2007	8.90	12.88	16.8	16.6
2008	10.85	14.91	21.6	15.8
2009	12.53	16.61	15.5	9.0
2010	13.53	18.69	16.5	12.9

月度社会消费品零售额及其增长率
Monthly retail sales and growth rates of consumer goods

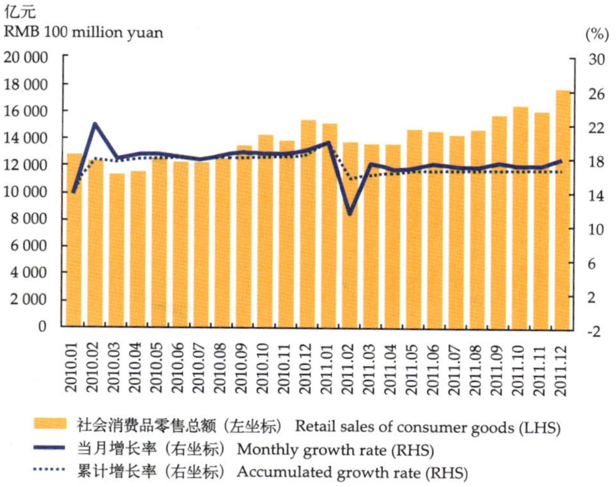

社会消费品零售总额及最终消费增长趋势
Growth trend of retail sales of consumer goods and final consumption expenditure

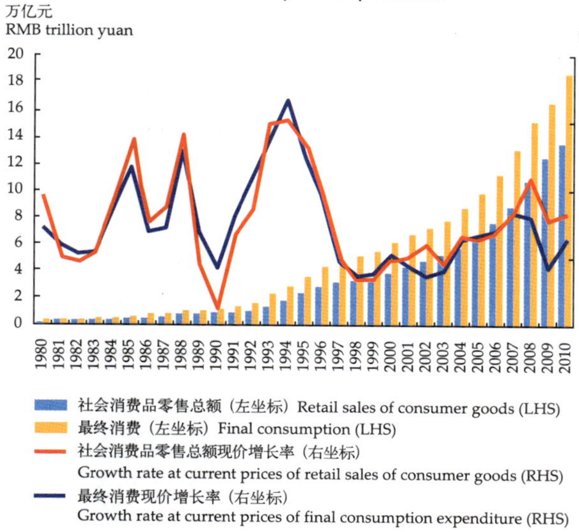

3.固定资产投资完成额
(3) Completed fixed-asset investment

固定资产投资（不含农户）完成额
Completed investment in fixed asset (excluding rural households)

单位：亿元
Unit: RMB 100 million yuan

年/月 Year/Month	投资完成额 Investment completed	增长率(%) Growth rate (%)
	—	—
2011 1~2	17 444.2	24.9
1~3	39 464.9	25.0
1~4	62 716.2	25.4
1~5	90 254.5	25.8
1~6	124 566.7	25.6
1~7	152 419.9	25.4
1~8	180 607.6	25.0
1~9	212 274.0	24.9
1~10	241 365.1	24.9
1~11	269 452.1	24.5
1~12	301 932.8	23.8

注：自2011年起，投资项目统计起点标准由原来的50万元调整为500万元，“固定资产投资（不含农户）”等于原口径的城镇固定资产投资加上农村企事业组织项目投资。
Note: Since 2011, investment indicatiors are calculated using new threshold criteria of RMB5 million yuan instead of RMB500 thousand yuan in the past."investment in fixed assets(excluding rural households)" equils to "investment in fixed assets in urban area" under the old criteria plus "investment of rural enterprises and institutions".

固定资产投资完成额和固定资本形成总额的比较
Comparison of completed fixed-asset investment and gross capital formation

单位：万亿元
Unit: RMB trillion yuan

年 Year	全社会固定资产投资完成额 Total completed fixed-asset investment	固定资本形成总额 Gross capital formation	全社会固定资产投资现价增长率(%) Growth rate of total fixed-asset investment at current prices(%)	固定资本形成总额现价增长率(%) Growth rate of gross capital formation at current prices(%)
1991	0.56	0.61	23.9	25.7
1992	0.81	0.85	44.4	40.3
1993	1.31	1.33	61.8	56.3
1994	1.70	1.73	30.4	30.1
1995	2.00	2.09	17.5	20.6
1996	2.29	2.40	14.5	15.1
1997	2.49	2.60	8.8	8.0
1998	2.84	2.86	13.9	10.0
1999	2.99	3.05	5.1	6.9
2000	3.29	3.38	10.3	10.9
2001	3.72	3.78	13.1	11.6
2002	4.35	4.36	16.9	15.6
2003	5.56	5.35	27.7	22.6
2004	7.05	6.51	26.8	21.7
2005	8.88	7.73	26.0	18.7
2006	10.99	9.02	24.0	16.6
2007	13.72	10.54	24.8	17.0
2008	17.28	13.83	25.9	24.7
2009	22.48	16.23	30.1	17.3
2010	27.81	19.17	23.7	16.6

注：表中数据根据国家统计局最新数据修订。
Note: Data are revised by National Bureau of Statistics of China.

固定资产投资（不含农户）完成额
Completed investment in fixed assets (excluding rural households)

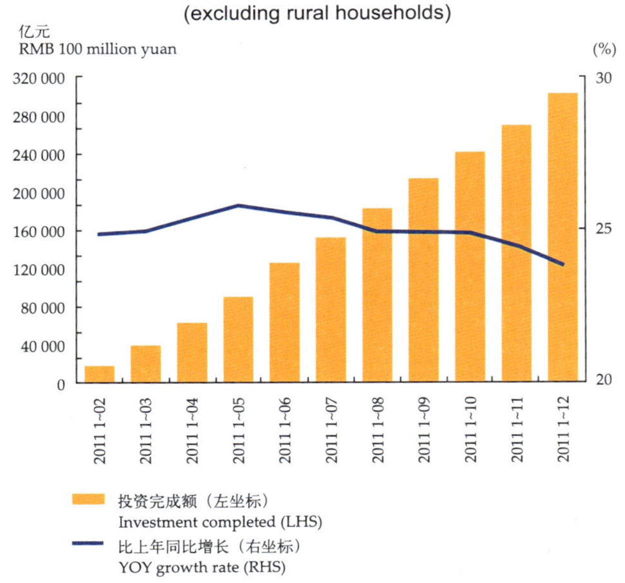

固定资产投资完成额和固定资本形成总额
Completed fixed-asset investment and gross capital formation

按建设性质分固定资产投资（不含农户）累计完成额及增长率

Completed investment in fixed assets (excluding rural households) and growth rate by type of construction

年/月 Year/Month	绝对值(亿元) Absolute value (RMB 100 million yuan)			增长率(%) Growth rate (%)		
	新建 New construction	扩建 Expansion	改建 Transformation	新建 New construction	扩建 Expansion	改建 Transformation
	—	—	—	—	—	—
2011 1~2	8460.4	2 248.8	1 875.0	29.8	12.6	14.4
1~3	19 059.2	5 388.8	4 657.0	29.7	11.9	16.5
1~4	30 687.5	8 652.1	7 655.2	29.8	11.8	20.2
1~5	44 231.4	12 671.8	11 166.0	29.0	14.0	23.1
1~6	60 275.5	17 410.0	15 760.2	29.1	14.6	23.2
1~7	73 498.9	21 484.5	19 503.9	28.2	14.2	22.8
1~8	87 052.0	25 617.4	23 081.0	28.1	14.9	21.2
1~9	102 195.4	29 994.5	27 287.1	28.0	14.9	20.7
1~10	115 613.0	34 045.0	31 826.7	27.4	15.6	22.1
1~11	128 538.4	37 929.5	36 036.5	26.5	16.6	22.0
1~12	143 794.4	42 169.6	41 081.2	26.5	16.3	21.2

注：按建设性质分组的投资不含房地产投资。
Note: Investment grouped by type of construction does not include real estate investment.

按建筑性质分固定资产投资（不含农户）完成额构成变化

Completed investment in fixed assets (excluding rural households) by type of construction

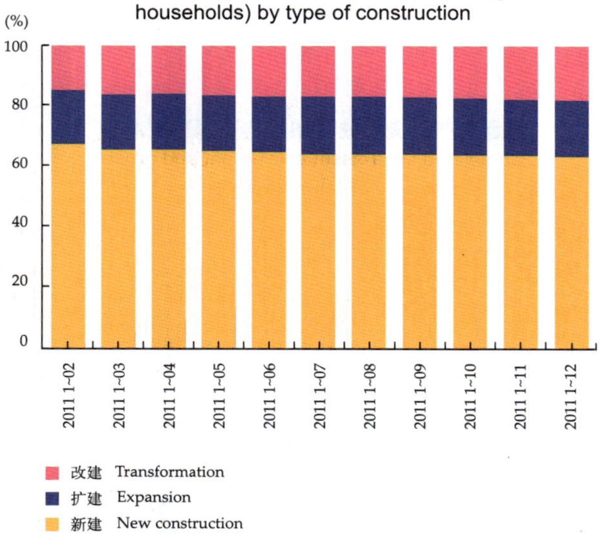

按建筑性质分固定资产投资（不含农户）完成额增长趋势

Growth of monthly accumulated completed investment in fixed assets (excluding rural households) by type of construction

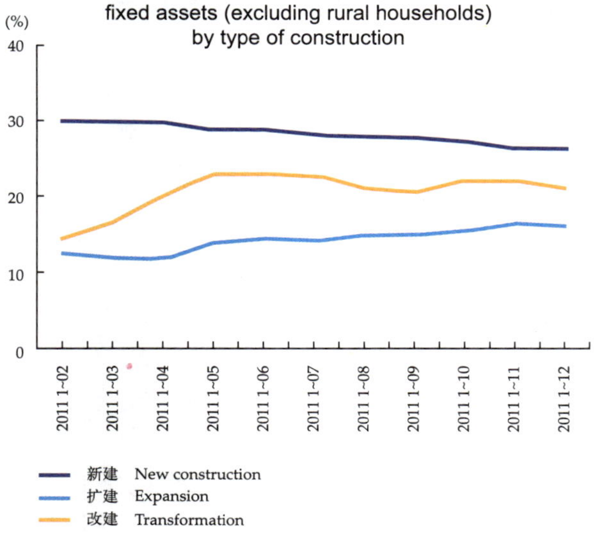

按隶属关系分固定资产投资（不含农户）累计完成额及增长率

Composition of monthly accumulated completed investment in fixed assets (excluding rural households) and growth rate by administrative relationship

年/月 Year/Month	绝对值(亿元) Absolute value (RMB 100 million yuan)		增长率(%) Growth rate (%)	
	中央项目 Central government projects	地方项目 Local government projects	中央项目 Central government projects	地方项目 Local government projects
	—	—	—	—
2011 1~2	1 385	16 060	6.3	26.9
1~3	2 540	36 925	3.0	26.8
1~4	4 124	58 593	2.6	27.4
1~5	5 670	84 584	0.3	28.0
1~6	7 360	117 207	-3.8	28.1
1~7	9 075	143 345	-4.7	28.0
1~8	10 722	169 885	-8.9	28.1
1~9	12 445	199 829	-7.5	27.7
1~10	14 260	227 105	-8.5	27.9
1~11	16 212	253 241	-8.5	27.5
1~12	20 209	281 724	-9.7	27.2

按隶属关系分固定资产投资（不含农户）完成额

Completed investment in fixed assets (excluding rural households) by administrative relationship

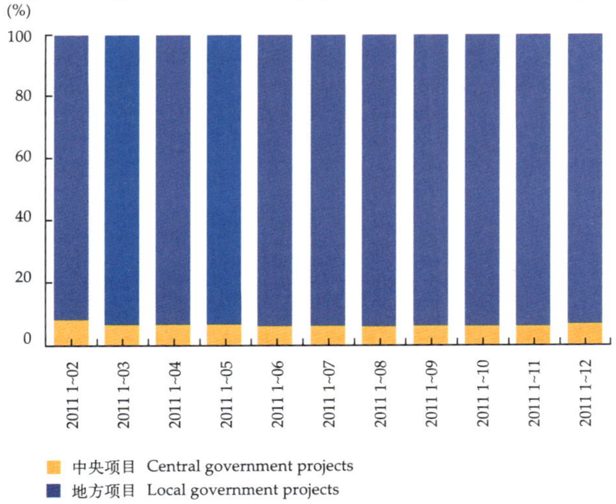

按隶属关系分固定资产投资（不含农户）完成额增长趋势

Growth of monthly accumulated completed investment in fixed assets (excluding rural households) by administrative relationship

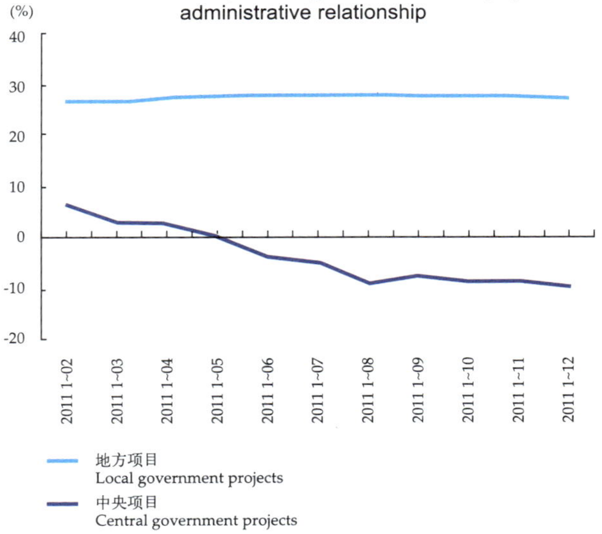

固定资产投资月度累计新开工项目数
Number of monthly accumulated urban newly started projects of fixed-asset investment

单位：万个 Unit: 10 000

	2007	2008	2009	2010	2011
1月 Jan.	—	—	—	—	—
2月 Feb.	1.01	1.45	1.85	1.85	1.72
3月 Mar.	3.11	3.85	5.29	5.88	5.33
4月 Apr.	5.17	5.97	8.64	8.52	8.73
5月 May	7.47	8.44	12.39	11.81	12.46
6月 Jun.	11.04	12.30	17.61	17.52	16.71
7月 Jul.	13.21	14.45	20.57	20.48	19.80
8月 Aug.	14.98	16.57	23.49	23.23	22.71
9月 Sept.	17.01	19.07	26.93	25.68	25.69
10月 Oct.	19.11	20.81	29.34	28.03	28.77
11月 Nov.	21.11	22.88	31.70	30.19	31.37
12月 Dec.	23.19	25.26	34.48	33.00	33.29

注：自2011年起，固定资产投资等于原口径的城镇固定资产投资加上农村企事业组织项目投资（不含农户）。
Note: Since 2011, "investment in fixed assets" equals to "investment in fixed assets in urban area" under the old criteria plus "investment of rural enterprises and institutions(excluding rural households)".

固定资产投资月度累计施工项目数
Number of monthly accumulated urban under-construction projects of fixed-asset investment

单位：万个 Unit: 10 000

	2007	2008	2009	2010	2011
1月 Jan.	—	—	—	—	—
2月 Feb.	5.55	6.74	7.87	9.28	9.81
3月 Mar.	9.29	10.84	12.91	15.37	16.06
4月 Apr.	12.27	13.79	17.25	18.99	20.70
5月 May	15.11	16.85	21.64	23.48	25.21
6月 Jun.	19.32	21.40	27.53	29.93	30.17
7月 Jul.	21.78	23.85	30.89	33.78	33.64
8月 Aug.	23.70	26.10	33.98	36.27	36.80
9月 Sept.	25.91	28.83	37.65	38.95	39.98
10月 Oct.	28.25	30.68	40.22	41.52	43.33
11月 Nov.	30.28	32.90	42.95	43.98	46.10
12月 Dec.	32.77	35.72	46.15	47.19	48.32

固定资产投资月度累计新开工项目数
Number of monthly accumulated newly started projects of fixed-asset investment

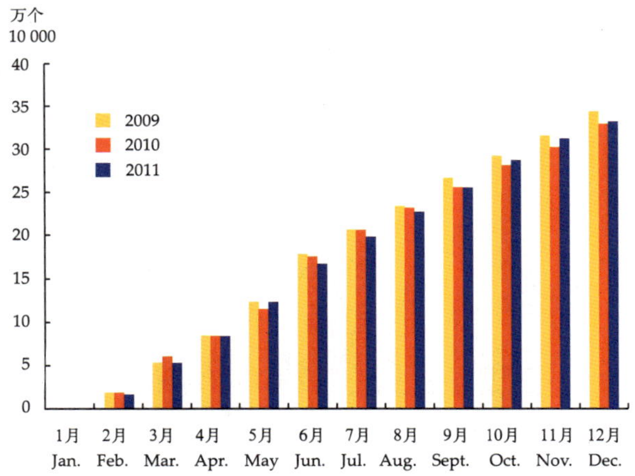

固定资产投资月度累计施工项目数
Number of monthly accumulated urban under-construction projects of fixed-asset investment

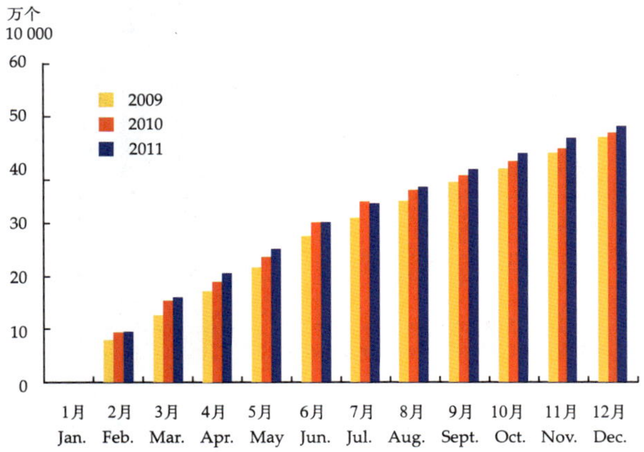

2011年分省固定资产投资（不含农户）完成额及增长率
Accumulated completed investment in fixed assets (excluding rural households) and growth rate by province in 2011

单位：亿元 Unit: RMB 100 million yuan

	固定资产投资（不含农户）完成额 Accumulated completed investment in fixed assets (excluding rural households)	增长率(%) Growth rate (%)
Qinghai 青 海	136 599.0	62.6
Zhejiang 浙 江	1 365 148.3	60.1
Jiangsu 江 苏	2 629 939.9	51.0
Xinjiang 新 疆	444 498.6	46.8
Guizhou 贵 州	373 407.5	43.1
Gansu 甘 肃	386 599.5	37.7
Shandong 山 东	2 592 845.0	37.6
Guangdong 广 东	1 668 844.2	32.5
Hunan 湖 南	1 136 051.4	31.8
Fujian 福 建	969 255.5	31.2
Hubei 湖 北	1 222 370.8	30.0
Hainan 海 南	161 140.9	28.1
Tibet 西 藏	51 631.0	27.3
Sichuan 四 川	1 370 529.4	23.9
Shaanxi 陕 西	683 741.5	23.7
Ningxia 宁 夏	158 346.4	22.5
Hebei 河 北	1 579 522.1	22.2
Henan 河 南	1 693 214.8	21.5
Shanxi 山 西	912 371.6	20.5
Tianjin 天 津	704 047.8	19.4
Chongqing 重 庆	736 615.1	19.4
Guangxi 广 西	756 389.2	18.5
Inner Mongolia 内蒙古	1 029 168.8	18.3
Yunnan 云 南	592 700.8	17.3
Anhui 安 徽	1 198 601.6	16.6
Liaoning 辽 宁	1 743 146.1	15.4
Heilongjiang 黑龙江	720 633.3	14.5
Beijing 北 京	551 986.3	12.3
Jiangxi 江 西	875 610.2	11.4
Shanghai 上 海	487 700.6	5.3
Jilin 吉 林	722 164.3	-2.3

2011年分省固定资产投资（不含农户）完成额及增长率
Accumulated completed investment in fixed assets (excluding rural households) and growth rate by province in 2011

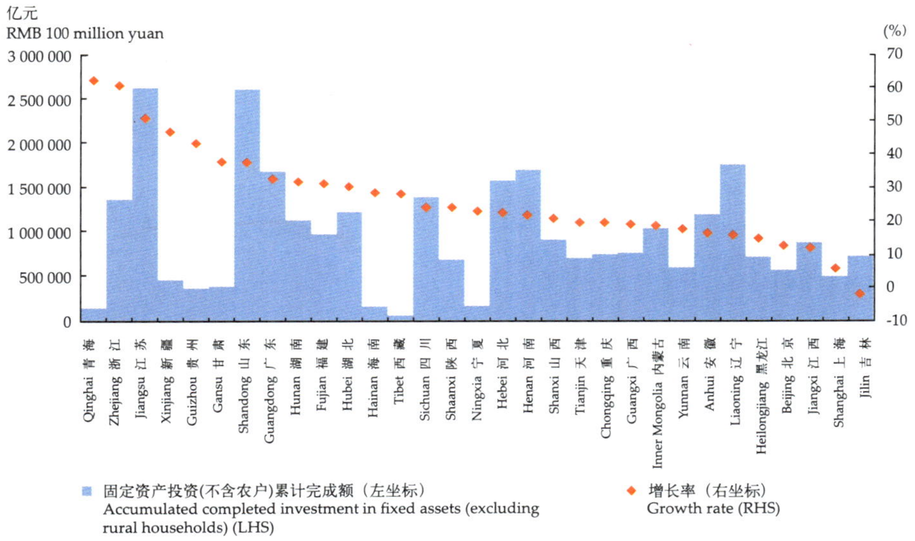

4.房地产
(4) Real estate development

房地产开发投资按工程用途分的完成额及增长率
Real estate development investment completed and growth rate by purpose of engineering

单位：亿元　Unit: RMB 100 million yuan

年/月 Year/Month	房地产开发投资完成额 Real estate development investment completed		按工程用途分 By purpose of engineering							
			住宅投资 Residential building investment		办公楼投资 Office building investment		商业用房投资 Commercial and business building investment		其他投资 Other investment	
	绝对值 Absolute value	增长率(%) Growth rate (%)	绝对值 Absolute value	增长率(%) Growth rate (%)	绝对值 Absolute value	增长率(%) Growth rate (%)	绝对值 Absolute value	增长率(%) Growth rate (%)	绝对值 Absolute value	增长率(%) Growth rate (%)
2010.01	—	—	—	—	—	—	—	—	—	—
2010.02	3 144	31.1	2 233	32.8	149	32.2	371	30.4	391	22.5
2010.03	6 594	35.1	4 552	33.0	303	43.6	755	30.6	985	47.1
2010.04	9 932	36.2	6 854	34.0	447	54.2	1 148	32.1	1 483	45.8
2010.05	13 917	38.2	9 643	35.7	591	53.0	1 612	35.0	2 071	49.8
2010.06	19 747	38.1	13 692	34.4	846	59.7	2 271	34.5	2 938	55.5
2010.07	23 865	37.2	16 709	34.5	983	48.4	2 779	35.3	3 395	50.9
2010.08	28 355	36.7	19 876	33.9	1 134	40.8	3 291	34.3	4 054	53.6
2010.09	33 511	36.4	23 512	33.8	1 300	36.0	3 865	33.3	4 834	54.6
2010.10	38 070	36.5	26 683	33.8	1 447	33.4	4 375	33.9	5 564	55.2
2010.11	42 697	36.5	30 022	34.2	1 616	34.1	4 898	34.3	6 161	52.1
2010.12	48 267	33.2	34 038	32.9	1 807	31.2	5 599	33.9	6 824	34.6
2011.01	—	—	—	—	—	—	—	—	—	—
2011.02	4 250	35.2	3 014	34.9	193	29.6	507	36.7	537	37.4
2011.03	8 846	34.1	6 253	37.4	361	19.1	1 058	40.2	1 174	19.2
2011.04	13 340	34.3	9 497	38.6	541	21.0	1 547	34.7	1 756	18.4
2011.05	18 737	34.6	13 290	37.8	748	26.5	2 193	36.0	2 506	21.0
2011.06	26 250	32.9	18 641	36.1	1 068	26.2	3 147	38.6	3 394	15.5
2011.07	31 873	33.6	22 789	36.4	1 286	30.9	3 807	37.0	3 991	17.6
2011.08	37 781	33.2	27 118	36.4	1 508	33.0	4,509	37.0	4 647	14.6
2011.09	44 225	32.0	31 788	35.2	1 742	34.0	5 259	36.1	5 436	12.5
2011.10	49 923	31.1	35 832	34.3	2 029	40.2	5 927	35.5	6 134	10.2
2011.11	55 483	29.9	39 857	32.8	2 278	41.0	6 614	35.0	6 734	9.3
2011.12	61 740	27.9	44 308	30.2	2 544	40.7	7 370	30.5	7 518	10.9

房地产开发投资按工程用途分的构成变化
Change in composition of real estate development investment by purpose of engineering

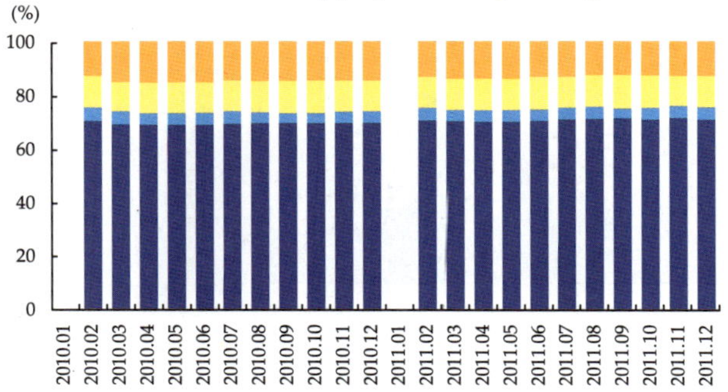

- 其他投资　Other investment
- 商业用房投资　Commercial and business building investment
- 办公楼投资　Office building investment
- 住宅投资　Residential building investment

房地产开发投资按工程用途分的增长趋势
Growth of composition of real estate development investment by purpose of engineering

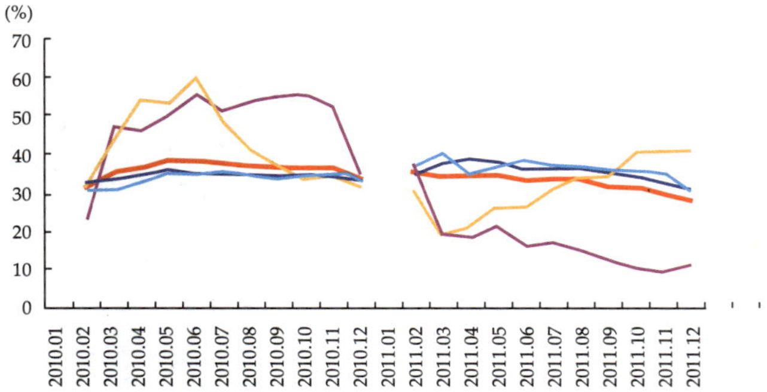

- 房地产开发投资完成额　Real estate development investment completed
- 住宅投资　Residential building investment
- 办公楼投资　Office building investment
- 商业用房投资　Commercial and business building investment
- 其他投资　Other investment

房地产开发投资按地区分的完成额及增长率
Real estate development investment completed and growth rate by region

单位：亿元　Unit: RMB 100 million yuan

年/月 Year/Month	东部地区投资 Investment in eastern area		中部地区投资 Investment in central area		西部地区投资 Investment in western area	
	绝对值 Absolute value	增长率(%) Growth rate (%)	绝对值 Absolute value	增长率(%) Growth rate (%)	绝对值 Absolute value	增长率(%) Growth rate (%)
2010.01	—	—	—	—	—	—
2010.02	2 020	29.4	551	31.9	572	36.4
2010.03	4 164	35.8	1 183	28.2	1 248	40.1
2010.04	6 117	37.3	1 866	30.2	1 949	39.1
2010.05	8 564	41.1	2 678	32.3	2 675	35.7
2010.06	11 860	40.3	3 989	33.2	3 898	37.0
2010.07	14 188	38.8	4 915	33.1	4 762	37.0
2010.08	16 742	38.1	5 910	32.5	5 704	37.3
2010.09	19 711	38.3	7 077	32.1	6 723	35.8
2010.10	22 293	38.3	8 113	32.6	7 664	35.8
2010.11	24 907	37.8	9 094	33.1	8 696	36.6
2010.12	28 009	32.7	10 517	32.5	9 741	35.4
2011.01	—	—	—	—	—	—
2011.02	2 641	30.7	770	39.7	840	46.8
2011.03	5 465	31.2	1 647	39.3	1 735	39.0
2011.04	8 119	32.7	2 538	36.0	2 684	37.7
2011.05	11 240	31.2	3 655	36.5	3 842	43.6
2011.06	15 438	30.2	5 413	35.7	5 400	38.5
2011.07	18 594	31.1	6 645	35.2	6 634	39.3
2011.08	21 855	30.5	7 965	34.8	7 961	39.6
2011.09	25 476	29.2	9 417	33.1	9 331	38.8
2011.10	28 712	28.8	10 649	31.3	10 562	37.8
2011.11	31 997	28.5	11 754	29.2	11 731	34.9
2011.12	35 607	27.1	13 197	25.5	12 936	32.8

房地产开发投资按地区分的构成变化
Change in composition of real estate development investment by region

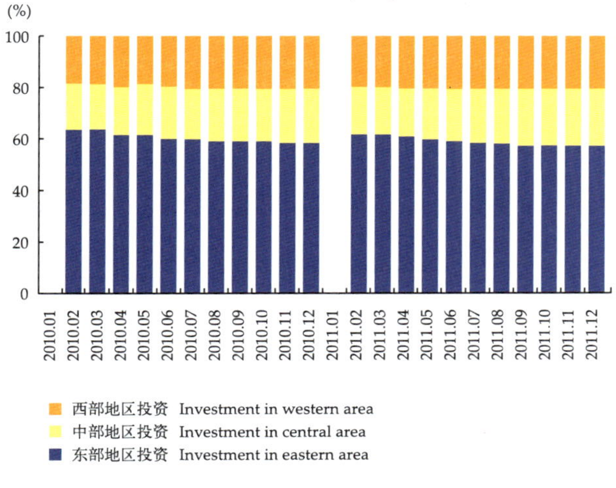

房地产开发投资按地区分的增长趋势
Growth of composition of real estate development investment by region

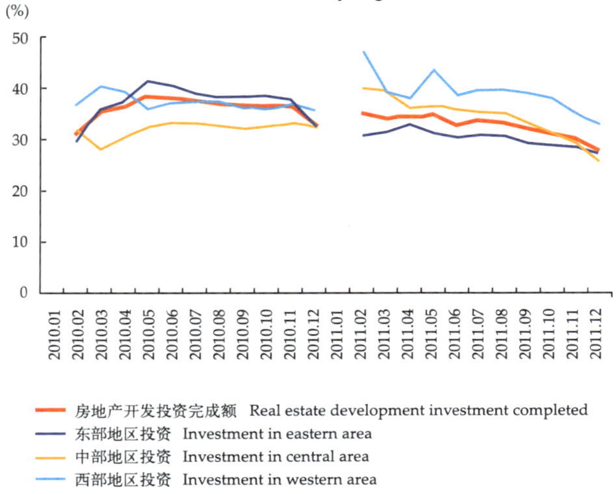

商品房建筑与销售
Construction and sales of commercial buildings

单位：亿平方米、亿元
Unit: 100 million square meters, RMB 100 million yuan

年/月 Year/Month	施工面积 Area under construction	同比增长(%) YOY growth(%)	竣工面积 Area completed	同比增长(%) YOY growth(%)	销售面积 Area sold	同比增长(%) YOY growth(%)	销售面积与竣工面积之比 Ratio of sold to completed areas	月度累计销售额 Monthly accumulated sales volume	增长率(%) Growth rate (%)
2010.01	—	—	—	—	—	—	—	—	—
2010.02	21.0	29.3	0.6	8.2	0.7	38.2	117	4 116	70.2
2010.03	24.2	35.5	1.1	12.0	1.5	35.8	138	7 977	57.7
2010.04	26.5	31.7	1.5	13.5	2.3	32.8	156	12 425	55.4
2010.05	28.5	30.5	1.9	18.1	3.0	22.5	158	15 760	38.4
2010.06	30.8	28.7	2.4	18.2	3.9	15.4	161	19 820	25.4
2010.07	32.4	29.4	2.9	12.6	4.6	9.7	160	22 886	16.8
2010.08	33.9	29.1	3.2	10.7	5.3	6.7	163	26 418	12.6
2010.09	35.5	28.1	3.7	10.4	6.3	8.2	171	31 917	15.9
2010.10	37.0	28.3	4.2	11.4	7.2	9.1	173	36 992	17.3
2010.11	38.4	28.6	4.8	9.6	8.3	9.8	170	42 278	17.5
2010.12	40.6	26.9	7.6	8.2	10.4	11.3	137	52 479	19.3
2011.01	—	—	—	—	—	—	—	—	—
2011.02	29.1	39.0	0.7	13.9	0.8	13.8	117	5,242	27.4
2011.03	32.7	35.2	1.3	15.4	1.8	14.9	137	10,152	27.3
2011.04	35.2	33.2	1.7	14.0	2.5	6.3	145	14,078	13.3
2011.05	37.8	32.4	2.2	12.9	3.3	9.1	152	18,620	18.1
2011.06	40.6	31.6	2.8	12.8	4.4	12.9	161	24,589	24.1
2011.07	42.4	30.8	3.2	13.4	5.2	13.6	160	28,852	26.1
2011.08	44.3	30.5	3.7	14.7	6.0	13.6	161	33,264	25.9
2011.09	46.1	29.7	4.3	17.8	7.1	12.9	164	39,312	23.2
2011.10	47.5	28.4	5.0	18.5	8.0	10.0	160	43,826	18.5
2011.11	49.1	27.9	5.9	22.3	9.0	8.5	151	49,047	16.0
2011.12	50.8	25.3	8.9	17.5	11.0	5.4	123	59,119	12.7

商品房施工面积、竣工面积与销售面积
Area of commercial housing under construction, completed, and sold

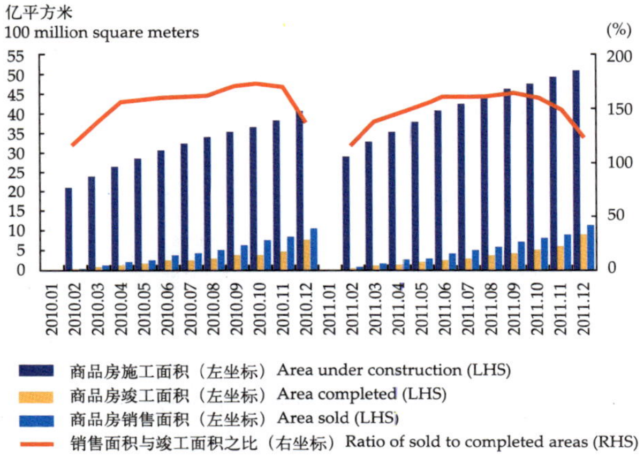

商品房施工面积、竣工面积与销售面积增长趋势
Growth of area of commercial housing under construction, completed, and sold

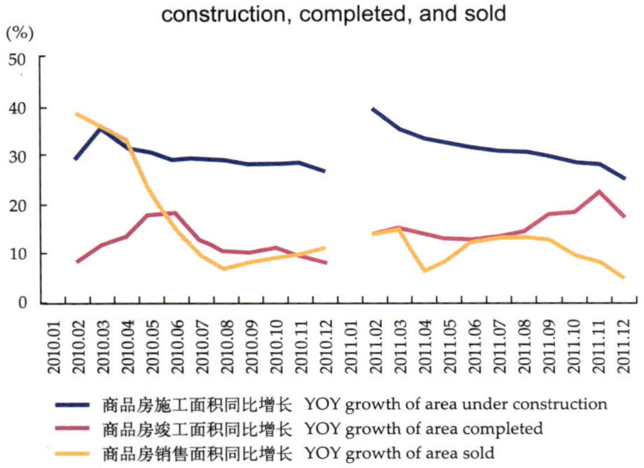

商品房销售额及其增长率
Sales volume of commercial housing and its growth rate

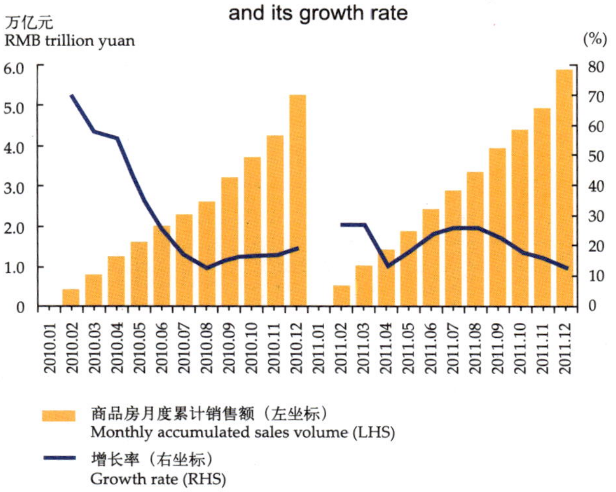

住宅在商品房施工面积、竣工面积与销售面积中所占的比重
Share of residences in commercial housing under construction, completed, and sold

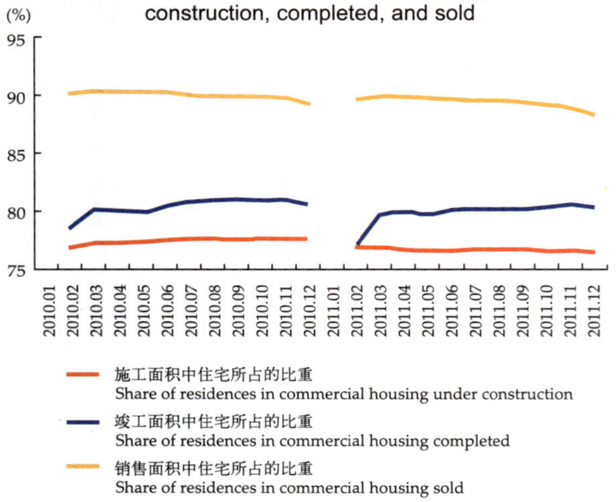

主要经济指标环比增速
MOM growth rates of main economic indicators

年/季 Year/Quarter	国内生产总值 Gross domestic product (%)	年/月 Year/Month		规模以上工业增加值 Value added of industry (%)	固定资产投资（不含农户） Completed investment in fixed assets（excluding rural households）(%)	社会消费品零售总额 Retail sales of consumer goods (%)
2011		2011	1			
			2	0.95	0.18	1.30
I	2.1		3	1.14	1.66	1.35
			4	0.93	2.32	1.33
			5	0.96	0.94	1.31
II	2.3		6	1.36	-0.38	1.40
			7	0.84	1.01	1.30
			8	0.94	1.61	1.29
III	2.3		9	1.14	-0.02	1.35
			10	0.91	1.10	1.30
			11	0.93	-0.41	1.28
IV	2.0		12	1.10	-0.14	1.41

注：1. 自2011年4月起，国家统计局对外公布国内生产总值、规模以上工业增加值、固定资产投资（不含农户）、社会消费品零售总额四项统计指标的经季节调整的环比数据。
　　2. 表中数据根据国家统计局最新数据修订。

Notes: 1. From April 2011, National Bureau of Statistics began to pubilsh four seasonlly-adjusted MOM indices, namely: gross domestic product, value added of industry, completed investment in fixed assets（excluding rural households）, retail sales of consumer goods.
　　2. Data are revised by National Bureau of Statistics of China.

五、对外部门
5. External Sector

1.外贸
(1)Foreign trade

据世界贸易组织统计，2010年，我国货物贸易出口总值为15 780亿美元，占世界货物贸易出口总值15.24万亿美元的10.4%，比2009年上升了0.8个百分点，在全球货物贸易出口排名中居第一位。2010年，我国货物贸易进口总值为13 950亿美元，占世界货物贸易进口总值15.38万亿美元的9.1%，比2009年提高了1.1个百分点，在全球货物贸易进口中排名居第二位，位于美国之后。

According to WTO statistics, in 2010, China's export volume of goods totaled USD1,578 billion, and its share in the world total of USD15.24 trillion rose by 0.8 percentage point to 10.4 percent, ranking 1st in the world. China's import volume of goods reached USD1,395 billion, accounting for 9.1 percent of the world total of USD15.38 trillion, 1.1 percentage points higher than that in 2009. China ranks 2nd in the world after the U.S. in terms of goods imports.

2010年世界货物贸易出口前十位排名

Top ten economies in the world in terms of goods exported in 2010

			出口(10亿美元) Exports (USD billion)	比重(%) Share (%)
	世界	World total	15 238	100
1	中国	China	1 578	10.4
2	美国	U.S.	1 278	8.4
3	德国	Germany	1 269	8.3
4	日本	Japan	770	5.1
5	荷兰	Netherlands	572	3.8
6	法国	France	521	3.4
7	韩国	Korea	466	3.1
8	意大利	Italy	448	2.9
9	比利时	Belgium	411	2.7
10	英国	U.K.	405	2.7

2010年世界货物贸易进口前十位排名

Top ten economies in the world in terms of goods imported in 2010

			进口(10亿美元) Imports (USD billion)	比重(%) Share (%)
	世界	World total	15 376	100.0
1	美国	U.S.	1 968	12.8
2	中国	China	1 395	9.1
3	德国	Germany	1 067	6.9
4	日本	Japan	693	4.5
5	法国	France	606	3.9
6	英国	U.K.	558	3.6
7	荷兰	Netherlands	517	3.4
8	意大利	Italy	484	3.1
9	中国香港	HK SAR of China	442	2.9
10	比利时	Belgium	425	2.8

年度进出口额及其增长率
Annual imports & exports and growth rates

单位：亿美元
Unit: USD 100 million

年 Year	进出口 Imports & Exports 总额 Total value	进出口 Imports & Exports 增长率(%) Growth rate (%)	出口 Exports 总额 Total value	出口 Exports 增长率(%) Growth rate (%)	进口 Imports 总额 Total value	进口 Imports 增长率(%) Growth rate (%)	进出口差额 Trade balance
1986	738	6.1	309	13.1	429	1.6	-120
1987	827	11.9	394	27.5	432	0.7	-38
1988	1 028	24.4	475	20.5	553	27.9	-78
1989	1 117	8.7	525	10.6	591	7.0	-66
1990	1 154	3.4	621	18.2	533	-9.8	87
1991	1 357	17.6	719	15.8	638	19.6	81
1992	1 655	22.0	849	18.1	806	26.3	44
1993	1 957	18.2	917	8.0	1 040	29.0	-122
1994	2 366	20.9	1 210	31.9	1 156	11.2	54
1995	2 809	18.7	1 488	23.0	1 321	14.2	167
1996	2 899	3.2	1 510	1.5	1 388	5.1	122
1997	3 252	12.2	1 828	21.0	1 424	2.5	404
1998	3 239	-0.4	1 837	0.5	1 402	-1.5	435
1999	3 606	11.3	1 949	6.1	1 657	18.2	292
2000	4 743	31.5	2 492	27.8	2 251	35.8	241
2001	5 097	7.5	2 661	6.8	2 436	8.2	225
2002	6 208	21.8	3 256	22.4	2 952	21.2	304
2003	8 510	37.1	4 382	34.6	4 128	39.8	255
2004	11 546	35.7	5 933	35.4	5 612	36.0	321
2005	14 219	23.2	7 620	28.4	6 600	17.6	1 020
2006	17 604	23.8	9 689	27.2	7 915	19.9	1 775
2007	21 766	23.6	12 205	25.9	9 561	20.8	2 643
2008	25 633	17.8	14 307	17.2	11 326	18.5	2 981
2009	22 075	-13.9	12 016	-16.0	10 059	-11.2	1 957
2010	29 740	34.7	15 778	31.3	13 962	38.8	1 815
2011	36 419	22.5	18 986	20.3	17 433	24.9	1 553

注：图中数据根据海关总署最新数据修订。
Note: Data are revised by General Administration of Customs of the People's Republic of China.

出口总值与GDP之比
Total exports over GDP

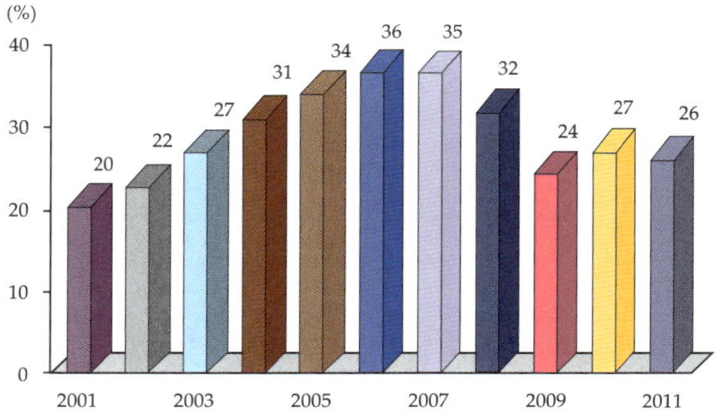

注：图中数据根据国家统计局最新数据修订。
Note: Data are revised by National Bureau of Statistics of China.

贸易差额
Trade balance

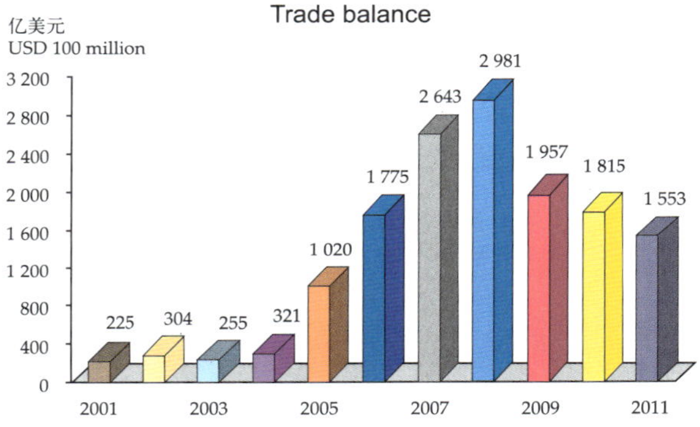

贸易总额及其增长趋势
Total trade volume and growth rates

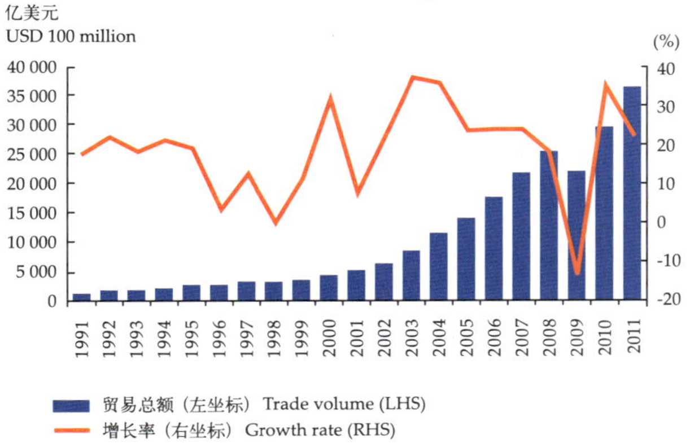

贸易总额与GDP之比
Total trade volume over GDP

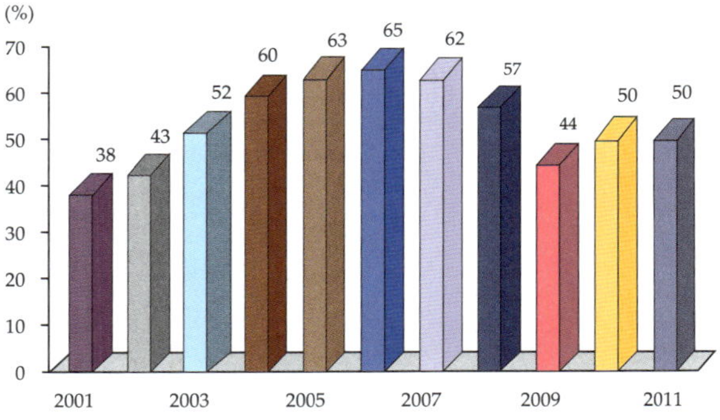

注：图中数据根据国家统计局最新数据修订。
Note: Data are revised by National Bureau of Statistics of China.

当月进出口总值及其增长率
Total monthly imports, exports, and growth rates

单位：亿美元
Unit: USD 100 million

年/月 Year/Month	出口总值 Total exports	进口总值 Total imports	出口同比增长率(%) Growth rate of exports (YOY)(%)	进口同比增长率(%) Growth rate of imports (YOY)(%)	当月差额 Monthly trade balance
2010.01	1 095	953	21.0	85.5	142
2010.02	945	869	45.7	44.7	76
2010.03	1 121	1 193	24.3	66.0	-72
2010.04	1 199	1 182	30.5	49.7	17
2010.05	1 318	1 122	48.5	48.3	195
2010.06	1 374	1 174	43.9	34.1	200
2010.07	1 455	1 168	38.1	22.7	287
2010.08	1 393	1 193	34.4	35.2	200
2010.09	1 450	1 281	25.1	24.1	169
2010.10	1 360	1 088	22.9	25.3	271
2010.11	1 533	1 304	34.9	37.7	229
2010.12	1 541	1 411	17.9	25.6	131
2011.01	1 507	1 443	37.7	51.0	65
2011.02	967	1 041	2.4	19.5	-73
2011.03	1 522	1 521	35.8	27.3	1
2011.04	1 557	1 443	29.9	21.8	114
2011.05	1 572	1 441	19.4	28.4	130
2011.06	1 620	1 397	17.9	19.3	223
2011.07	1 751	1 436	20.3	23.0	315
2011.08	1 733	1 556	24.4	30.4	178
2011.09	1 697	1 552	17.0	21.1	145
2011.10	1 575	1 405	15.8	29.1	170
2011.11	1 745	1 599	13.8	22.6	145
2011.12	1 747	1 582	13.3	12.1	165

月度累计进出口总值及其增长率
Total accumulated monthly imports,exports, and growth rates

单位：亿美元
Unit: USD 100 million

年/月 Year/Month	累计出口总值 Accumulated total exports	累计进口总值 Accumulated total imports	累计出口同比增长率(%) Growth rate of accumulated exports (YOY) (%)	累计进口同比增长率(%) Growth rate of accumulated imports (YOY) (%)	累计贸易差额 Accumulated trade balance
2010.01	1 095	953	21.0	85.5	142
2010.02	2 041	1 823	31.4	63.6	218
2010.03	3 162	3 017	28.7	64.6	145
2010.04	4 361	4 199	29.2	60.1	161
2010.05	5 677	5 324	33.2	57.5	354
2010.06	7 051	6 498	35.2	52.7	553
2010.07	8 505	7 666	35.6	47.2	839
2010.08	9 897	8 858	35.5	45.5	1 039
2010.09	11 346	10 140	34.0	42.4	1 206
2010.10	12 706	11 228	32.7	40.5	1 478
2010.11	14 238	12 534	33.0	40.3	1 704
2010.12	15 781	13 945	31.3	38.6	1 836
2011.01	1 507	1 443	37.7	51.0	65
2011.02	2 475	2 484	21.3	36.0	-9
2011.03	3 996	4 006	26.5	32.6	-10
2011.04	5 553	5 450	27.4	29.6	103
2011.05	7 124	6 894	25.5	29.4	230
2011.06	8 744	8 291	24.0	27.6	449
2011.07	10 492	9 745	23.4	27.1	747
2011.08	12 225	11 301	23.5	27.6	924
2011.09	13 921	12 852	22.7	26.7	1 069
2011.10	15 495	14 253	21.9	26.9	1 241
2011.11	17 239	15 852	21.1	26.5	1 387
2011.12	18 986	17 433	20.3	25.0	1 553

当月进出口总值及其增长率
Total monthly imports, exports, and growth rates

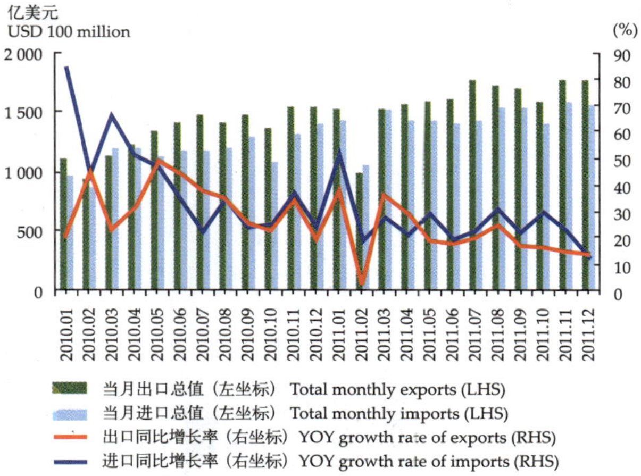

月度累计进出口总值及其增长率
Total accumulated monthly imports, exports, and growth rates

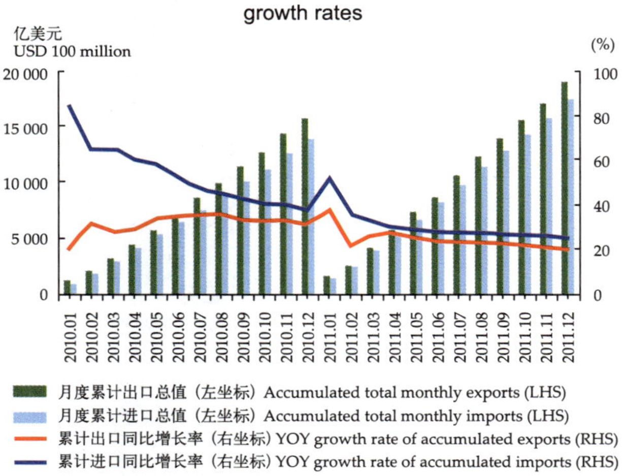

贸易差额月度变动趋势
Movement of monthly trade balance

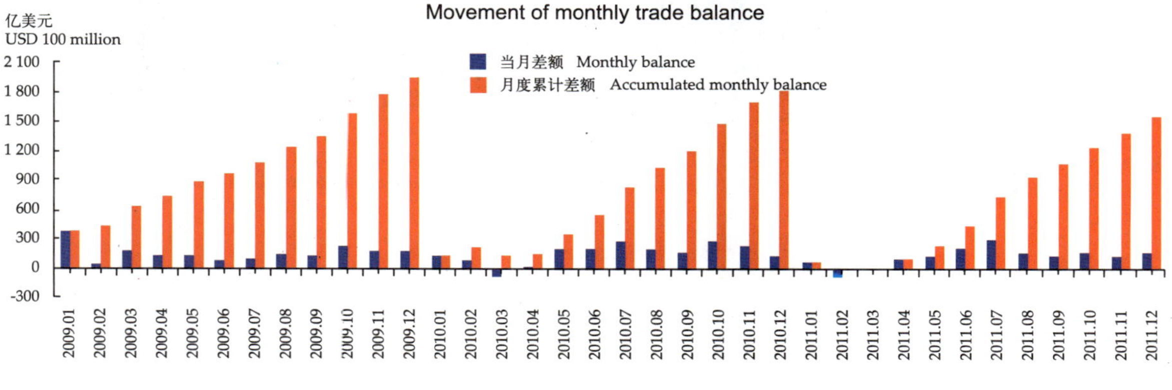

贸易差额构成
Composition of trade balance

单位：亿美元
Unit: USD 100 million

年 Year	贸易差额总计 Total trade balance	一般贸易 General trade	加工贸易 Processing trade	其他贸易 Other trade
1998	435	306	359	-230
1999	292	121	373	-202
2000	241	51	451	-261
2001	225	-16	535	-293
2002	304	71	577	-344
2003	255	-57	789	-477
2004	321	-46	1 063	-697
2005	1 020	354	1 425	-759
2006	1 775	831	1 889	-945
2007	2 643	1 098	2 491	-971
2008	2 981	899	2 968	-912
2009	1 957	-40	2 646	-646
2010	1 815	-473	3 229	-926
2011	1 553	-903	3 656	-1 200

注：“贸易差额总计”根据《海关统计》月报修正。
Note: "Total trade balance" are revised by *China Monthly Exports and Imports*.

月度累计贸易差额按企业性质分
Accumulated monthly trade balance by enterprise

单位：亿美元
Unit: USD 100 million

年/月 Year/Month	国有企业 State-owned enterprises	外资企业 Foreign-funded enterprises	其他企业 Other enterprises
2010.01	-92	82	152
2010.02	-200	140	278
2010.03	-362	168	339
2010.04	-521	216	466
2010.05	-638	316	676
2010.06	-763	425	891
2010.07	-865	576	1 128
2010.08	-987	688	1 338
2010.09	-1 141	809	1 529
2010.10	-1 233	969	1 741
2010.11	-1 367	1 125	1 946
2010.12	-1 532	1 243	2 120
2011.01	-184	61	188
2011.02	-367	111	247
2011.03	-578	197	372
2011.04	-760	297	568
2011.05	-957	389	797
2011.06	-1 120	518	1 052
2011.07	-1 272	678	1 356
2011.08	-1 485	776	1 637
2011.09	-1 679	889	1 862
2011.10	-1 844	1 034	2 050
2011.11	-2 057	1 159	2 283
2011.12	-2 262	1 305	2 508

贸易差额构成
Composition of trade balance

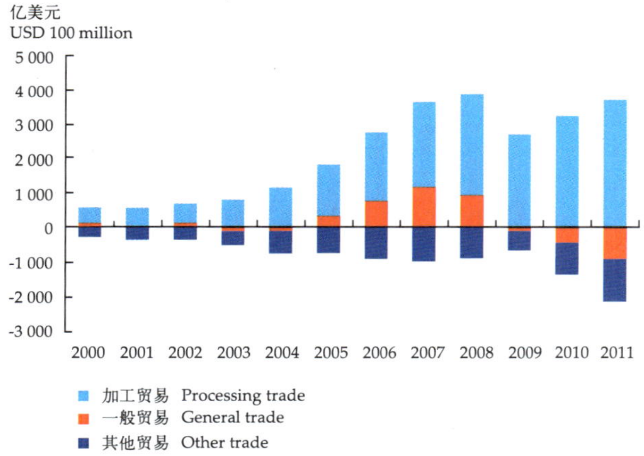

月度累计贸易差额按企业性质分
Accumulated monthly trade balance by enterprise

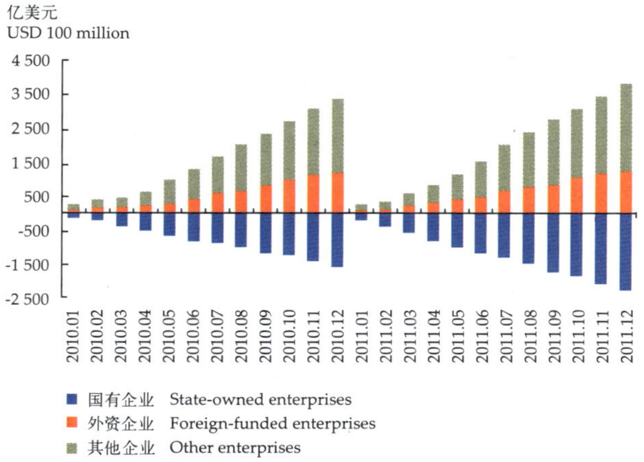

一般贸易累计进出口及其增长率
Accumulated imports and exports under general trade and growth rates

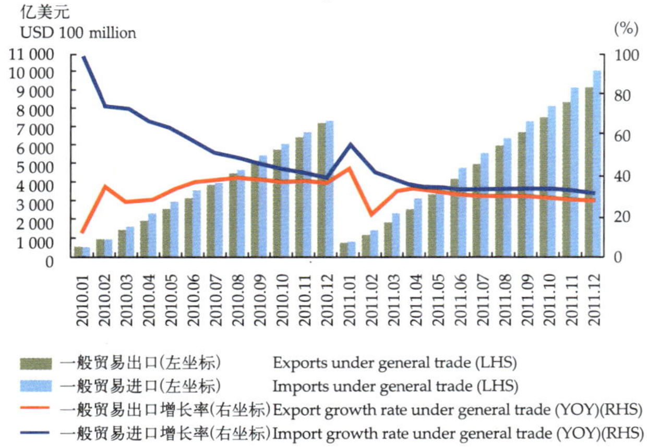

加工贸易累计进出口及其增长率
Accumulated imports and exports under processing trade and growth rates

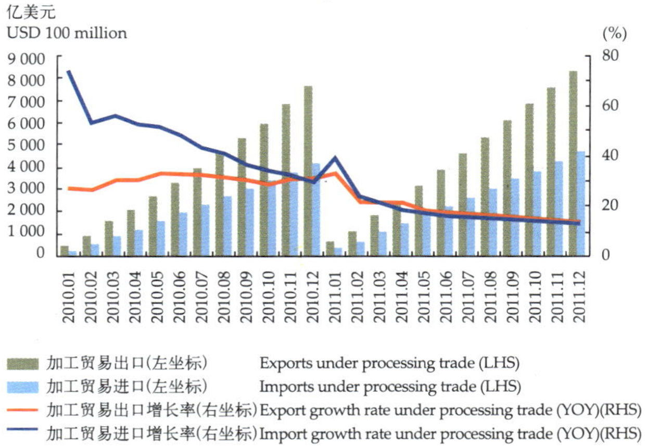

我国大陆对美国进出口及其增长趋势
Mainland China's imports from and exports to the U.S. and their growth

我国大陆对美国贸易总额和贸易差额
Mainland China's trade volume and trade balance with the U.S.

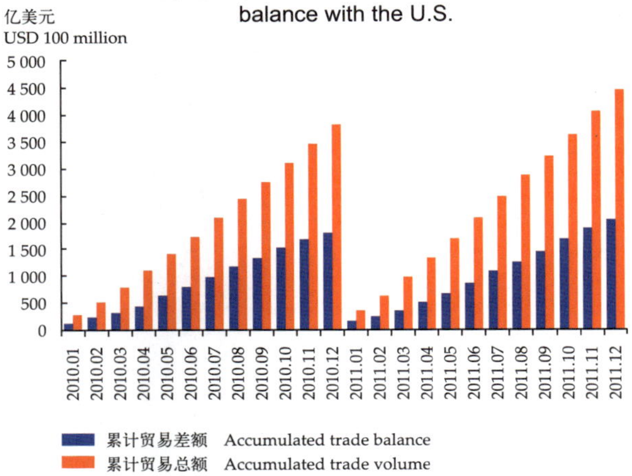

我国大陆对欧盟进出口及其增长趋势
Mainland China's imports from and exports to the EU and their growth

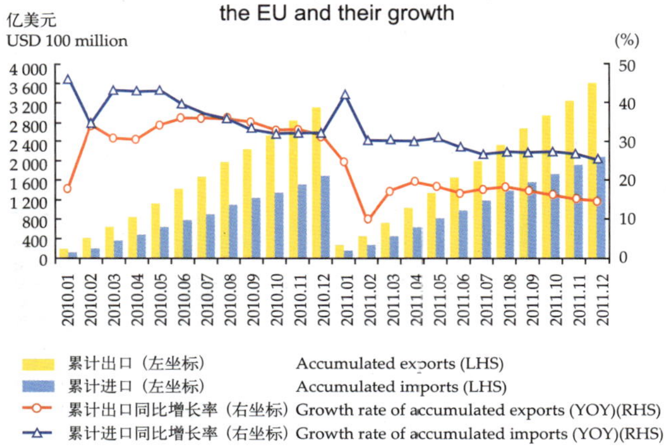

我国大陆对欧盟贸易总额和贸易差额
Mainland China's trade volume and trade balance with the EU

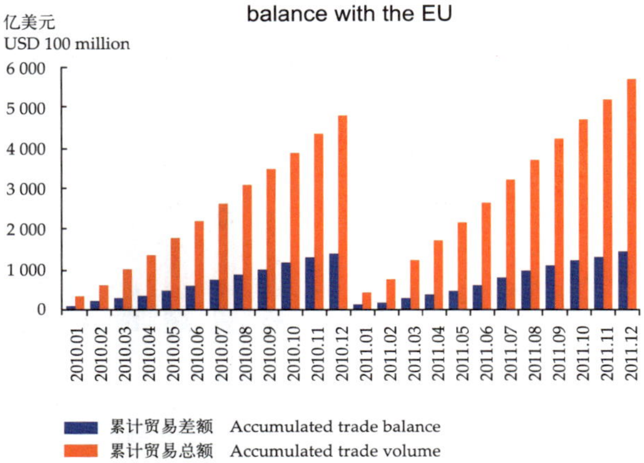

我国大陆对日本进出口及其增长趋势
Mainland China's imports from and exports to Japan and their growth

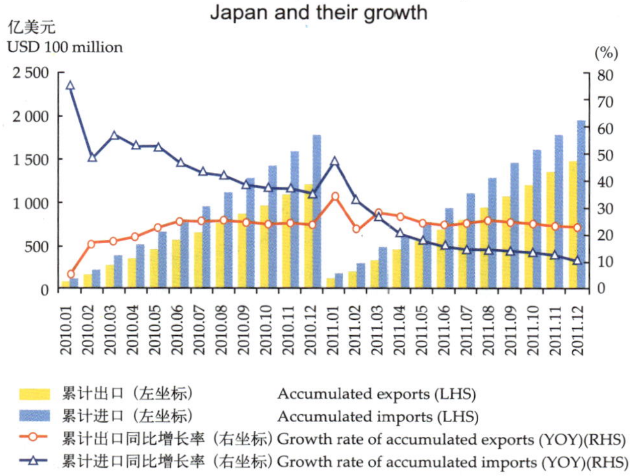

我国大陆对日本贸易总额和贸易差额
Mainland China's trade volume and trade balance with Japan

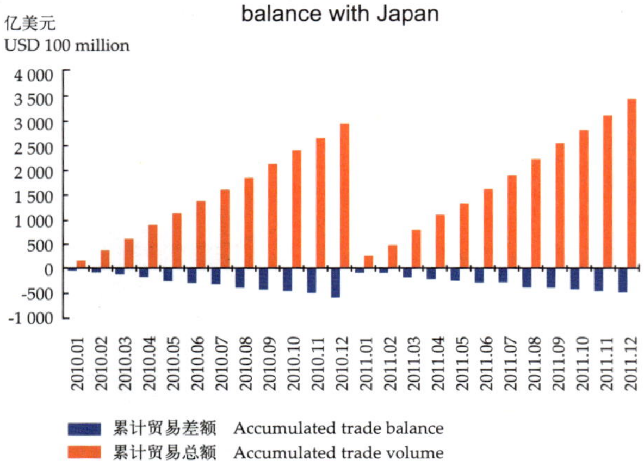

我国大陆对东盟进出口及其增长趋势
Mainland China's imports from and exports to ASEAN and their growth

我国大陆对东盟贸易总额和贸易差额
Mainland China's trade volume and trade balance with ASEAN

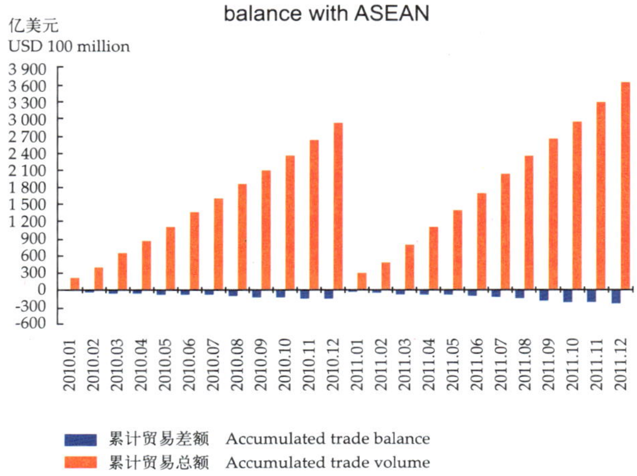

我国大陆对我国香港地区进出口及其增长趋势
Mainland China's imports from and exports to Hong Kong SAR of China and their growth

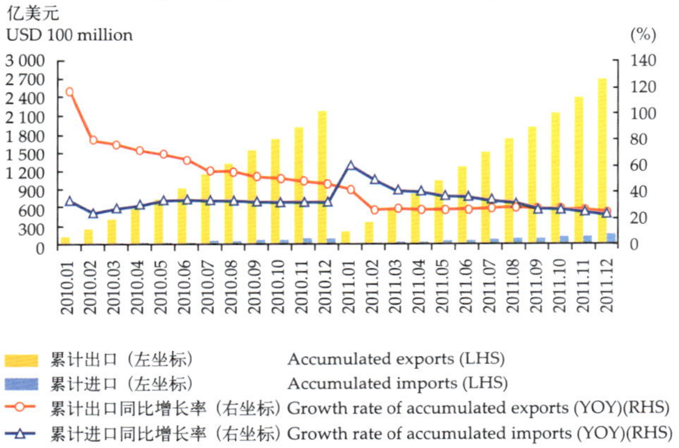

我国大陆对我国香港地区贸易总额和贸易差额
Mainland China's trade volume and trade balance with Hong Kong SAR of China

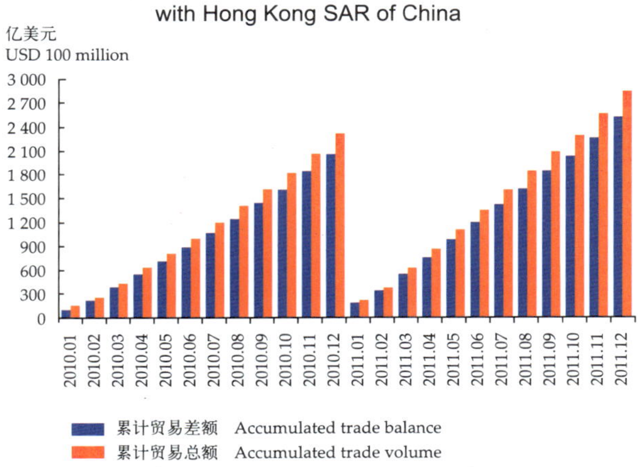

我国大陆对我国台湾地区进出口及其增长趋势
Mainland China's imports from and exports to China Taiwan and their growth

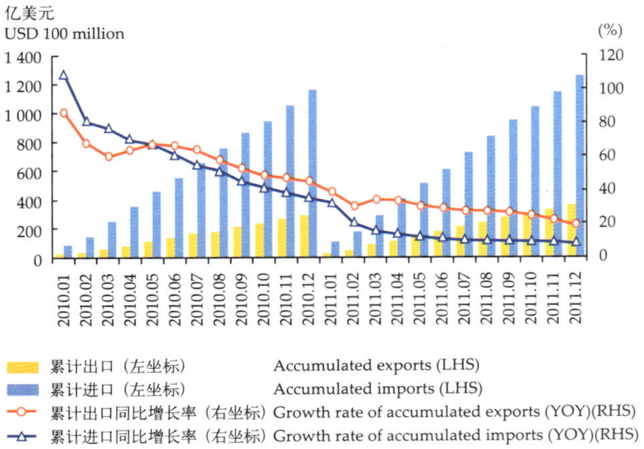

我国大陆对我国台湾地区贸易总额和贸易差额
Mainland China's trade volume and trade balance with China Taiwan

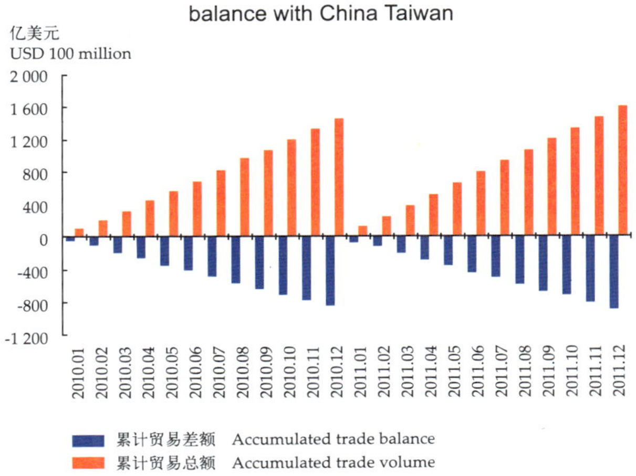

2.外资

(2) Foreign investment

据联合国贸易与发展会议2011年7月发布的《2011年世界投资报告》，中国以1 060亿美元流入量成为2010年全球发展中国家中第一大外国直接投资接受国，该报告指出：2010年全球外国直接投资流入量为1.24万亿美元，较上年增长5%。

另据商务部统计，2011年，新批设立外商投资企业27 712家，实际使用外资金额1 160.1亿美元。

According to the UNCTAD's *World Investment Report 2011* published in July 2011, China became the world's number 1 recipient of foreign direct investment (FDI) among developing countries in 2010, with capital inflows of USD106.0 billion. It is pointed out in the report that global FDI inflows increased by 5% to USD1.24 trillion in 2010.

According to statistics of the Ministry of Commerce, in 2011, 27,712 foreign-invested enterprises were approved for incorporation in China, with actual utilized FDI reaching USD 116.01 billion.

实际利用外商直接投资及其增长趋势

Actual utilized foreign direct investments and growth rates

单位：亿美元
Unit: USD 100 million

年 Year	绝对值 Absolute value	增长率(%) Growth rate (%)
1991	43.7	28.7
1992	110.1	152.1
1993	275.2	150.0
1994	337.7	22.7
1995	375.2	11.1
1996	417.3	11.2
1997	452.6	8.5
1998	454.6	0.5
1999	403.2	-11.3
2000	407.2	1.0
2001	468.5	14.9
2002	527.4	12.6
2003	535.1	1.4
2004	606.3	13.3
2005	603.3	-0.5
2006	630.2	4.5
2007	747.7	13.6
2008	924.0	23.6
2009	900.3	-2.6
2010	1 057.0	17.4
2011	1 160.1	9.7

实际利用外商直接投资及其增长率

Actual utilized foreign direct investments and growth rates

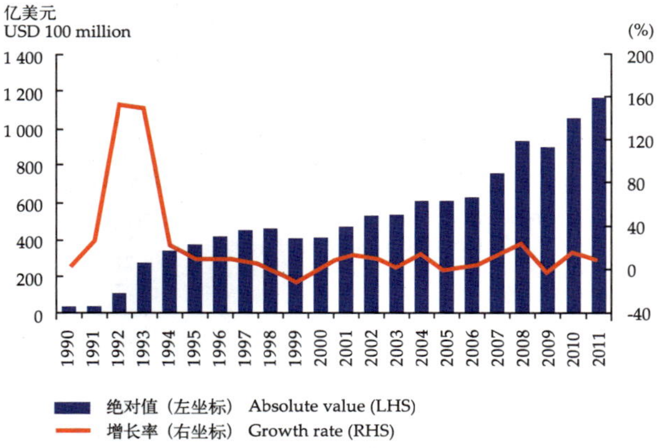

月度累计实际外商直接投资
Accumulated utilized FDI on a monthly basis

单位：亿美元
Unit: USD 100 million

年/月 Year/Month	实际外商直接投资累计金额 Accumulated utilized FDI	实际外商直接投资累计同比增长率(%) Growth rate of accumulated utilized FDI(YOY)(%)
2010.01	81	7.8
2010.02	140	4.9
2010.03	234	7.7
2010.04	308	11.3
2010.05	389	14.3
2010.06	514	19.6
2010.07	584	20.6
2010.08	660	18.1
2010.09	743	16.6
2010.10	820	15.7
2010.11	917	17.7
2010.12	1 057	17.4
2011.01	100	23.4
2011.02	178	27.1
2011.03	304	29.5
2011.04	388	26.1
2011.05	480	23.4
2011.06	609	18.4
2011.07	692	18.6
2011.08	776	17.7
2011.09	867	16.6
2011.10	950	15.9
2011.11	1 038	13.2
2011.12	1 160	9.7

月度累计实际外商直接投资
Accumulated utilized FDI on a monthly basis

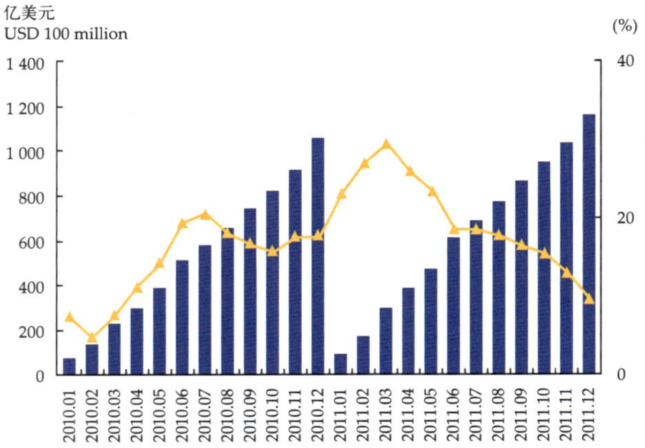

3. 国际收支
(3) Balance of payments (BOP)

1995年以来中国国际收支变化趋势
Movement of China's balance of payments since 1995

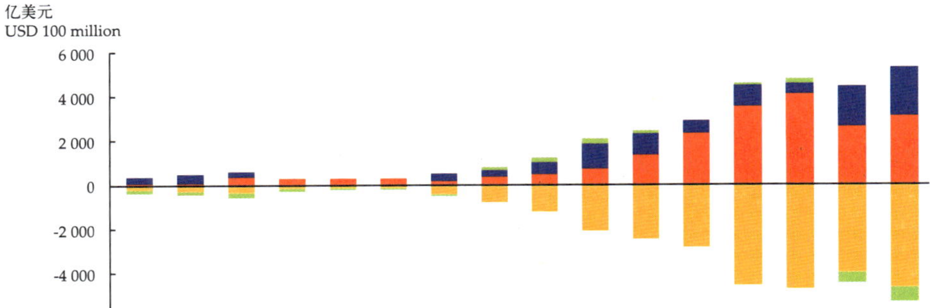

	1995	1996	1997	1998	1999	2000	2001	2002	2003	2004	2005	2006	2007	2008	2009	2010
净误差与遗漏差额 Balance of errors and omissions (net)	-178	-156	-223	-187	-178	-119	-49	78	184	270	155	-6	116	209	-435	-597
储备资产差额 Balance of reserve assets	-225	-316	-357	-64	-85	-105	-473	-755	-1 170	-2 064	-2 506	-2 848	-4 607	-4 795	-3 894	-4 717
资本和金融项目差额 Balance of capital and financial accounts	387	400	210	-63	52	19	348	323	527	1 107	1 010	526	951	463	1 808	2 260
经常项目差额 Balance of current account	16	72	370	315	211	205	174	354	459	687	1 341	2 327	3 540	4 124	2 611	3 054

注：储备资产的增加用负值表示，储备资产的减少用正值表示。
Note: The increase in the reserve assets is expressed in a negative figure and the decrease in the reserve assets is expressed in a positive figure.

2011年前三个季度国际收支平衡表简表
BOP sheet in the first three quarters of 2011

单位：亿美元
Unit: USD 100 million

项目	Items	差额 Balance	贷方 Credit	借方 Debit
一、经常项目	**Current account**	1 412	16 735	15 322
A．货物和服务	Goods and services	1 329	15 305	13 976
a.货物	Goods	1 729	13 958	12 229
b.服务	Services	-400	1 347	1 747
B．收益	Yields	-146	1 004	1 150
C．经常转移	Current transfers	230	426	196
二、资本和金融项目	**Capital and financial accounts**	2 501	10 862	8 361
A．资本项目	Capital account	42	44	2
B．金融项目	Financial account	2 458	10 819	8 361
1.直接投资	Direct investment	1 214	1 937	722
1.1 我国在外直接投资	FDI outflow	-346	119	465
1.2 外国在华直接投资	FDI inflow	1 560	1 817	257
2.证券投资	Portfolio investment	183	405	222
2.1 资产	Assets	46	217	170
2.2 负债	Liabilities	137	189	51
3.其他投资	Other investment	1 060	8 477	7 417
三、储备资产	**Reserve assets**	-3 754	9	3 764
3.1 货币黄金	Monetary gold	0	0	0
3.2 特别提款权	SDRs	4	4	0
3.3 在国际货币基金组织的储备头寸	Reserve position in IMF	-27	5	32
3.4 外汇	Foreign exchange	-3 731	0	3 731
3.5 其他债权	Other claims	0	0	0
四、净误差与遗漏	**Errors and omissions (net)**	-159	0	159

4.外汇储备
(4) Foreign exchange reserves

外汇储备及其增长率
Foreign exchange reserves and growth rates

单位：亿美元
Unit: USD 100 million

年/月 Year/Month	外汇储备 Foreign exchange reserves	同比增长率(%) Growth rate (YOY)(%)
2010.01	24 152	26.2
2010.02	24 246	26.8
2010.03	24 471	25.3
2010.04	24 905	24.0
2010.05	24 395	16.8
2010.06	24 543	15.1
2010.07	25 389	16.8
2010.08	25 478	15.2
2010.09	26 483	16.5
2010.10	27 609	18.6
2010.11	27 678	15.9
2010.12	28 473	18.7
2011.01	29 317	21.4
2011.02	29 914	23.4
2011.03	30 447	24.4
2011.04	31 458	26.3
2011.05	31 660	29.8
2011.06	31 975	30.3
2011.07	32 453	27.8
2011.08	32 625	28.0
2011.09	32 017	20.9
2011.10	32 738	18.6
2011.11	32 209	16.4
2011.12	31 811	11.7

外汇储备及其增长率
Foreign exchange reserves and growth rates

5.外债
(5) External debt

外债余额与外债债务率
Balance and ratio of external debt to foreign exchange income

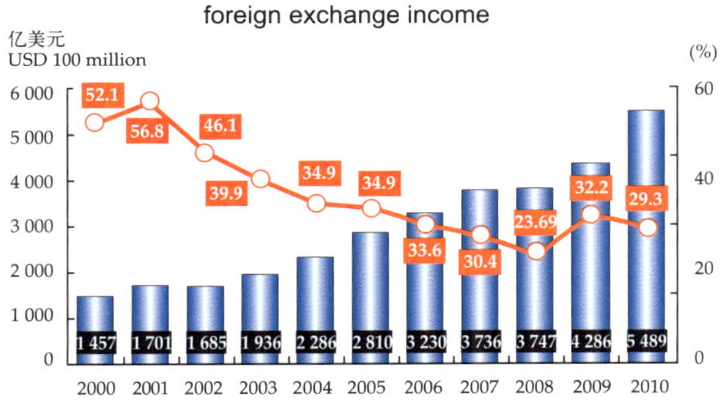

外债余额（左坐标）Balance (LHS)
债务率（外债债务余额/外汇收入）（右坐标）
Ratio (external debt balance/foreign exchange income)(RHS)

外债余额与外债负债率
Balance and ratio of external debt to GDP

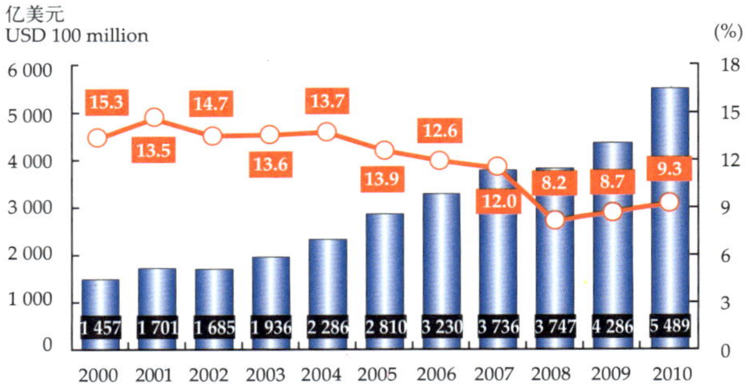

外债余额（左坐标）Balance (LHS)
负债率（外债债务余额/GDP）（右坐标）
Ratio (external debt balance/GDP)(RHS)

2011年9月末外债数据
External debt balance at the end of September of 2011

单位：亿美元
Unit: USD 100 million

	登记外债 Registered external debt	国务院部委 Government ministries	中资金融机构 Chinese financial institutions	外商投资企业 Foreign investment enterprises	中资企业 Chinese enterprises	境内外资金融机构 Domestic foreign financial institutions	其他 Others	贸易信贷 Trade credit	合计 Total
外债余额 Debt balance	4 405.64	385.97	2 096.05	1 320.27	57.97	543.73	1.65	2 566.00	6 971.64
比重(%) Share (%)	100	8.76	47.58	29.97	1.32	12.34	0.04	—	—

注：2011年前三个季度我国新借入中长期外债339.48亿美元，还本209.61亿美元，付息17.79亿美元。
Note: In the first three quarters of 2011, China borrowed medium- and long-term external debts totaling USD33.948 billion, repaid principal in the amount of USD20.961 billion and interest in the amount of USD1.779 billion.

2011年9月末外债债务结构
External debt structure at the end of September of 2011

短期外债余额占比为72.8%
Balance of short-term external debt accounted for 72.8 percent

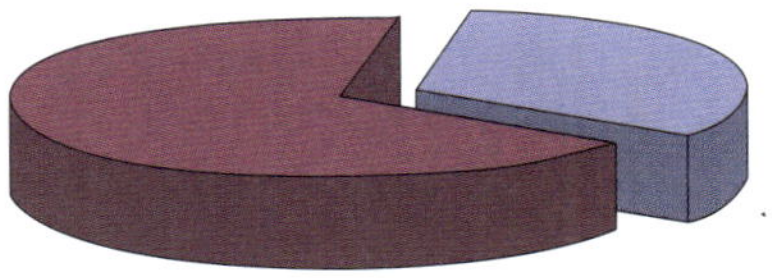

中长期外债余额占比为27.2%
Balance of medium- and long-term external debt accounted for 27.2 percent

2011年9月末，我国外债余额为6 971.64亿美元，其中，中长期外债余额为1 895.39亿美元，占外债余额的27.2%，短期外债余额为5 076.25亿美元，占外债余额的72.8%。
China's outstanding balance of external debt was USD697.164 billion at the end of September of 2011, among which USD189.539 billion or 27.2 percent was medium- and long-term external debt, and USD507.625 billion or 72.8 percent was short-term debt.

六、财政收支与债务
6. Fiscal Revenue, Expenditure and Debt

年度财政收入、财政支出及其增长趋势
Annual budgetary revenue, budgetary expenditure, and their growth

单位：亿元
Unit: RMB 100 million yuan

年 Year	财政收入 Budgetary revenue	财政支出 Budgetary expenditure	财政收入同比增长率(%) Growth rate of budgetary revenue (YOY) (%)	财政支出同比增长率(%) Growth rate of budgetary expenditure (YOY)(%)
1993	4 349	4 642	24.8	24.1
1994	5 218	5 793	20.0	24.8
1995	6 242	6 824	19.6	17.8
1996	7 408	7 938	18.7	16.3
1997	8 651	9 234	16.8	16.3
1998	9 876	10 798	14.2	16.9
1999	11 444	13 188	15.9	22.1
2000	13 395	15 887	17.0	20.5
2001	16 386	18 903	22.3	19.0
2002	18 904	22 053	15.4	16.7
2003	21 715	24 650	14.9	11.8
2004	26 396	28 487	21.6	15.6
2005	31 649	33 930	19.9	19.1
2006	38 760	40 423	22.5	19.1
2007	51 322	49 781	32.4	23.2
2008	61 330	62 593	19.5	25.4
2009	68 518	76 300	11.7	21.9
2010	83 080	89 575	21.3	17.4
2011	103 740	108 930	24.8	21.2

注：表中数据根据财政部最新数据修订。
Note: Data are revised by Ministry of Finance People's Republic of China.

月度累计财政收支增长率与收支差额
Monthly growth rate and balance of accumulated fiscal revenue and expenditure

单位：亿元
Unit: RMB 100 million yuan

年/月 Year/Month	财政收入累计同比增长率(%) Growth rate of accumulated fiscal revenue(YOY)(%)	财政支出累计同比增长率(%) Growth rate of accumulated fiscal expenditure(YOY)(%)	累计财政收支差额 Balance of accumulated fiscal revenue and expenditure
2010.01	41.2	-13.2	5 193
2010.02	32.9	7.7	5 198
2010.03	34.0	11.9	5 297
2010.04	34.1	11.3	7 647
2010.05	30.8	14.2	9 778
2010.06	27.6	17.0	9 538
2010.07	25.7	16.9	11 511
2010.08	23.6	19.2	10 716
2010.09	22.4	20.6	8 535
2010.10	21.5	22.3	9 907
2010.11	21.1	27.3	5 148
2010.12	21.3	17.4	-10 000
2011.01	32.8	84.9	5 089
2011.02	36.0	24.7	8 011
2011.03	33.1	26.0	8 072
2011.04	31.4	27.4	10 850
2011.05	32.0	30.9	13 194
2011.06	31.2	31.4	12 441
2011.07	30.5	29.7	15 355
2011.08	30.9	29.2	14 824
2011.09	29.5	27.5	12 183
2011.10	28.1	27.2	13 292
2011.11	26.8	24.3	8 353
2011.12	24.9	21.6	-6 500

注：表中数据根据财政部最新数据修订。
Note: Data are revised by Ministry of Finance People's Republic of China.

年度财政收入、财政支出及其增长趋势
Annual budgetary revenue, budgetary expenditure, and their growth

财政收入(左坐标) Budgetary revenue (LHS)
财政支出(左坐标) Budgetary expenditure (LHS)
财政收入同比增长率(右坐标) Growth rate of budgetary revenue (YOY)(RHS)
财政支出同比增长率(右坐标) Growth rate of budgetary expenditure (YOY)(RHS)

月度累计财政收支增长率与收支差额
Monthly growth rate and balance of accumulated fiscal revenue and expenditure

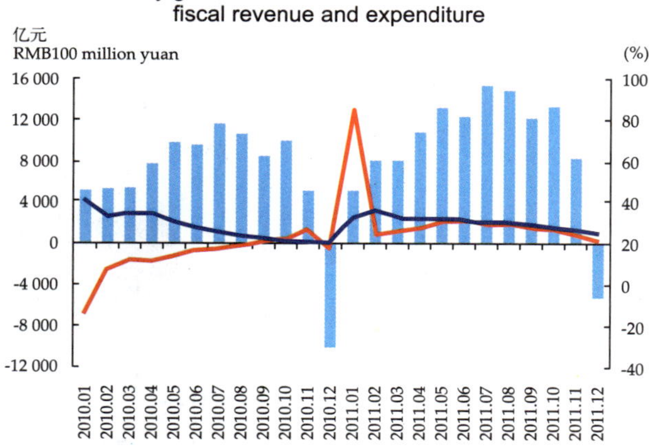

累计财政收支差额（左坐标）
Balance of accumulated fiscal revenue and expenditure (LHS)
财政收入累计同比增长率（右坐标）
Growth rate of accumulated fiscal revenue (YOY)(RHS)
财政支出累计同比增长率（右坐标）
Growth rate of accumulated fiscal expenditure (YOY)(RHS)

中央财政收支在全部财政收支中所占的比重

Ratio of revenues and expenditures of the central government to total fiscal revenues and expenditures

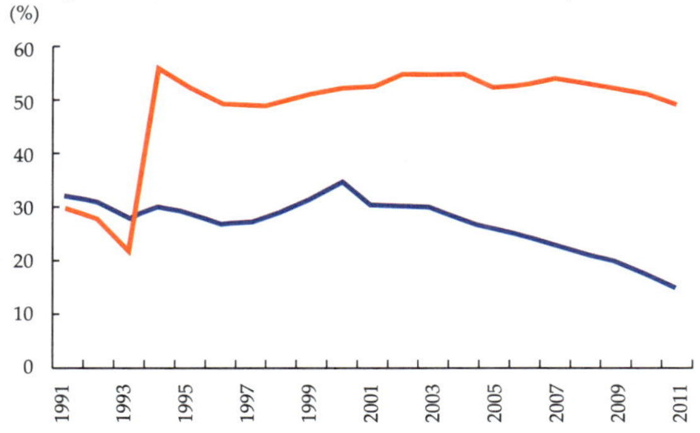

中央财政收入占全部财政收入的百分比
Revenues of central government as a percentage of total fiscal revenues
中央财政支出占全部财政支出的百分比
Expenditures of central government as a percentage of total fiscal expenditures

财政风险

Fiscal risks

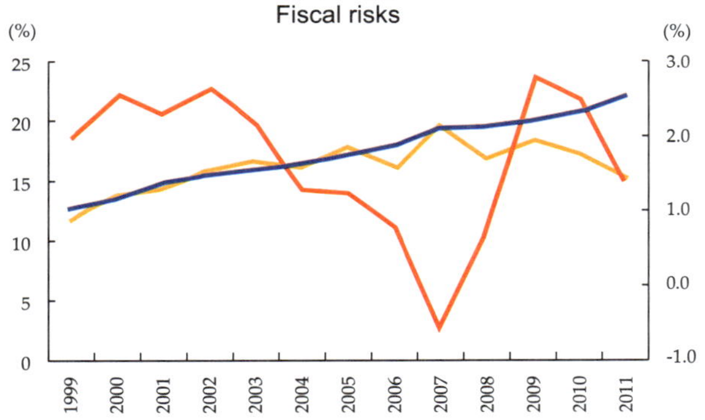

财政赤字/GDP（右坐标）
Fiscal deficit to GDP ratio (RHS)
财政收入/GDP（左坐标）
Fiscal revenue to GDP ratio (LHS)
国债余额/GDP（左坐标）
Outstanding government debt to GDP ratio (LHS)

2012年主要预算指标：

2012年，中央财政预算收入为55 920亿元，比2011年执行数（下同）增长9%。从中央预算稳定调节基金中调入2 700亿元。合计收入总量为58 620亿元。中央财政预算支出总量为64 120亿元，增长13.7%。中央财政收支总量相抵，赤字为5 500亿元，比上年预算数减少1 000亿元。中央财政国债余额限额为82 708亿元。

汇总中央预算和地方预算安排，2012年全国财政收入113 600亿元，增长9.5%，加上从中央预算稳定调节基金调入2 700亿元，可安排的收入总量为116 300亿元；全国财政支出为124 300亿元，增长14.1%。全国财政收支差额为8 000亿元。

Budgetary targets for 2012:

In 2012 Revenue in the central budget will reach RMB5.592 trillion yuan, 9% over the figure for 2011 (here and below). The central budget stabilization fund will contribute RMB270 billion yuan, bringing total revenue to RMB5.862 trillion yuan. Expenditures in the central budget will reach RMB6.412 trillion yuan, an increase of 13.7%. Expenditures in the central budget will exceed revenue, resulting in a deficit of RMB550 billion yuan, an decrease of RMB100 billion yuan than previous year's budget. The limit for the outstanding balance of government bonds issued by the central government will be RMB8.2708 trillion yuan.

Total combined revenue of central and local governments is budgeted at RMB11.36 trillion yuan, an increase of 9.5%. Adding RMB270 billion yuan from the central budget stabilization fund, total national revenue is projected to reach RMB11.63 trillion yuan. Total national expenditures are budgeted at RMB12.43 trillion yuan, up 14.1%. Total expenditures will exceed total revenue by RMB0.8 trillion yuan.

七、货币银行
7. Money and Banking

1.货币供应量
(1) Money supply

年度M0、M1、M2及其变化趋势
Annual M0, M1, and M2 and their changes

单位：万亿元
Unit: RMB trillion yuan

年 Year	M0	M1	M2	M0同比增长率(%) Growth rate of M0 (YOY)(%)	M1同比增长率(%) Growth rate of M1 (YOY)(%)	M2同比增长率(%) Growth rate of M2 (YOY)(%)
1991	0.6	1.6	3.5	35.3	38.8	37.3
1992	0.7	2.1	4.7	24.3	26.2	34.5
1993	0.8	2.4	6.1	8.2	16.8	29.5
1994	0.9	2.9	7.6	11.6	18.9	25.3
1995	1.0	3.5	9.1	15.6	22.1	19.6
1996	1.1	3.9	10.4	10.1	11.9	14.8
1997	1.3	4.6	12.0	20.1	17.7	14.7
1998	1.5	5.3	13.5	8.9	15.9	12.3
1999	1.6	6.0	15.8	7.1	12.7	17.6
2000	1.7	7.1	18.5	10.1	18.4	16.9
2001	2.0	8.4	22.1	14.3	18.7	19.6
2002	2.1	9.6	25.4	8.7	13.6	14.7
2003	2.4	10.7	29.9	11.9	11.8	17.6
2004	2.7	12.6	34.6	12.7	17.5	17.0
2005	3.0	15.3	40.3	12.2	21.0	16.7
2006	3.4	16.6	47.5	12.7	9.1	17.8
2007	3.8	22.0	60.6	11.8	32.4	27.7
2008	3.4	16.6	47.5	12.7	9.1	17.8
2009	3.8	22.0	60.6	11.8	32.4	27.7
2010	4.5	26.7	72.6	16.7	21.2	19.7
2011	5.1	29.0	85.2	13.8	7.9	13.6

月度M0、M1、M2及其变化趋势
Monthly M0, M1, and M2 and their changes

单位：万亿元
Unit: RMB trillion yuan

年/月 Year/Month	M0	M1	M2	M0同比增长率(%) Growth rate of M0 (YOY)(%)	M1同比增长率(%) Growth rate of M1 (YOY)(%)	M2同比增长率(%) Growth rate of M2 (YOY)(%)
2010.01	4.1	23.0	62.5	-0.8	39.0	26.0
2010.02	4.3	22.4	63.6	22.0	35.0	25.5
2010.03	3.9	22.9	65.0	15.8	29.9	22.5
2010.04	4.0	23.4	65.7	15.8	31.3	21.5
2010.05	3.9	23.6	66.3	15.2	29.9	21.0
2010.06	3.9	24.1	67.4	15.7	24.6	18.5
2010.07	4.0	24.1	67.4	15.5	22.9	17.6
2010.08	4.0	24.4	68.8	16.0	21.9	19.2
2010.09	4.2	24.4	69.6	13.8	20.9	19.0
2010.10	4.2	25.3	70.0	16.6	22.1	19.3
2010.11	4.2	26.0	71.0	16.3	22.1	19.5
2010.12	4.5	26.7	72.6	16.7	21.2	19.7
2011.01	5.8	26.3	73.4	42.5	13.6	17.2
2011.02	4.7	25.9	73.6	10.3	14.5	15.7
2011.03	4.5	26.6	75.8	14.8	15.0	16.6
2011.04	4.5	26.7	75.7	14.7	12.9	15.3
2011.05	4.5	26.9	76.3	15.4	12.7	15.1
2011.06	4.4	27.5	78.1	14.4	13.1	15.9
2011.07	4.5	27.1	77.3	14.3	11.6	14.7
2011.08	4.6	27.3	78.1	14.7	11.2	13.5
2011.09	4.7	26.7	78.7	12.7	8.9	13.0
2011.10	4.7	27.7	81.7	11.9	8.4	12.9
2011.11	4.7	28.1	82.6	12.0	7.8	12.7
2011.12	5.1	29.0	85.2	13.8	7.9	13.6

货币供应量与货币流动性
Money supply and monetary liquidity

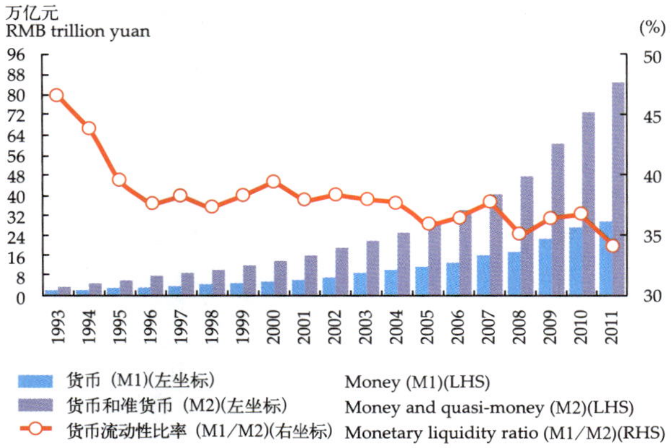

年度M0、M1、M2及其变化趋势
Annual M0, M1 and M2 and their changes

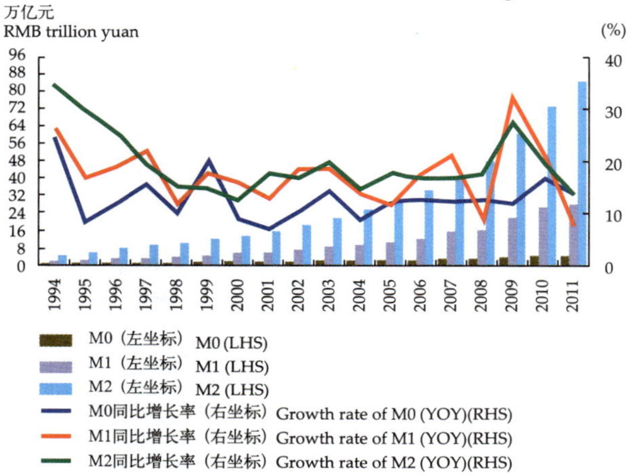

月度M0、M1、M2及其变化趋势
Monthly M0, M1 and M2 and their changes

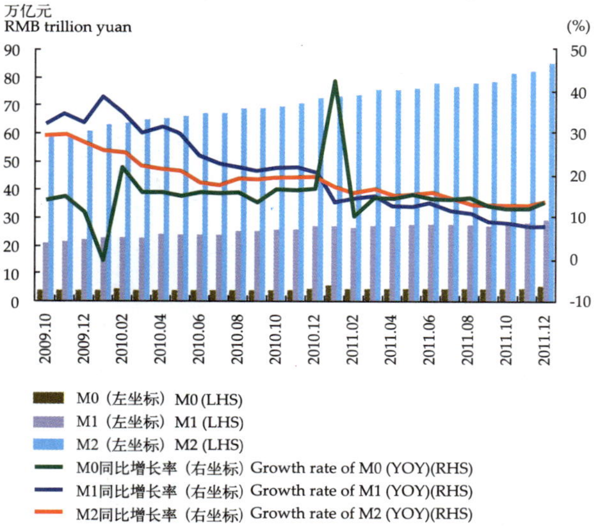

货币供应量构成
Composition of money supply

单位：亿元
Unit: RMB 100 million yuan

年/月 Year/Month	货币和准货币 Money & quasi-money M2	货币 Money M1	流通中现金 Currency in circulation M0	单位活期存款 Coporate demand deposits	准货币 Quasi-money	单位定期存款 Coporate time deposits	个人存款 Personal deposits	其他存款 Other deposits
2011.01	733 885	261 765	58 064	203 701	472 120	143 050	318 425	10 646
2011.02	736 131	259 201	47 270	211 930	476 930	140 989	320 944	14 997
2011.03	758 131	266 255	44 845	221 409	491 874	148 781	331 319	11 785
2011.04	757 385	266 767	45 489	221 278	490 618	153 313	326 673	10 632
2011.05	763 409	269 290	44 603	224 687	494 119	156 371	327 473	10 276
2011.06	780 821	274 663	44 478	230 185	506 158	159 300	337 570	9 288
2011.07	772 924	270 546	45 183	225 363	502 378	160 322	331 071	10 984
2011.08	780 852	273 394	45 775	227 618	507 459	163 846	331 418	12 194
2011.09	787 406	267 193	47 145	220 048	520 213	171 105	341 792	7 315
2011.10	816 829	276 553	46 579	229 973	540 277	162 366	334 498	43 412
2011.11	825 494	281 416	47 317	234 099	544 078	162 640	336 627	44 810
2011.12	851 591	289 848	50 748	239 099	561 743	166 616	352 797	42 330

广义货币供应量M2变动
Changes in the composition of broad money M2

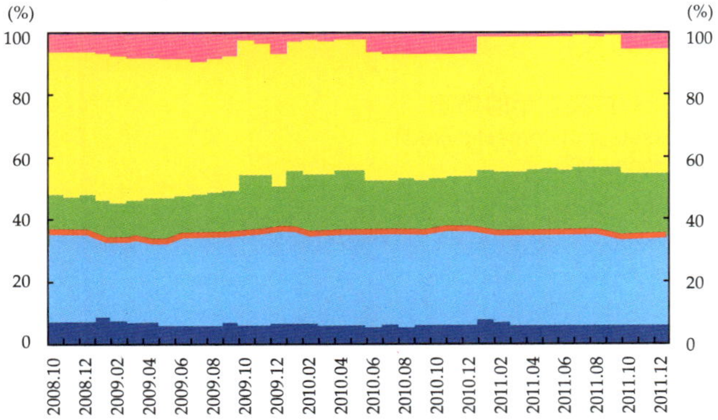

- 其他存款占M2的比重 Other deposits/M2
- 居民储蓄存款占M2的比重 Household savings deposits/M2
- 单位定期存款占M2的比重 Institutional time deposits/M2
- 单位活期存款占M2的比重 Institutional demand deposits/M2
- M0占M2的比重 M0/M2
- M1占M2的比重 M1/M2

2011年年末货币供应量构成
Composition of money supply at the end of 2011

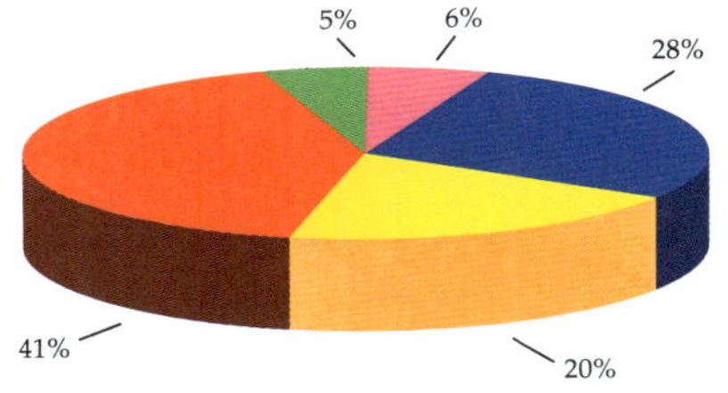

- 流通中现金 Currency in circulation M0
- 活期存款 Demand deposits
- 定期存款 Time deposits
- 储蓄存款 Savings deposits
- 其他存款 Other deposits

存款性公司概览
Depository corporations survey

单位：万亿元
Unit: RMB trillion yuan

年／月 Year/Month	国外净资产 Net foreign assets	国内信贷 Domestic credit	对政府债权(净) Claims on government (Net)	对非金融部门债权 Claims on non-financial sectors	对其他金融部门债权 Claims on other financial sectors	其他 Others	货币和准货币 Money & quasi-money M2
2010.01	19.87	50.35	2.77	44.82	2.75	-7.65	62.56
2010.02	20.00	51.24	2.92	45.66	2.67	-7.64	63.61
2010.03	20.23	52.10	2.93	46.34	2.83	-7.34	64.99
2010.04	20.40	52.69	2.62	47.31	2.77	-7.44	65.66
2010.05	20.54	53.04	2.33	48.02	2.69	-7.25	66.34
2010.06	20.73	54.07	2.37	48.58	3.11	-7.40	67.39
2010.07	21.03	54.20	2.17	49.09	2.95	-7.82	67.41
2010.08	21.29	55.06	2.22	49.71	3.12	-7.60	68.75
2010.09	21.60	55.98	2.49	50.44	3.05	-7.93	69.65
2010.10	21.98	56.39	2.24	51.08	3.07	-8.39	69.98
2010.11	22.27	57.12	2.49	51.69	2.94	-8.36	71.03
2010.12	22.60	58.73	3.46	52.17	3.11	-8.74	72.59
2011.01	22.97	59.42	3.24	53.03	3.15	-8.85	73.39
2011.02	23.15	59.92	2.96	53.62	3.34	-9.03	73.61
2011.03	23.53	61.11	3.19	54.23	3.69	-9.20	75.81
2011.04	23.71	61.09	2.80	55.04	3.25	-9.06	75.74
2011.05	23.97	61.59	2.60	55.67	3.32	-9.22	76.34
2011.06	24.35	63.05	2.66	56.28	4.10	-9.32	78.08
2011.07	24.57	62.67	2.38	56.85	3.44	-9.95	77.29
2011.08	24.73	63.61	2.40	57.45	3.77	-10.25	78.09
2011.09	24.87	64.76	2.79	57.94	4.03	-10.89	78.74
2011.10	25.00	65.01	2.52	58.69	3.80	-8.33	81.68
2011.11	25.04	66.36	3.02	59.35	3.99	-8.85	82.55
2011.12	25.16	68.80	4.24	60.06	4.50	-8.80	85.16

国外净资产及国内信贷对广义货币的影响
The impact of net foreign assets and domestic credit on broad money M2

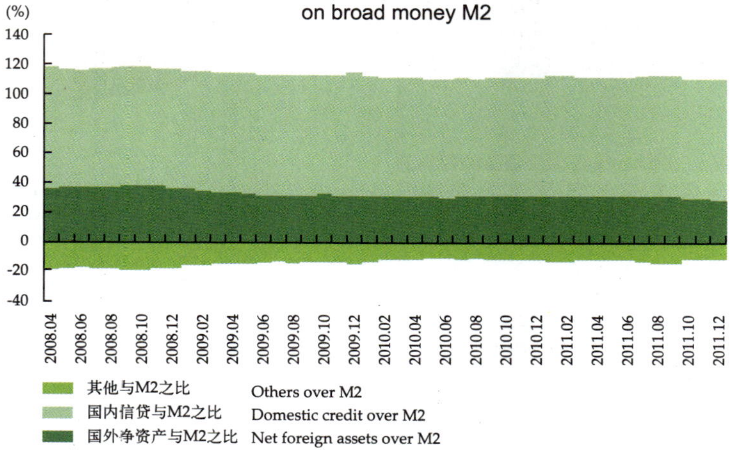

2.存贷款
(2) Deposits and loans

金融机构人民币各项存贷款余额及其增长趋势
Outstanding amounts of total deposits & loans and their growth in financial institutions

单位：万亿元
Unit: RMB trillion yuan

年/月 Year/Month	各项存款 Total deposits	各项贷款 Total loans	各项存款同比增长率(%) Growth rate of deposits (YOY)(%)	各项贷款同比增长率(%) Growth rate of loans (YOY)(%)
2010.01	61.3	41.4	27.3	29.3
2010.02	62.2	42.1	25.0	27.2
2010.03	63.8	42.6	22.1	21.8
2010.04	65.0	43.4	22.0	32.0
2010.05	66.1	44.0	21.0	21.5
2010.06	67.4	44.6	19.0	18.2
2010.07	67.6	45.1	18.5	18.4
2010.08	68.6	45.7	19.6	18.6
2010.09	70.1	46.3	20.0	18.5
2010.10	70.3	46.9	19.8	19.3
2010.11	70.9	47.4	19.6	19.8
2010.12	71.8	47.9	20.2	19.9
2011.01	71.2	48.3	17.3	18.5
2011.02	72.6	48.9	17.6	17.7
2011.03	75.3	49.5	19.0	17.9
2011.04	75.6	50.2	17.3	17.5
2011.05	76.7	50.8	17.1	17.1
2011.06	78.6	51.4	17.6	16.9
2011.07	78.0	51.9	16.3	16.6
2011.08	78.7	52.4	15.5	16.4
2011.09	79.4	52.9	14.2	15.9
2011.10	79.2	53.5	13.6	15.8
2011.11	79.5	54.1	13.1	15.6
2011.12	80.9	54.8	13.5	15.8

金融机构人民币各项存贷款余额及其增长趋势
Outstanding amounts of total deposits & loans and their growth in financial institutions

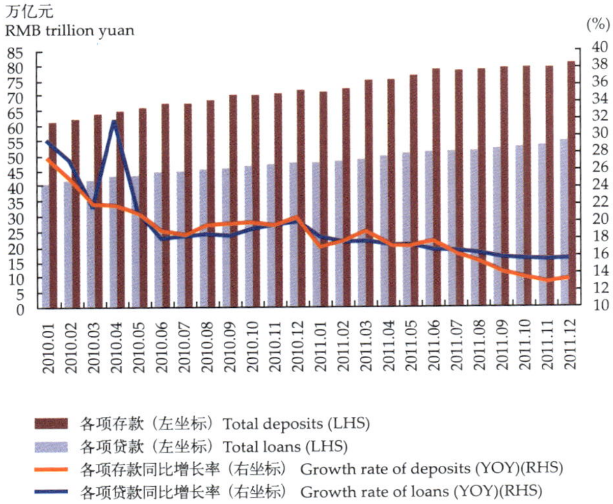

金融机构当年累计新增人民币存款
Accumulated new RMB deposits in financial institutions

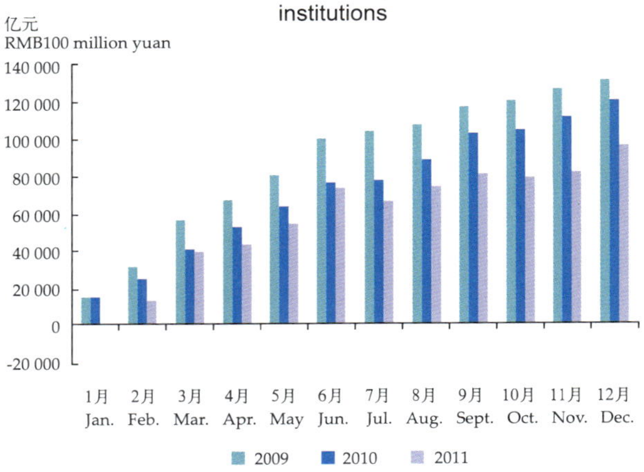

金融机构当月新增人民币存款
New RMB deposits in financial institutions by month

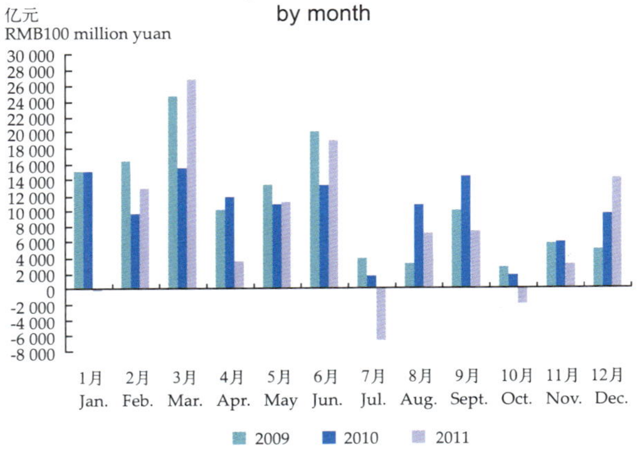

2011年年末人民币存款余额
Outstanding amounts of RMB deposits at the end of 2011

单位：亿元
Unit: RMB 100 million yuan

		余额 Outstanding amount
各项存款	Total deposits	809 368
单位存款	Corporate deposits	410 912
个人存款	Personal deposits	353 536
财政性存款	Fiscal deposits	26 223
临时性存款	Temporary deposits	1 570
委托存款	Designated deposits	308
其他存款	Other deposits	16 818

住户存款和非金融企业存款余额
Outstanding amounts of household deposits and non-financial corporate deposits

单位：亿元
Unit: RMB 100 million yuan

年/月 Year/Month	住户存款 Deposits of households	活期及临时性存款 Demand & temporary deposits	定期及保证性存款 Time & marginal deposits	非金融企业存款 Deposits of non-financial enterprises	活期及临时性存款 Demand & temporary deposits	定期及保证性存款 Time & marginal deposits
2010.01	267 079.32	100 502.17	166 577.15	259 215.15	160 263.80	98 951.35
2010.02	282 726.83	107 018.97	175 707.86	255 098.79	153 543.44	101 555.35
2010.03	284 878.99	108 284.23	176 594.76	264 972.56	160 534.49	104 438.07
2010.04	284 460.31	107 297.53	177 162.79	273 207.16	164 752.38	108 454.79
2010.05	285 160.48	107 540.99	177 619.49	278 099.62	167 766.41	110 333.21
2010.06	292 206.97	112 035.69	180 171.28	280 978.43	169 874.72	111 103.71
2010.07	291 781.18	111 099.38	180 681.80	279 164.37	168 218.38	110 945.99
2010.08	293 668.21	112 685.52	180 982.69	284 099.29	169 785.97	114 313.32
2010.09	304 168.16	118 611.45	185 556.71	287 569.53	166 521.00	121 048.53
2010.10	297 165.25	114 601.59	182 563.66	291 737.76	175 329.48	116 408.29
2010.11	298 534.02	116 420.60	182 113.42	297 502.74	179 483.23	118 019.51
2010.12	308 379.99	124 344.87	184 035.12	304 658.97	183 593.93	121 065.03
2011.01	315 178.24	128 972.68	186 205.56	263 540.26	119 812.67	143 727.59
2011.02	317 580.15	124 430.60	193 149.55	268 022.18	124 657.82	143 364.36
2011.03	327 629.17	130 028.63	197 600.54	281 727.06	129 574.37	152 152.69
2011.04	322 951.17	123 709.41	199 241.76	285 294.24	129 901.62	155 392.62
2011.05	323 664.14	124 690.05	198 974.08	289 998.32	131 416.82	158 581.50
2011.06	333 678.57	132 640.34	201 038.22	294 263.28	133 924.11	160 339.17
2011.07	327 022.09	125 303.09	201 719.00	290 163.11	130 545.87	159 617.24
2011.08	327 286.52	126 402.85	200 883.68	293 971.79	130 802.37	163 169.42
2011.09	337 212.27	130 681.74	206 530.53	290 918.52	124 966.85	165 951.67
2011.10	329 939.90	126 192.36	203 747.55	291 819.50	132 232.24	159 587.26
2011.11	332 043.26	127 531.68	204 511.58	295 559.82	134 061.80	161 498.02
2011.12	348 045.61	137 576.22	210 469.40	303 504.31	139 322.56	164 181.75

住户存款和非金融企业存款余额
Outstanding amounts of household deposits and non-financial corporate deposits

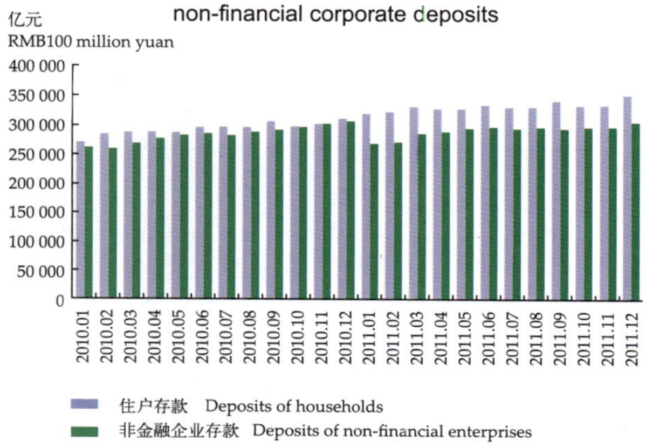

住户存款构成
Composition of households deposits

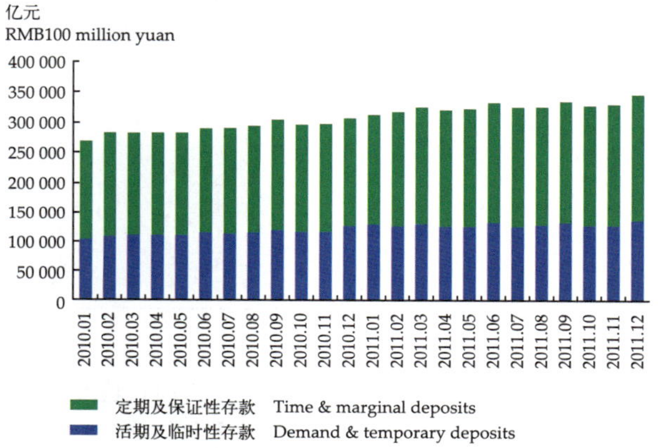

非金融企业存款构成
Composition of non-financial enterprise deposits

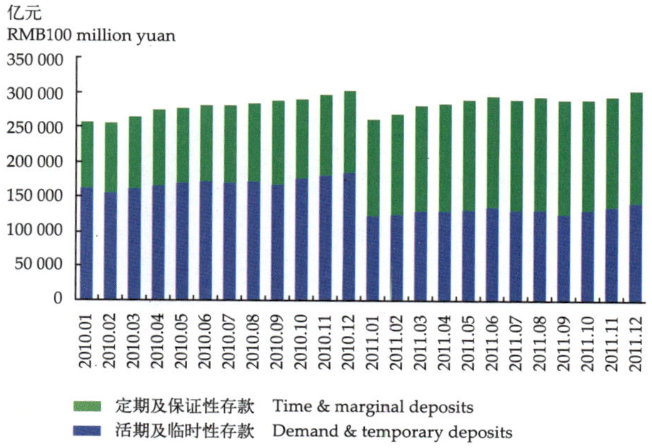

2011年年末人民币存款余额构成
Composition of outstanding amounts of RMB deposits at the end of 2011

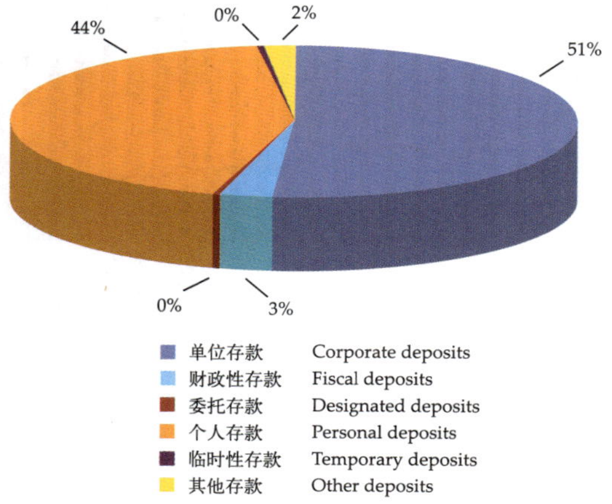

2011年年末人民币贷款按部门分类
RMB loans issued at the end of 2011 by sectors

单位：亿元
Unit: RMB 100 million yuan

	余额 Outstanding amounts	比年初增加 Increase over the beginning of the year
住户贷款 Loans to households	136 012	24 164
消费性贷款 Consumer loans	88 717	14 803
短期消费性贷款 Short-term consumer loans	13 555	3 965
中长期消费性贷款 Medium- and long-term consumer loans	75 162	10 838
经营性贷款 Business loans	47 295	9 361
短期经营性贷款 Short-term business loans	30 198	5 552
中长期经营性贷款 Medium- and long-term business loans	17 097	3 808
非金融性企业及其他部门贷款 Loans to non-financial institutions and other sectors	410 387	50 401
短期贷款及票据融资 Short-term loans and bill financing	174 504	27 935
中长期贷款 Medium- and long-term loans	231 548	20 993
其他贷款 Other loans	4 335	1 473

金融机构当年累计新增人民币贷款
Accumulated new RMB loans in financial institutions

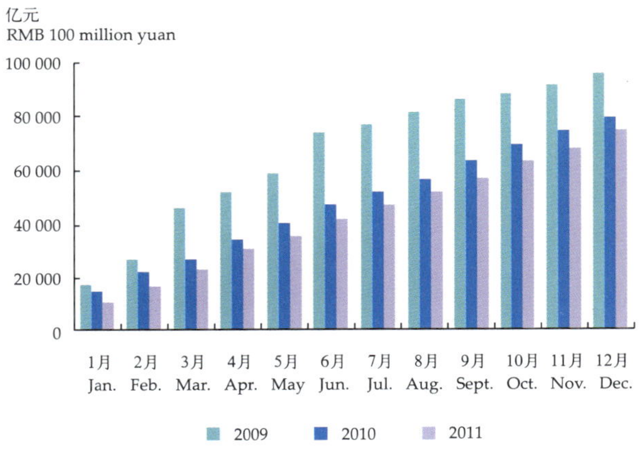

金融机构当月新增人民币贷款
New RMB loans in financial institutions by month

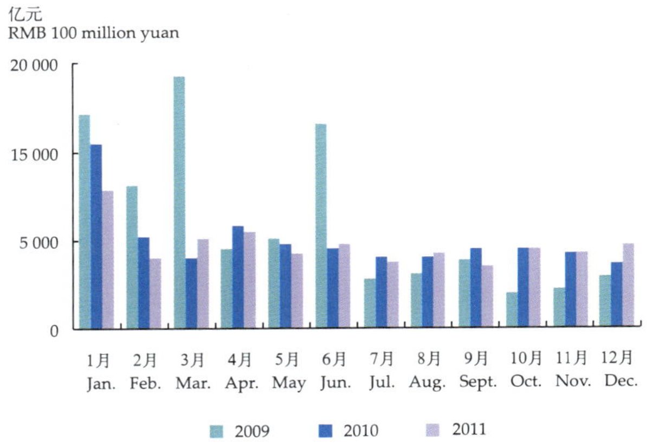

2011年金融机构新增人民币贷款构成
Composition of new RMB loans of financial institutions in 2011

单位：亿元
Unit: RMB 100 million yuan

		2011年 The year of 2011		2010年 The year of 2010	
		比年初增加 Increase over the beginning of the year	比重(%) Share (%)	比年初增加 Increase over the beginning of the year	比重(%) Share (%)
各项贷款	**Total loans**	74 715	100	79 451	100
短期贷款	Short-term loans	37 340	50	24 661	31
中长期贷款	Medium- and long-term loans	35 640	48	61 667	78
票据融资	Bill financing	112	0	-9 051	-11
其他贷款	Other loans	1 623	2	2 174	2

当年累计新增住户贷款
Accumulated new loans to households

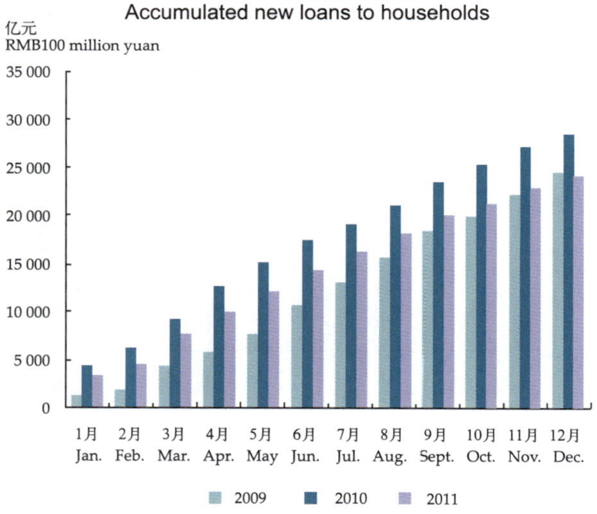

当月新增住户贷款
New loans to households by month

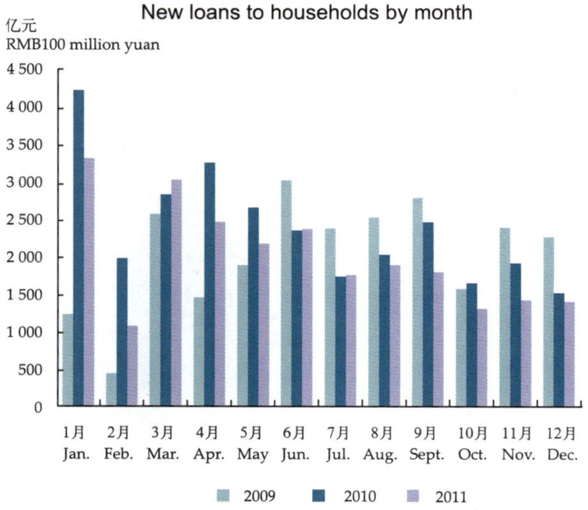

当年累计新增非金融性企业及其他部门贷款
Accumulated new loans to non-financial institutions and other sectors

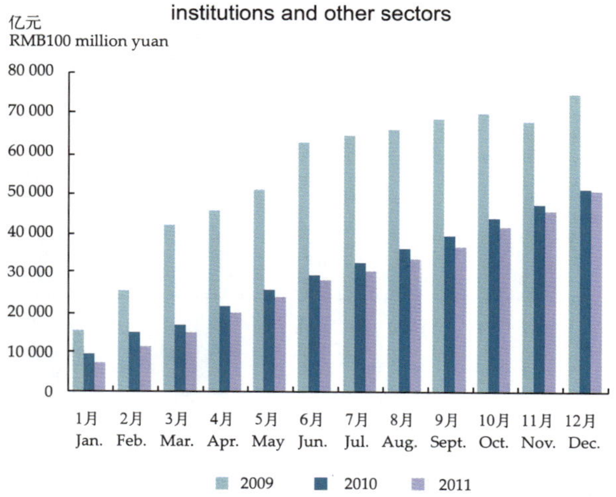

当月新增非金融性企业及其他部门贷款
New loans to non-financial institutions and other sectors by month

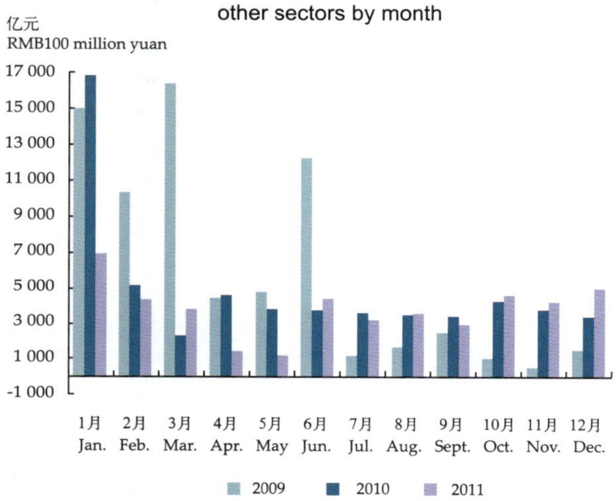

2011年年末个人消费贷款构成
Composition of consumer loans at the end of 2011

单位：亿元
Unit: RMB 100 million yuan

	余额 Outstanding amounts	同比增长率(%) Growth rate (YOY)(%)	比年初增加 Increase over the beginning of the year	比上年同期 Change compared with the same period of last year
个人消费贷款 Consumer loans	**88 720**	**18.2**	**14 806**	**-4 060**
个人住房贷款 Individual housing mortgage loans	65 164	13.8	8 321	-4 618
个人汽车消费贷款 Individual auto loans	2 610	7.5	251	-314
助学贷款 Student loans	441	16.9	64	19
其他贷款 Other loans	20 505	36.9	6 171	853

2011年年末个人消费贷款构成
Composition of consumer loans at the end of 2011

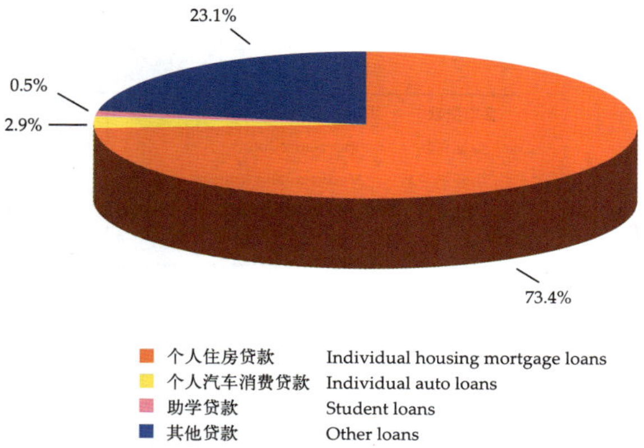

当年累计新增个人消费贷款
Accumulated new consumer loans

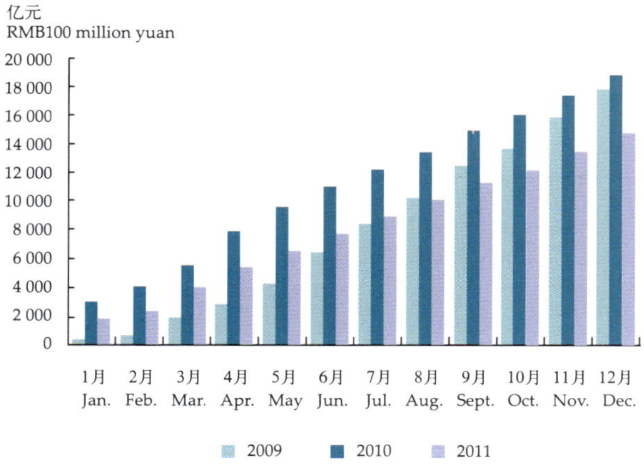

当月新增个人消费贷款
New consumer loans by month

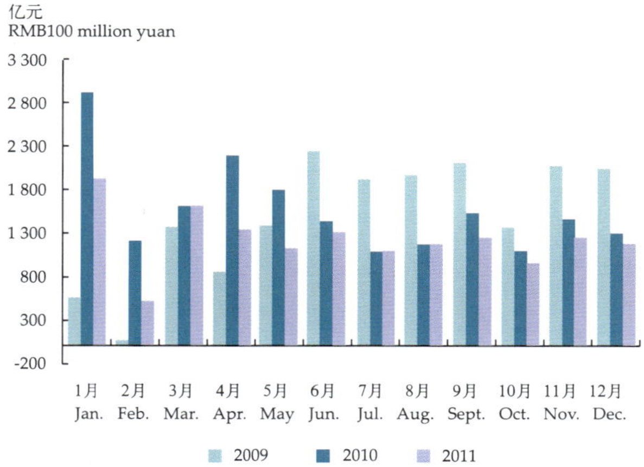

当年累计新增个人住房贷款
Accumulated new housing mortgage loans

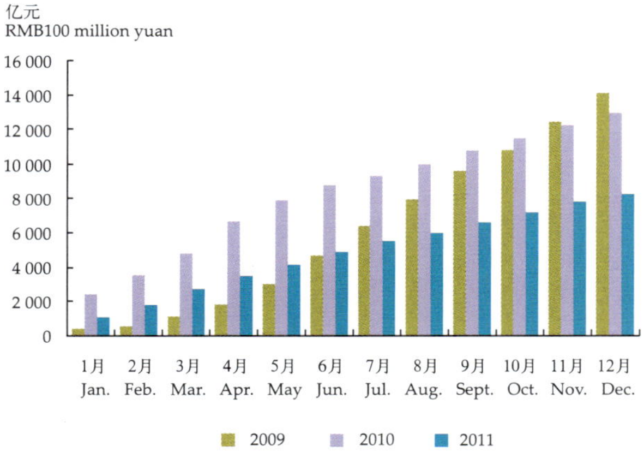

当月新增个人住房贷款
New housing mortgage loans by month

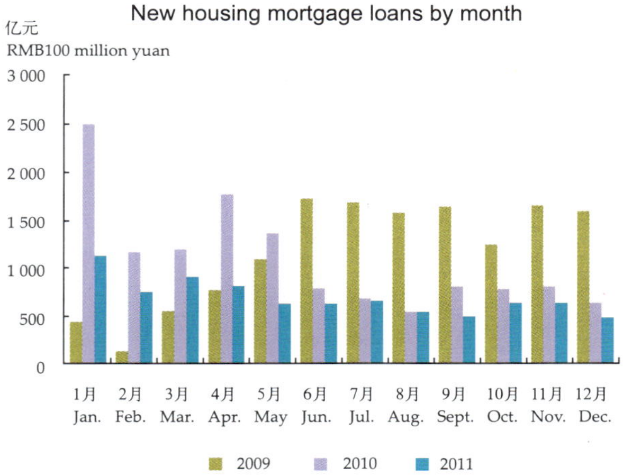

个人消费贷款余额及其增长趋势
Consumer loans and their growth

个人住房贷款余额及其增长率
Individual housing mortgage loans and their growth rates

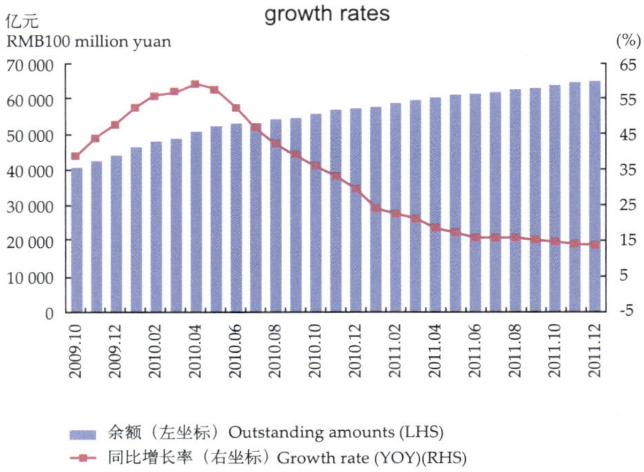

3.基础货币
(3) Monetary base

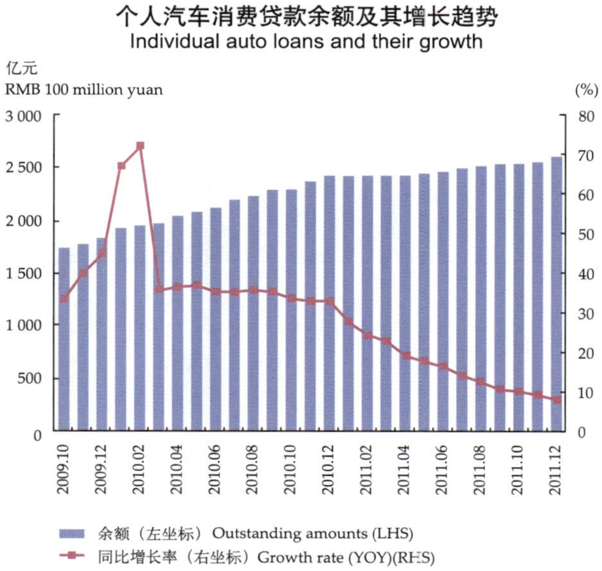

基础货币余额及其增长趋势
Monetary base and its growth

单位：万亿元
Unit: RMB trillion yuan

年/月 Year/Month	余额 Outstanding amounts	同比增长率(%) Growth rate (YOY) (%)
2010.01	14.28	10.2
2010.02	15.26	21.7
2010.03	14.94	20.2
2010.04	14.80	18.3
2010.05	14.71	19.8
2010.06	15.42	24.5
2010.07	15.43	23.7
2010.08	15.45	24.0
2010.09	16.13	20.9
2010.10	16.61	29.0
2010.11	17.18	29.3
2010.12	18.53	28.7
2011.01	19.75	38.3
2011.02	19.15	25.9
2011.03	19.26	29.0
2011.04	19.33	32.2
2011.05	19.62	34.1
2011.06	20.35	32.7
2011.07	20.25	32.0
2011.08	20.51	33.9
2011.09	21.22	32.8
2011.10	21.28	29.9
2011.11	21.66	28.2
2011.12	22.46	23.2

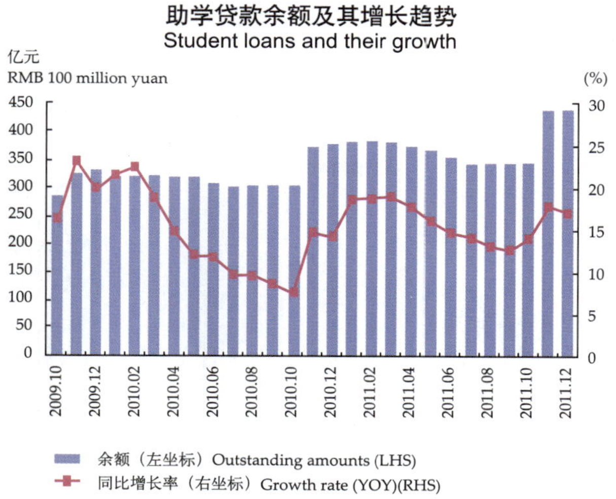

基础货币构成
Composition of monetary base

单位：亿元
Unit: RMB 100 million yuan

年/季 Year/Quarter	货币发行 Currency issue	金融性公司存款 Deposits of financial corporations	其他存款性公司存款 Deposits of other depository corporations	其他金融性公司存款 Deposits of other financial corporations
2008Q2	33 076	82 277	82 177	100
2008Q3	34 876	82 460	82 379	81
2008Q4	37 116	92 107	91 895	212
2009Q1	36 854	87 423	87 319	104
2009Q2	36 721	87 209	87 121	88
2009Q3	40 505	92 902	92 798	104
2009Q4	41 556	102 429	102 281	104
2010Q1	42 836	107 197	107 058	139
2010Q2	42 567	111 668	111 506	161
2010Q3	46 220	115 101	114 946	155
2010Q4	48 646	136 665	136 481	184
2011Q1	49 273	143 293	143 293	—
2011Q2	48 816	154 654	154 654	—
2011Q3	52 203	160 001	160 001	—
2011Q4	55 850	168 792	168 792	—

注：2011年1月起，中国人民银行采用国际货币基金组织关于储备货币的定义，不再将其他金融性公司在货币当局的存款计入储备货币。
Note: Since Jan 2011, the PBC used the definition of reserve money defined by IMF, deposits of other financial corporation are no longer included in reserve money.

基础货币构成
Composition of monetary base

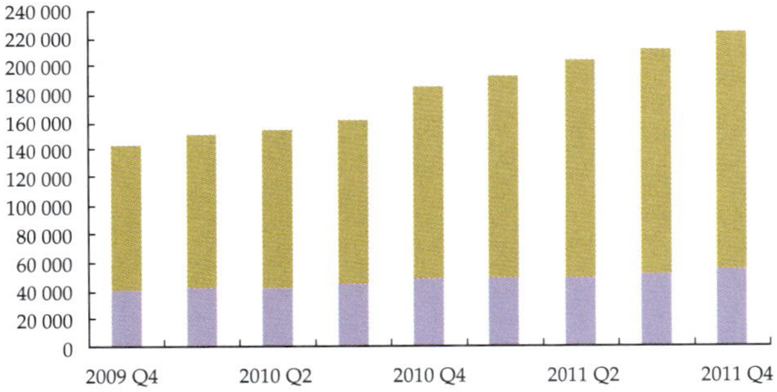

金融机构存款准备金和超额存款准备金率
Reserves and excess reserve ratio of financial institutions

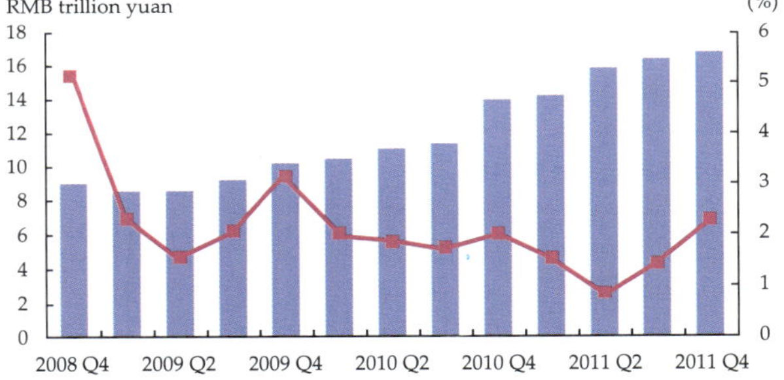

金融机构法定人民币存款准备金率
Official RMB reserve requirement ratios of financial institutions

单位：%
Unit: %

日期 Date	中资全国性大型银行① Chinese-funded large banks operating nationwide[1]	中小金融机构② Medium- and small-sized financial institutions[2]	农村合作银行 Rural cooperative banks	城市信用社 Urban credit cooperatives	农村信用社 Rural credit cooperatives
2003.09.21	7.0	7.0	—	6.0	6.0
2004.04.25	7.5	7.5	7.5	6.0	6.0
2006.07.05	8.0	8.0	7.5	6.5	6.0
2006.08.15	8.5	8.5	7.5	7.0	6.0
2006.11.15	9.0	9.0	8.0	7.5	6.5
2007.01.15	9.5	9.5	8.5	8.0	7.0
2007.02.25	10.0	10.0	9.0	8.5	7.5
2007.04.16	10.5	10.5	9.5	9.0	8.0
2007.05.15	11.0	11.0	10.0	9.5	8.5
2007.06.05	11.5	11.5	10.5	10.0	9.0
2007.08.15	12.0	12.0	11.0	10.5	9.5
2007.09.25	12.5	12.5	11.5	11.0	10.0
2007.10.25	13.0	13.0	12.0	11.5	10.5
2007.11.26	13.5	13.5	12.5	12.0	11.0
2007.12.25	14.5	14.5	13.5	13.0	12.0
2008.01.25	15.0	15.0	14.0	13.5	12.5
2008.03.25	15.5	15.5	14.5	14.0	13.0
2008.04.25	16.0	16.0	15.0	14.5	13.5
2008.05.20	16.5	16.5	15.5	15.0	14.0
2008.06.15	17.0	17.0	16.0	15.5	14.5
2008.06.25	17.5	17.5	16.5	16.0	15.0
2008.09.25	17.5	16.5	15.5	15.0	14.0
2008.10.15	17.0	16.0	15.0	14.5	13.5
2008.12.05	16.0	14.0	13.0	11.5	11.5
2008.12.25	15.5	13.5	11.0	11.0	11.0
2010.01.18	16.0	14.0	11.0	11.0	11.0
2010.02.25	16.5	14.5	11.0	11.0	11.0
2010.05.10	17.0	15.0	11.5	11.5	11.0
2010.11.16	17.5	15.5	12.0	12.0	11.5
2010.11.29	18.0	16.0	12.5	12.5	12.0
2010.12.20	18.5	16.5	13.0	13.0	12.5
2011.01.20	19.0	17.0	13.5	13.5	13.0
2011.02.24	19.5	17.5	14.0	14.0	13.5
2011.03.25	20.0	18.0	14.5	14.5	14.0
2011.04.21	20.5	18.5	15.0	15.0	14.5
2011.05.18	21.0	19.0	15.5	15.5	15.0
2011.06.20	21.5	19.5	16.0	16.0	15.5
2011.12.05	21.0	19.0	15.5	15.5	15.0

注：①包括中国工商银行、中国农业银行、中国银行、中国建设银行、交通银行和中国邮政储蓄银行。
②包括中国农业发展银行、股份制商业银行、城市商业银行、农村商业银行、有关外资金融机构。

Notes: 1. Including the Industrial and Commercial Bank of China, the Agricultural Bank of China, the Bank of China, the China Construction Bank, the Bank of Communication, the Postal Savings Bank of China.
2. Including the Agricultural Development Bank of China, joint-stock commercial banks, city commercial banks, rural commercial banks and foreign-funded financial institutions.

4.利率
(4) Interest rates

中央银行基准利率
Central bank benchmark interest rates

单位：年利率%
Unit: annual interest rate%

日期 Date	法定存款准备金 Required reserves	超额存款准备金 Excess reserves	对金融机构贷款 Lending to financial institutions				再贴现 Rediscount
			1年期 1-year	6个月以内 6-month and less	3个月以内 3-month and less	20天以内 20 days and less	
1996.05.01	8.82	8.82	10.98	10.17	10.08	9.00	*
1996.08.23	8.28	7.92	10.62	—	9.72	—	*
1997.10.23	7.56	7.02	9.36	9.09	8.82	8.55	*
1998.03.25	5.22	—	7.92	7.02	6.84	6.39	6.03
1998.07.01	3.51	—	5.67	5.58	5.49	5.22	4.32
1998.12.07	3.24	—	5.13	5.04	4.86	4.59	3.96
1999.06.10	2.07	—	3.78	3.69	3.51	3.24	2.16
2001.09.11	—	—	—	—	—	—	2.97
2002.02.21	1.89	—	3.24	3.15	2.97	2.70	2.97
2003.12.20	—	1.62	—	—	—	—	—
2004.03.25	—	—	3.87	3.78	3.60	3.33	3.24
2005.03.17	—	0.99	—	—	—	—	—
2008.01.01	—	—	4.68	4.59	4.41	4.14	4.32
2008.11.27	1.62	0.72	3.60	3.51	3.33	3.06	2.97
2008.12.23	—	—	3.33	3.24	3.06	2.79	1.80
2010.12.26	—	—	3.85	3.75	3.55	3.25	2.25

注：1. 1998年3月法定存款准备金和超额存款准备金两个账户合并为准备金账户。
2. *按同档次中央银行贷款利率下浮5%～10%。

Notes: 1. The required reserves account and excess reserves account were merged into the reserves account in March 1998.
2. *The interest rate is 5%~10% below that of the central bank lending rate of the same tranche.

法定存款准备金利率和再贴现利率
Required reserves interest rates and rediscount interest rates

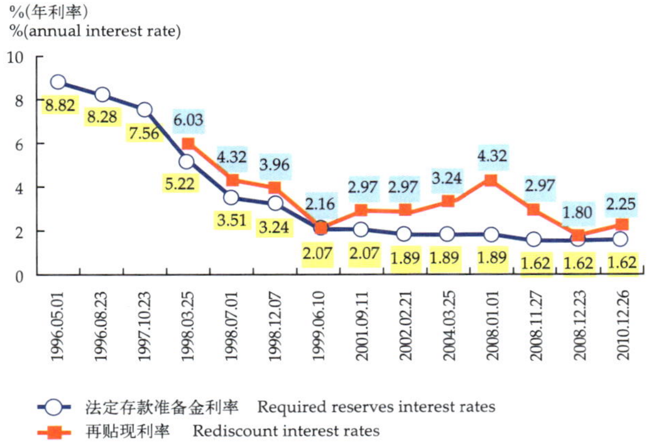

对金融机构贷款利率
Interest rates of central bank lending to financial institutions

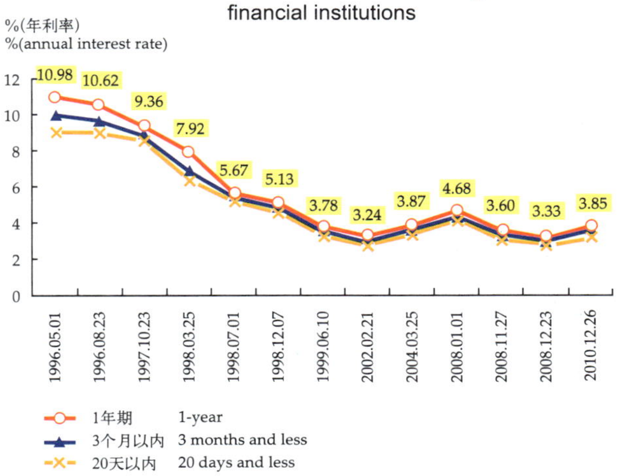

金融机构人民币存款基准利率
RMB deposit benchmark interest rates in financial institutions

单位：年利率%
Unit: annual interest rate %

日期 Date	活期 Demand deposits	定期 Time deposits					
		3个月 3-month	6个月 6-month	1年 1-year	2年 2-year	3年 3-year	5年 5-year
1990.04.15	2.88	6.30	7.74	10.08	10.98	11.88	13.68
1990.08.21	2.16	4.32	6.48	8.64	9.36	10.08	11.52
1991.04.21	1.80	3.24	5.40	7.56	7.92	8.28	9.00
1993.05.15	2.16	4.86	7.20	9.18	9.90	10.80	12.06
1993.07.11	3.15	6.66	9.00	10.98	11.70	12.24	13.86
1996.05.01	2.97	4.86	7.20	9.18	9.90	10.80	12.06
1996.08.23	1.98	3.33	5.40	7.47	7.92	8.28	9.00
1997.10.23	1.71	2.88	4.14	5.67	5.94	6.21	6.66
1998.03.25	1.71	2.88	4.14	5.22	5.58	6.21	6.66
1998.07.01	1.44	2.79	3.96	4.77	4.86	4.95	5.22
1998.12.07	1.44	2.79	3.33	3.78	3.96	4.14	4.50
1999.06.10	0.99	1.98	2.16	2.25	2.43	2.70	2.88
2002.02.21	0.72	1.71	1.89	1.98	2.25	2.52	2.79
2004.10.29	0.72	1.71	2.07	2.25	2.70	3.24	3.60
2006.08.19	0.72	1.80	2.25	2.52	3.06	3.69	4.14
2007.03.18	0.72	1.98	2.43	2.79	3.33	3.96	4.41
2007.05.19	0.72	2.07	2.61	3.06	3.69	4.41	4.95
2007.07.21	0.81	2.34	2.88	3.33	3.96	4.68	5.22
2007.08.22	0.81	2.61	3.15	3.60	4.23	4.95	5.49
2007.09.15	0.81	2.88	3.42	3.87	4.50	5.22	5.76
2007.12.21	0.72	3.33	3.78	4.14	4.68	5.40	5.85
2008.10.09	0.72	3.15	3.51	3.87	4.41	5.13	5.58
2008.10.30	0.72	2.88	3.24	3.60	4.14	4.77	5.13
2008.11.27	0.36	1.98	2.25	2.52	3.06	3.60	3.87
2008.12.23	0.36	1.71	1.98	2.25	2.79	3.33	3.60
2010.10.20	0.36	1.91	2.20	2.50	3.25	3.85	4.20
2010.12.26	0.36	2.25	2.50	2.75	3.55	4.15	4.55
2011.02.09	0.40	2.60	2.80	3.00	3.90	4.50	5.00
2011.04.06	0.50	2.85	3.05	3.25	4.15	4.75	5.25
2011.07.07	0.50	3.10	3.30	3.50	4.40	5.00	5.50

人民币存款基准利率
RMB deposit benchmark interest rates

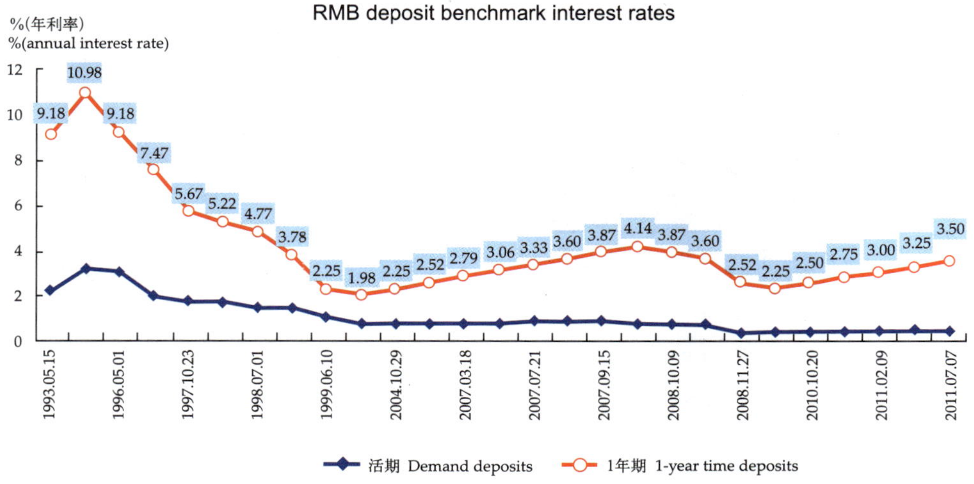

金融机构人民币贷款基准利率
RMB lending benchmark interest rates in financial institutions

单位：年利率%
Unit: annual interest rate %

日期 Date	短期贷款 Short-term loans		中长期贷款 Medium- and long-term loans		
	6个月以内(含6个月) 6-month and less (including 6-month)	6个月至1年(含1年) 6-month to 1-year (including 1-year)	1～3年(含3年) 1 to 3-year (including 3-year)	3～5年(含5年) 3 to 5-year (including 5-year)	5年以上 More than 5-year
1991.04.21	8.10	8.64	9.00	9.54	9.72
1993.05.15	8.82	9.36	10.80	12.06	12.24
1993.07.11	9.00	10.98	12.24	13.86	14.04
1995.01.01	9.00	10.98	12.96	14.58	14.76
1995.07.01	10.08	12.06	13.50	15.12	15.30
1996.05.01	9.72	10.98	13.14	14.94	15.12
1996.08.23	9.18	10.08	10.98	11.70	12.42
1997.10.23	7.65	8.64	9.36	9.90	10.53
1998.03.25	7.02	7.92	9.00	9.72	10.35
1998.07.01	6.57	6.93	7.11	7.65	8.01
1998.12.07	6.12	6.39	6.66	7.20	7.56
1999.06.10	5.58	5.85	5.94	6.03	6.21
2002.02.21	5.04	5.31	5.49	5.58	5.76
2004.10.29	5.22	5.58	5.76	5.85	6.12
2006.04.28	5.40	5.85	6.03	6.12	6.39
2006.08.19	5.58	6.12	6.30	6.48	6.84
2007.03.18	5.67	6.39	6.57	6.75	7.11
2007.05.19	5.85	6.57	6.75	6.93	7.20
2007.07.21	6.03	6.84	7.02	7.20	7.38
2007.08.22	6.21	7.02	7.20	7.38	7.56
2007.09.15	6.48	7.29	7.47	7.65	7.83
2007.12.21	6.57	7.47	7.56	7.74	7.83
2008.09.16	6.21	7.20	7.29	7.56	7.74
2008.10.09	6.12	6.93	7.02	7.29	7.47
2008.10.30	6.03	6.66	6.75	7.02	7.20
2008.11.27	5.04	5.58	5.67	5.94	6.12
2008.12.23	4.86	5.31	5.40	5.76	5.94
2010.10.20	5.10	5.56	5.60	5.96	6.14
2010.12.26	5.35	5.81	5.85	6.22	6.40
2011.02.09	5.60	6.06	6.10	6.45	6.60
2011.04.06	5.85	6.31	6.40	6.65	6.80
2011.07.07	6.10	6.56	6.65	6.90	7.05

人民币贷款基准利率
RMB lending benchmark interest rates

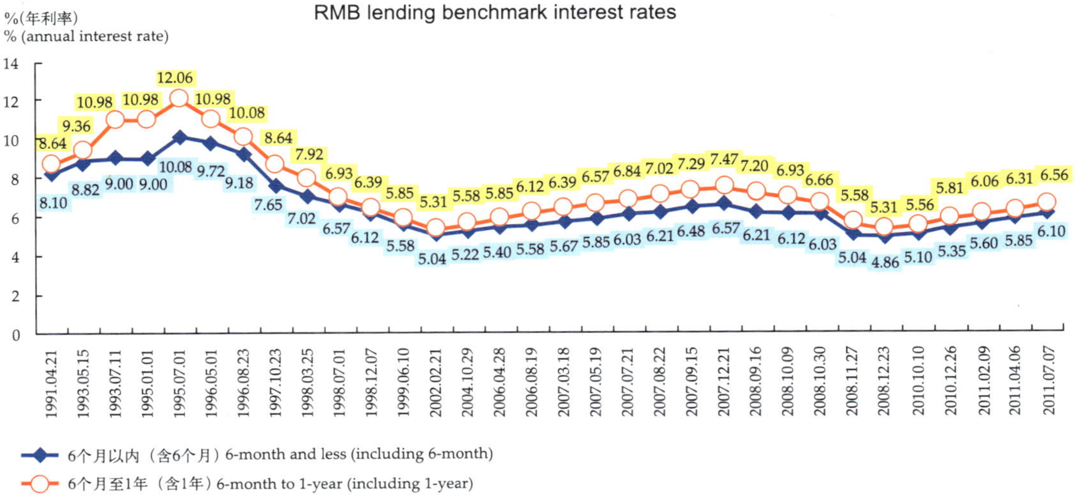

金融机构人民币贷款各利率区间占比表
Share of loans with floating rates in various ranges

单位：% Unit: %

日期 Date	下浮 Floating downward	基准 At benchmark	上浮 Floating upward					
	[0.9, 1.0)	1.0	小计 Subtotal	(1.0, 1.1]	(1.1, 1.3]	(1.3, 1.5]	(1.5, 2.0]	2.0以上Above 2.0
2009.01	23.52	34.27	42.21	42.21	12.79	4.97	6.98	2.86
2009.02	28.82	33.56	37.62	37.62	10.36	4.82	6.98	3.18
2009.03	28.38	35.18	36.43	36.43	10.46	4.37	6.64	2.75
2009.04	26.72	33.48	39.80	39.80	11.07	5.46	7.97	3.12
2009.05	27.34	32.40	40.26	40.26	11.46	5.18	7.49	3.10
2009.06	30.47	33.70	35.83	35.83	10.24	4.70	5.82	2.41
2009.07	32.76	32.18	35.06	35.06	9.16	4.52	6.55	2.94
2009.08	30.91	30.79	38.31	38.31	10.68	5.03	6.45	2.81
2009.09	31.82	30.61	37.57	37.57	10.81	5.07	6.41	2.73
2009.10	30.27	30.90	38.83	38.83	10.85	5.25	7.16	3.17
2009.11	30.19	30.53	39.28	39.28	11.14	5.37	7.44	3.38
2009.12	33.19	30.26	36.55	36.55	10.01	5.13	6.64	3.40
2010.01	35.38	31.18	33.44	33.44	8.74	4.42	5.71	2.65
2010.02	32.65	31.95	35.41	35.41	9.21	4.31	6.09	3.03
2010.03	30.05	28.91	41.04	41.04	10.91	5.45	7.11	4.45
2010.04	26.22	31.18	42.60	42.60	11.66	5.89	7.47	3.75
2010.05	26.56	29.55	43.89	43.89	11.88	5.77	7.62	3.70
2010.06	27.72	30.89	41.39	41.39	11.63	5.34	6.80	3.18
2010.07	27.03	29.72	43.25	43.25	11.76	5.42	7.05	3.64
2010.08	25.75	29.31	44.94	44.94	12.57	5.42	7.93	4.23
2010.09	25.54	30.19	44.27	44.27	12.57	5.36	7.76	3.97
2010.10	26.69	29.80	43.51	43.51	12.14	5.27	7.44	3.86
2010.11	27.49	30.60	41.91	41.91	12.31	5.00	7.34	3.30
2010.12	27.80	29.16	43.04	43.04	11.89	5.66	8.18	3.51
2011.01	21.35	29.45	49.20	15.97	15.01	6.08	8.67	3.48
2011.02	19.94	31.80	48.26	17.91	14.55	5.61	7.29	2.90
2011.03	13.96	30.22	55.82	18.25	17.76	6.96	9.24	3.60
2011.04	12.54	28.43	59.04	18.72	20.56	7.39	9.14	3.22
2011.05	11.18	27.96	60.87	20.81	21.34	7.29	8.69	2.74
2011.06	9.94	28.91	61.15	20.56	22.70	7.22	8.08	2.60
2011.07	8.53	26.72	64.74	20.75	23.98	8.14	8.99	2.89
2011.08	6.05	25.27	68.67	22.40	25.80	8.42	9.06	3.00
2011.09	6.96	25.86	67.19	21.62	25.47	8.29	8.89	2.91
2011.10	5.06	29.96	64.99	21.54	25.02	7.81	7.87	2.75
2011.11	7.00	26.90	66.10	21.16	25.25	8.20	8.34	3.14
2011.12	7.02	26.96	66.02	21.51	24.20	8.26	8.98	3.08

2011年第四季度金融机构人民币贷款各利率区间占比表
Share of loans with rates floating at various ranges in the fourth quarter of 2011

单位：% Unit: %

	下浮 Floating downward	基准 At benchmark	上浮 Floating upward					
	[0.9, 1.0)	1.0	小计 Subtotal	(1.0, 1.1]	(1.1, 1.3]	(1.3, 1.5]	(1.5, 2.0]	2.0以上 Above 2.0
四大国有商业银行 Four state-owned commercial banks	7.49	35.73	56.78	30.28	23.37	2.66	0.45	0.02
股份制商业银行 Joint-stock commercial banks	4.02	20.34	75.65	29.15	36.73	6.82	0.86	2.09
外资商业银行 Foreign commercial banks	19.30	18.48	62.23	22.64	28.36	8.14	2.54	0.55
城市商业银行 City commercial banks	3.31	17.26	79.42	15.58	30.69	16.39	11.98	4.77
城乡信用社 Urban and rural credit cooperatives	1.61	5.98	92.41	6.80	18.28	20.29	36.19	10.86
政策性银行 Policy banks	19.92	70.17	9.91	7.41	2.39	0.10	0.00	0.00
合计 Total	7.02	26.96	66.02	21.51	24.20	8.26	8.98	3.08

大额美元存款与美元贷款平均利率表
Average interest rates of large-value dollar deposits and loans

单位：% Unit: %

日期 Date	大额存款 Large-value deposits						贷款 Loans				
	活期 Demand	3个月以内 Within 3 months	3(含)~6个月 3~6 months (including 3 months)	6(含)~12个月 6~12 months (including 6 months)	1年 1 year	1年以上 Above 1 year	3个月以内 Within 3 months	3(含)~6个月 3~6 months (including 3 months)	6(含)~12个月 6~12 months (including 6 months)	1年 1 year	1年以上 Above 1 year
2009.10	0.13	0.43	0.57	0.95	1.60	0.50	1.96	1.41	1.52	1.54	3.04
2009.11	0.12	0.51	0.79	1.35	1.59	1.63	1.42	1.48	1.68	1.76	2.56
2009.12	0.17	0.46	0.75	1.35	1.21	2.84	1.59	1.66	1.91	1.87	2.59
2010.01	0.12	0.62	0.88	1.07	1.88	2.96	1.55	1.91	2.07	2.09	3.04
2010.02	0.15	0.70	0.85	1.50	1.65	1.75	1.68	1.88	1.90	2.16	2.79
2010.03	0.15	0.76	0.81	1.34	2.32	0.82	1.69	1.82	2.03	2.32	2.87
2010.04	0.15	0.92	0.87	1.69	1.99	3.83	1.94	2.12	2.14	2.53	2.50
2010.05	0.16	1.41	1.65	1.72	3.09	2.82	2.39	2.88	2.63	2.96	3.02
2010.06	0.21	1.76	1.44	2.32	1.60	3.94	2.39	2.81	2.88	3.10	3.33
2010.07	0.22	1.99	2.20	2.66	3.02	2.89	2.48	2.99	3.18	3.22	3.07
2010.08	0.31	2.04	2.18	2.65	3.42	2.19	2.37	2.72	3.03	2.78	2.12
2010.09	0.26	1.93	1.85	2.12	3.48	2.16	2.30	2.46	2.94	2.93	3.82
2010.10	0.20	1.85	2.47	1.96	1.18	1.80	2.35	2.58	2.85	2.81	3.02
2010.11	0.21	1.86	1.81	2.49	3.37	3.95	2.38	2.68	3.06	2.98	3.15
2010.12	0.33	1.84	2.19	2.27	1.91	1.80	2.57	2.85	3.13	3.16	2.74
2011.01	0.24	1.99	2.01	1.87	3.47	4.45	2.76	2.92	3.04	2.91	3.35
2011.02	0.27	2.14	2.68	2.55	3.34	3.91	2.94	3.16	3.12	3.16	3.16
2011.03	0.32	2.31	2.67	3.01	2.91	4.47	3.04	3.26	3.76	3.25	3.15
2011.04	0.28	2.61	2.58	2.96	4.19	5.20	3.02	3.25	3.57	3.41	3.16
2011.05	0.29	2.63	3.14	3.38	3.60	5.58	3.12	3.44	3.68	3.54	3.60
2011.06	0.26	2.79	2.80	2.66	1.48	3.22	3.16	3.46	3.73	3.78	3.46
2011.07	0.33	2.68	2.98	3.39	2.78	5.47	3.30	3.58	4.23	3.90	3.78
2011.08	0.31	2.95	3.47	3.44	3.58	5.36	3.34	3.69	4.03	3.97	3.58
2011.09	0.35	2.99	3.81	3.15	3.86	5.61	3.37	3.75	4.37	3.70	3.76
2011.10	0.34	2.98	3.48	3.48	1.74	5.03	3.72	4.17	4.76	3.72	4.92
2011.11	0.30	3.36	3.85	4.48	3.84	2.52	3.76	4.29	4.78	4.37	3.74
2011.12	0.31	3.29	3.97	4.08	2.82	3.37	3.85	4.31	4.57	3.89	4.26

八、金融市场
8. Financial Market

1.货币市场
(1) Money market

银行间市场交易量
Transaction volume in the inter-bank market

单位：万亿元
Unit: RMB trillion yuan

年 Year	债券回购 Repurchasing	同业拆借 Inter-bank borrowing	现券买卖 Outright transactions
2000	1.6	0.7	0.1
2001	4.0	0.8	0.1
2002	10.2	1.2	0.4
2003	11.7	2.4	3.1
2004	9.4	1.5	2.5
2005	15.9	1.3	6.0
2006	26.6	2.2	10.2
2007	44.8	10.6	15.6
2008	58.1	15.0	37.1
2009	70.3	19.4	47.3
2010	87.6	27.9	64.0
2011	99.5	33.4	63.6

银行间市场月加权平均利率
Monthly weighted average interest rates in the inter-bank market

单位：% Unit: %

年/月 Year/Month	同业拆借市场 Inter-bank borrowing market	质押式债券回购 Bond-pledged repurchasing
2010.01	1.16	1.19
2010.02	1.52	1.55
2010.03	1.40	1.40
2010.04	1.34	1.36
2010.05	1.67	1.71
2010.06	2.31	2.38
2010.07	1.67	1.68
2010.08	1.62	1.66
2010.09	1.90	1.98
2010.10	1.67	1.69
2010.11	1.76	1.81
2010.12	2.92	3.12
2011.01	3.70	4.29
2011.02	2.73	3.02
2011.03	1.93	1.98
2011.04	2.16	2.22
2011.05	2.93	3.03
2011.06	4.56	4.94
2011.07	4.44	4.61
2011.08	3.30	3.38
2011.09	3.74	3.75
2011.10	3.75	3.75
2011.11	3.49	3.52
2011.12	3.33	3.37

银行间市场交易量
Transaction volume in the inter-bank market

单位：万亿元
Unit: RMB trillion yuan

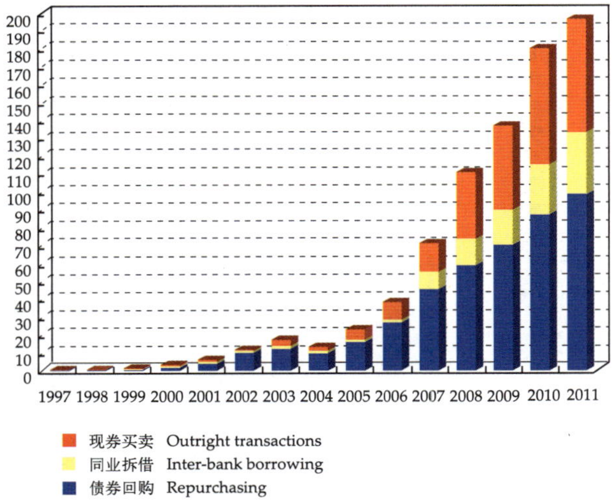

银行间市场月加权平均利率
Monthly weighted average interest rates in the inter-bank market

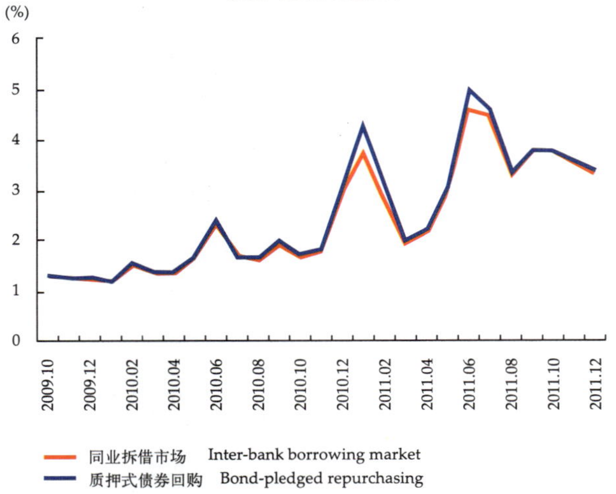

2011年各品种Shibor走势图
Movements of the Shibor in 2011

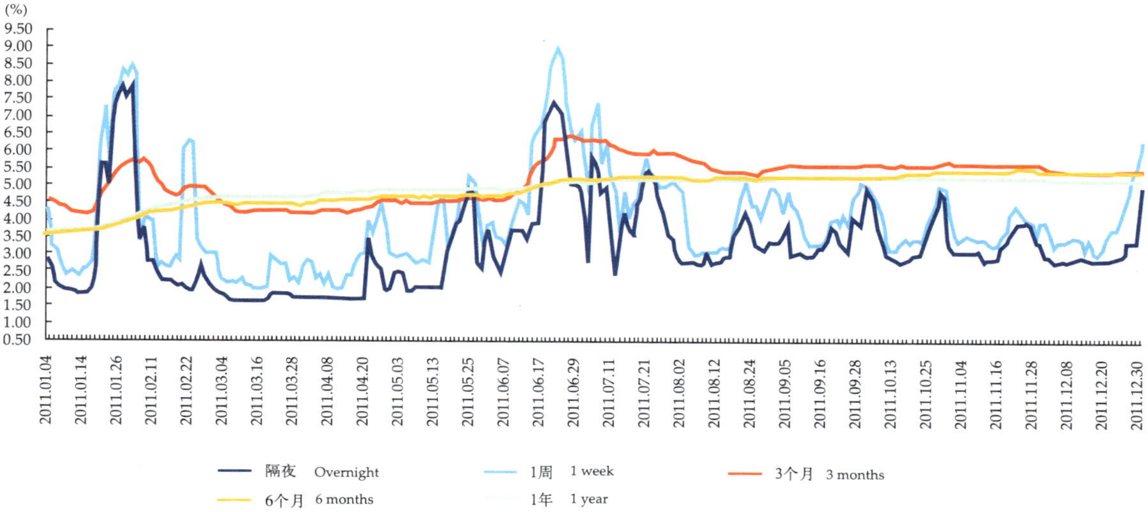

全国银行间同业拆借各期限当月交易量及月加权平均利率
Monthly transaction volume and monthly weighted average interest rates of inter-bank borrowing with different maturities

单位：亿元，%
Unit: RMB 100 million yuan, %

年/月 Year/Month	隔夜 Overnight		7天 7 days		8～14天 8 to 14 days		15～20天 15 to 20 days		21～30天 21 to 30 days		31～60天 31 to 60 days		3个月 3 months		4个月 4 months		6个月 6 months		9个月 9 months		1年 1 year	
	交易量 Volume	利率 Rate	交易量 Volume	利率 Rate	交易量 Volume	利率 Rate	交易量 Volume	利率 Rate	交易量 Volume	利率 Rate	交易量 Volume	利率 Rate	交易量 Volume	利率 Rate	交易量 Volume	利率 Rate	交易量 Volume	利率 Rate	交易量 Volume	利率 Rate	交易量 Volume	利率 Rate
2009.12	17 920.6	1.19	2 160.1	1.50	658.6	1.60	362.9	1.61	370.9	1.73	53.7	1.73	155.9	1.86	30.3	1.92	2.8	2.46	—	—	—	—
2010.01	15 839.5	1.12	1 224.1	1.52	119.3	1.62	31.4	1.62	137.6	1.74	16.4	1.85	73.5	2.94	10.0	1.95	7.0	2.01	4.0	2.07	4.4	2.52
2010.02	13 140.8	1.45	1 396.5	1.80	733.5	2.06	74.0	1.82	114.0	1.91	64.3	1.92	94.9	2.01	10.9	2.05	12.1	2.11	—	—	—	—
2010.03	17 101.6	1.35	1 396.3	1.67	428.5	1.70	2.2	2.20	163.8	1.82	124.4	1.78	117.4	2.05	8.1	2.08	15.2	2.25	—	—	4.7	2.39
2010.04	19 859.7	1.31	1 426.0	1.66	203.9	1.66	15.0	1.90	42.4	1.82	24.7	1.87	147.6	2.00	2.5	2.30	4.2	2.42	—	—	—	—
2010.05	16 873.7	1.63	1 959.9	1.95	159.8	1.79	24.4	2.05	83.0	2.00	27.8	2.01	170.6	2.06	8.1	2.37	9.4	2.62	—	—	—	—
2010.06	14 896.8	2.20	2 331.1	2.68	371.6	3.03	136.5	3.40	122.4	3.45	15.3	3.51	47.3	3.50	35.8	3.51	9.0	3.52	0.1	2.50	—	—
2010.07	22 225.7	1.60	2 233.4	2.11	421.7	2.06	16.4	2.65	180.6	2.55	16.4	2.92	113.7	2.65	11.5	2.76	31.0	2.71	24.1	2.66	0.1	2.24
2010.08	30 720.3	1.58	3 015.2	1.92	637.1	1.82	29.3	2.08	166.8	2.11	13.4	2.10	80.7	2.49	—	—	44.0	2.61	—	—	0.1	3.22
2010.09	26 899.3	1.79	2 535.0	2.48	1 128.4	2.84	146.1	3.20	266.3	3.10	16.0	2.67	92.5	2.65	11.0	3.00	11.7	2.44	—	—	—	—
2010.10	20 287.3	1.62	1 762.1	2.06	258.9	2.26	35.0	2.38	79.9	2.61	19.5	2.62	173.7	2.81	16.6	2.84	14.5	2.95	—	—	—	—
2010.11	23 669.3	1.71	2 510.7	2.06	244.5	2.22	8.3	3.27	47.4	2.89	38.4	2.72	86.5	3.22	8.0	2.93	25.2	3.32	2.0	3.55	—	—
2010.12	23 348.1	2.69	2 478.9	4.54	353.4	4.48	131.7	3.85	208.9	4.24	89.6	4.92	142.2	4.48	75.0	3.43	2.3	4.80	—	—	0.4	3.28
2011.01	14 322.0	3.40	1 606.0	4.94	358.6	7.03	106.7	6.80	256.6	5.45	39.6	6.57	205.4	4.84	2.0	5.40	51.2	4.21	—	4.00	—	—
2011.02	13 061.6	2.45	2 099.4	3.70	549.9	4.53	12.4	4.98	47.4	4.98	27.0	5.30	133.0	4.84	21.4	4.80	43.4	4.71	0.3	4.73	0.2	4.48
2011.03	23 610.9	1.81	2 514.3	2.42	316.8	2.79	172.5	2.83	116.6	3.84	26.9	4.42	121.9	4.08	58.8	3.90	117.8	4.29	4.5	3.91	3.7	4.24
2011.04	22 683.0	2.02	2 650.2	6.01	183.7	2.94	34.2	2.75	103.5	4.03	27.0	4.53	171.6	4.08	17.6	3.65	8.6	4.72	0.8	4.40	1.0	4.95
2011.05	28 980.4	2.84	1 728.6	3.72	459.4	4.11	195.3	3.96	214.4	4.25	55.3	4.35	96.1	4.75	0.2	5.26	4.7	4.71	5.9	5.08	3.1	5.11
2011.06	23 471.8	4.31	3 149.2	5.95	287.4	6.30	23.4	6.35	501.9	5.77	162.9	4.89	159.2	6.16	5.0	5.36	20.7	4.94	13.0	4.62	4.9	5.10
2011.07	27 449.0	4.30	2 898.9	5.20	517.3	5.88	29.2	6.05	170.6	6.31	55.3	5.74	180.1	6.06	67.6	5.75	65.0	5.48	12.2	5.50	15.2	4.94
2011.08	28 006.0	3.13	4 890.6	3.83	1 342.4	4.00	49.4	3.66	143.2	5.40	244.7	5.34	123.0	5.70	2.8	5.36	21.8	5.82	1.5	5.30	11.7	3.90
2011.09	19 211.2	3.47	4 729.3	4.06	1 710.9	4.80	645.1	5.01	207.0	5.75	69.0	5.95	148.3	5.72	—	—	100.6	5.79	—	—	1.0	6.30
2011.10	20 832.3	3.61	4 850.2	3.92	1 397.0	4.23	114.6	4.90	222.4	5.42	32.3	5.81	187.3	5.70	87.3	5.86	77.7	5.83	0.5	5.90	0.7	5.60
2011.11	25 439.8	3.34	5 475.3	3.78	1 332.1	4.08	202.4	3.92	399.5	5.01	157.7	5.14	98.8	5.84	45.6	5.73	26.0	5.80	—	—	2.4	6.51
2011.12	26 132.4	3.04	5 808.9	3.94	1 530.6	4.63	697.8	4.41	322.1	4.81	211.9	5.14	49.0	5.65	42.4	5.77	63.0	5.75	—	—	9.7	5.55

全国银行间同业拆借各期限月加权平均利率
Monthly weighted average interest rates of inter-bank borrowing with different maturities

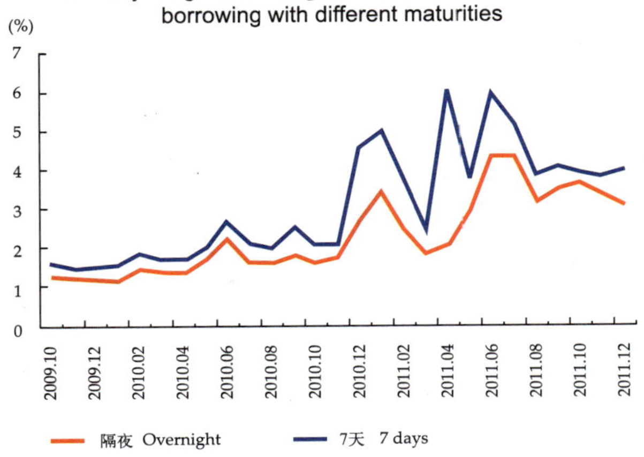

全国银行间同业拆借各期限当月交易量
Monthly transaction volume of inter-bank borrowing with different maturities

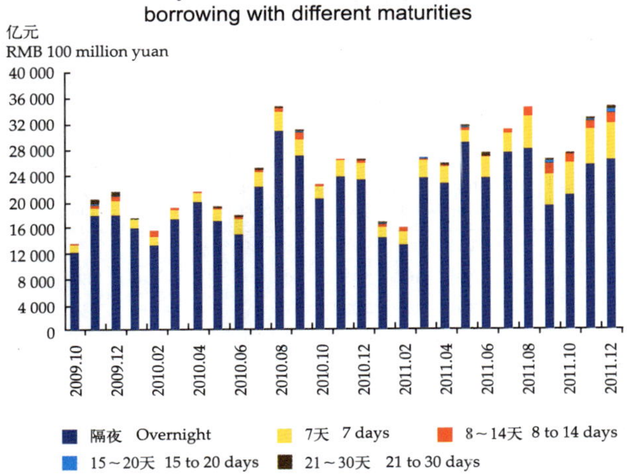

2.债券市场
(2) Bond market

债券回购交易成交金额
Turnover of repurchasing

单位：亿元
Unit: RMB 100 million yuan

年/月 Year/Month	银行间债券市场 Inter-bank bond market	交易所 Stock exchanges
2010.01	60 269	3 890
2010.02	46 254	2 920
2010.03	64 465	5 192
2010.04	68 354	4 850
2010.05	71 315	4 989
2010.06	73 152	5 856
2010.07	83 438	6 653
2010.08	100 903	6 950
2010.09	82 021	6 417
2010.10	66 401	4 924
2010.11	91 139	7 415
2010.12	78 825	10 319
2011.01	70 416	10 614
2011.02	53 737	8 285
2011.03	90 528	12 370
2011.04	86 319	10 966
2011.05	86 088	14 111
2011.06	77 755	17 654
2011.07	89 514	22 073
2011.08	90 811	24 301
2011.09	73 299	21 890
2011.10	73 894	17 848
2011.11	93 163	24 326
2011.12	109 010	25 073

债券现券交易成交金额
Turnover of outright transactions

单位：亿元
Unit: RMB 100 million yuan

年/月 Year/Month	银行间债券市场 Inter-bank bond market	交易所* Stock exchanges
2010.01	34 682	150
2010.02	25 680	155
2010.03	47 734	223
2010.04	46 794	146
2010.05	49 623	168
2010.06	40 184	128
2010.07	63 638	120
2010.08	73 780	111
2010.09	64 958	118
2010.10	57 660	115
2010.11	69 298	139
2010.12	66 390	88
2011.01	38 604	70
2011.02	26 656	54
2011.03	60 923	148
2011.04	56 162	89
2011.05	60 771	108
2011.06	64 171	140
2011.07	62 290	100
2011.08	61 976	107
2011.09	46 071	171
2011.10	40 051	99
2011.11	54 411	102
2011.12	64 338	63

注：*仅包含政府债券。
Note: * Only including government bonds.

债券回购交易成交金额
Turnover of repurchasing

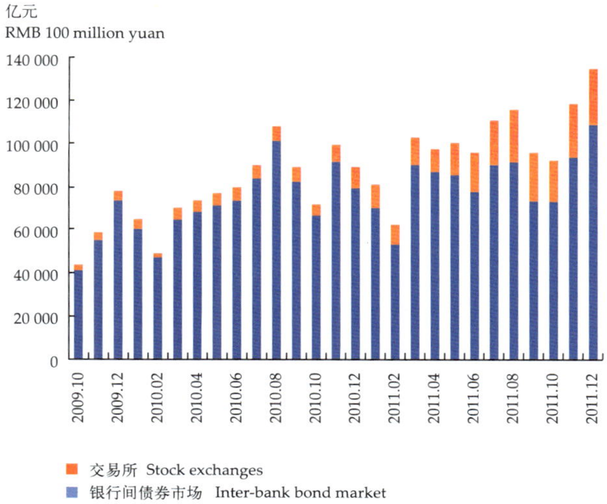

债券现券交易成交金额
Turnover of outright transactions

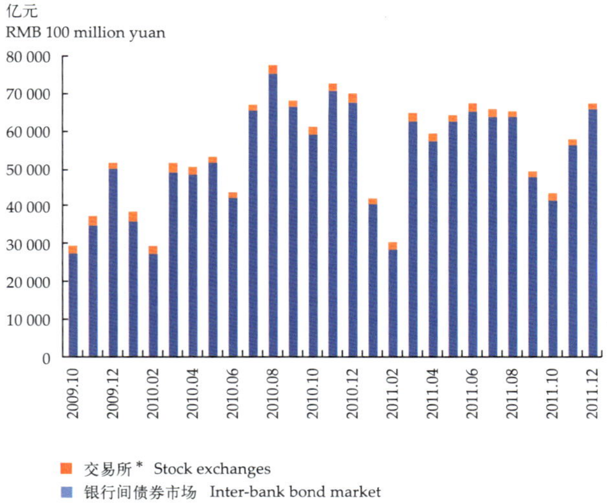

注：*仅包含政府债券。
Note: * Only including government bonds.

国债发行、兑付、期末余额
Issue and redemption values and end-period balance of government bonds

单位：亿元
Unit: RMB 100 million yuan

年/月 Year/Month	发行额 Issue value	兑付额 Redemption value	期末余额 End-period balance
2010.01	260.0	552.3	57 657.7
2010.02	260.0	651.2	57 266.6
2010.03	1 780.0	816.9	58 229.7
2010.04	1 982.9	1 655.7	58 556.9
2010.05	1 862.8	893.2	59 526.6
2010.06	2 150.1	452.1	61 224.6
2010.07	2 193.7	803.3	62 720.1
2010.08	2 591.6	856.9	64 454.7
2010.09	1 826.0	1 042.9	65 237.8
2010.10	1 243.4	1 196.2	66 285.0
2010.11	2 251.0	876.1	66 660.0
2010.12	1 376.8	351.9	67 684.9
2011.01	900.0	1 118.1	67 466.8
2011.02	580.0	374.7	67 672.1
2011.03	1 780.0	1 676.7	67 775.4
2011.04	1 712.4	1 177.3	68 310.5
2011.05	1 763.1	1 225.8	68 847.9
2011.06	1 642.5	465.5	70 024.9
2011.07	1 999.2	849.1	71 175.0
2011.08	2 552.6	1 078.3	72 649.3
2011.09	1 087.3	974.2	72 762.4
2011.10	1 252.4	783.2	73 231.6
2011.11	1 270.6	1 192.2	73 310.0
2011.12	560.0	43.5	73 826.5

国债发行与兑付
Issue and redemption values of government bonds

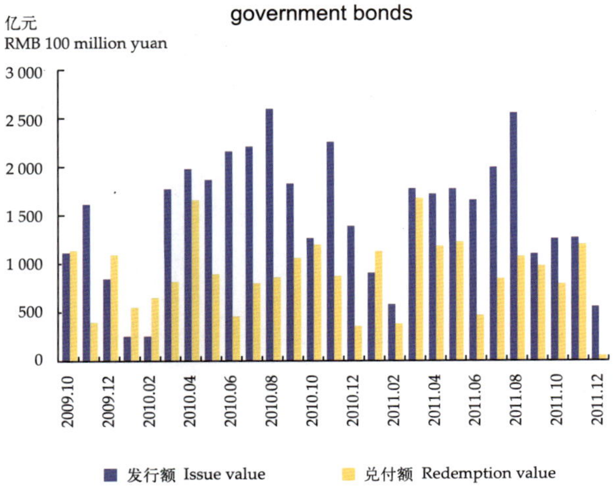

国债期末余额
Outstanding amounts of government bonds at end-period

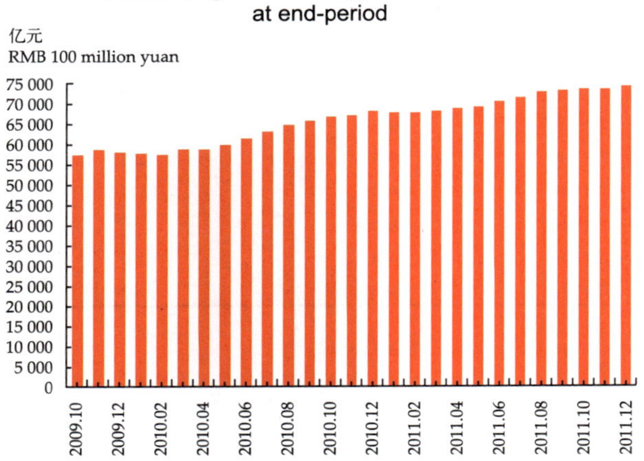

3.股票市场
(3) Stock market

股票成交、发行筹资额
Turnover of stock trading and funds raised in the stock market

年/月 Year/Mont		成交金额（亿元） Turnover of stock trading (RMB100 million yuan)		A股筹资（亿元） A-shares capital raised (RMB100 million yuan)					B股筹资（亿美元） B-shares capital rasied (USD100 million)	H股筹（亿美元） H-shares capital rasied (USD100 million)	
		上海证券交易所A股 A-shares on the Shanghai stock exchange	深圳证券交易所A股 A-shares on the Shenzhen stock exchange	首次发行金额 Initial public offering	公开增发 Additional offering	定向增发（现金） Placement (Cash)	配股 Allotment	权证行权 Exercise warrant		首次发行金额 Initial public offering	再筹资金额 Refinancing
2011	1	20 198	7 770	454.1	35.1	141.7	99.7	0.0	0.0	0.0	0.0
	2	21 593	8 928	242.9	1.3	19.4	6.8	0.0	0.0	0.0	0.0
	3	36 920	14 965	342.6	25.3	208.7	6.1	0.0	0.0	0.0	0.0
	4	27 271	11 583	259.7	6.9	270.0	113.7	0.0	0.0	0.0	7.7
	5	20 431	8 438	222.9	0.0	128.4	0.0	0.0	0.0	22.5	0.0
	6	18 480	7 431	204.8	0.0	111.4	3.3	0.0	0.0	8.5	24.9
	7	22 994	9 716	113.6	14.6	145.3	175.6	0.0	0.0	0.0	12.8
	8	19 128	7 821	260.7	21.5	240.5	0.0	29.5	0.0	0.0	0.0
	9	12 099	4 661	182.2	0.0	53.5	0.0	0.0	0.0	0.0	0.0
	10	11 151	4 271	212.4	0.0	31.6	0.0	0.0	0.0	18.3	0.0
	11	16 285	6 220	163.0	27.4	68.5	9.0	0.0	0.0	0.0	0.0
	12	10 260	3 821	166.5	0.0	245.6	7.7	0.0	0.0	18.6	0.0

月末加权平均市盈率
Weighted average price-earnings ratio at month-end

年／月 Year/Month	上海证券交易所A股 A-shares on the Shanghai stock exchange	上海证券交易所B股 B-shares on the Shanghai stock exchange	深圳证券交易所A股 A-shares on the Shenzhen stock exchange	深圳证券交易所B股 B-shares on the Shenzhen stock exchange
2010.01	26.2	20.7	43.9	20.7
2010.02	26.9	21.7	45.2	20.9
2010.03	27.5	22.1	40.6	18.1
2010.04	25.4	18.0	36.3	16.7
2010.05	19.9	16.2	34.3	15.3
2010.06	18.5	16.4	31.5	15.7
2010.07	19.9	18.6	36.0	18.3
2010.08	19.9	20.0	39.7	19.1
2010.09	20.0	20.4	40.1	21.3
2010.10	22.6	22.8	45.1	23.6
2010.11	21.5	23.4	45.5	22.7
2010.12	21.6	23.9	45.3	23.1
2011.01	21.6	24.1	41.6	23.3
2011.02	22.6	24.6	44.3	23.1
2011.03	22.8	24.9	35.9	14.8
2011.04	22.7	23.9	32.0	13.6
2011.05	16.3	15.8	29.7	12.6
2011.06	16.5	15.1	30.7	12.2
2011.07	16.1	15.7	31.4	12.4
2011.08	15.4	14.7	30.6	11.5
2011.09	14.2	13.5	27.0	9.4
2011.10	15.0	14.4	28.0	10.4
2011.11	14.2	13.1	26.8	9.7
2011.12	13.4	12.3	23.5	9.6

股票成交金额
Turnover of stock trading

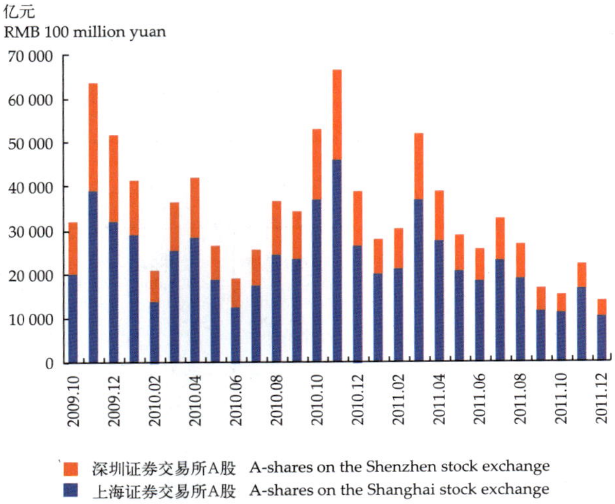

月末加权平均市盈率
Weighted average price-earnings ratio at month-end

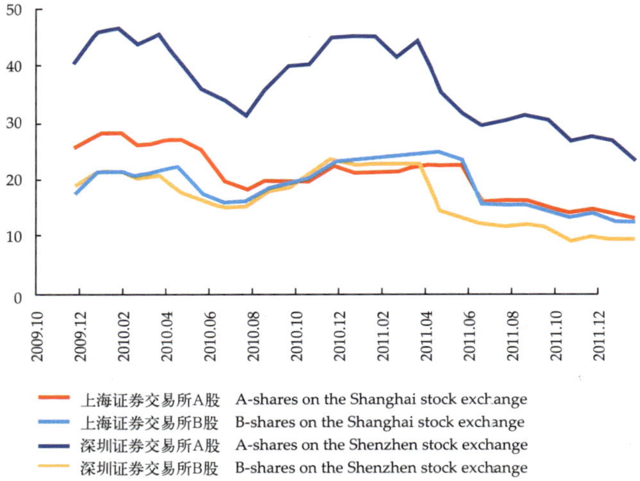

月末收盘指数
Closing index at month-end

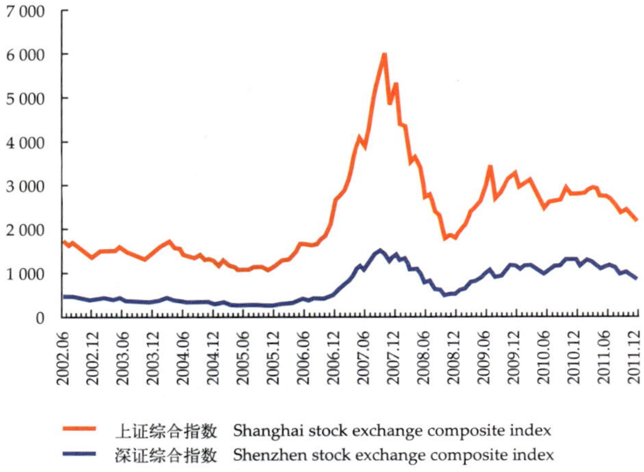

4.票据市场
(4) Commercial paper market

票据市场交易额与期末余额
Transactions and outstanding balance of commercial paper market

单位：亿元
Unit: RMB 100 million yuan

年/月 Year/Month	商业汇票 Drafts	贴现 Discount bills	再贴现 Rediscount bills
	发生额 Transactions during the period		
2010.01	9 238	21 500	52
2010.02	6 993	14 977	66
2010.03	11 416	25 057	84
2010.04	9 443	18 922	91
2010.05	9 388	19 553	116
2010.06	8 434	19 526	177
2010.07	10 493	24 704	115
2010.08	10 444	18 079	122
2010.09	10 370	17 707	193
2010.10	10 254	20 754	123
2010.11	11 815	25 407	190
2010.12	11 227	22 503	343
2011.01	12 757	21 998	220
2011.02	7 481	17 075	111
2011.03	16 177	30 366	220
2011.04	13 216	20 642	167
2011.05	13 975	24 339	190
2011.06	12 604	17 417	264
2011.07	10 943	14 033	116
2011.08	11 768	14 608	116
2011.09	12 668	21 207	131
2011.10	10 824	15 600	103
2011.11	13 486	21 141	134
2011.12	14 653	31 902	174
	期末余额 Outstanding balance at the end of the period		
2010.01	42 192	20 892	197
2010.02	43 263	19 263	230
2010.03	44 470	17 402	263
2010.04	46 584	17 736	298
2010.05	48 093	17 679	357
2010.06	46 890	14 866	386
2010.07	48 689	16 900	498
2010.08	52 299	16 693	542
2010.09	50 345	15 767	599
2010.10	53 902	15 767	583
2010.11	54 342	15 611	605
2010.12	56 075	14 810	791
2011.01	56 948	14 167	833
2011.02	55 755	13 421	782
2011.03	59 417	12 387	766
2011.04	62 893	12 679	727
2011.05	65 862	13 338	707
2011.06	67 467	13 589	817
2011.07	64 808	12 703	746
2011.08	69 620	14 301	705
2011.09	65 307	14 001	608
2011.10	64 150	13 425	504
2011.11	65 704	14 600	438
2011.12	66 565	15 120	445

商业汇票交易情况
Draft transactions

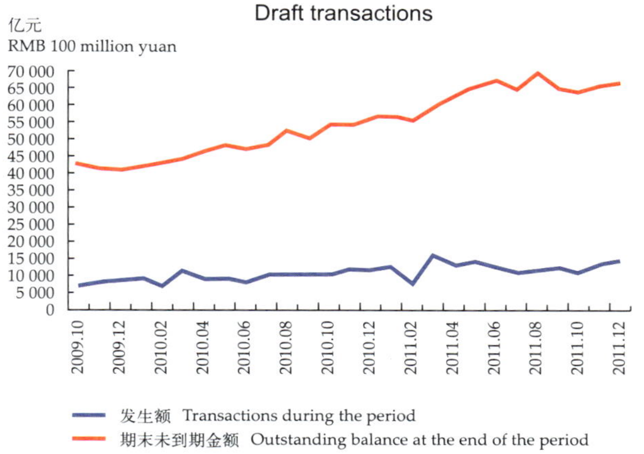

贴现情况
Discount bills

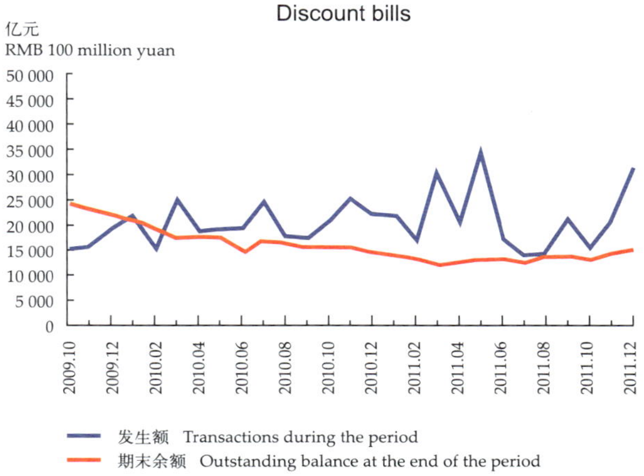

再贴现情况
Rediscount bills

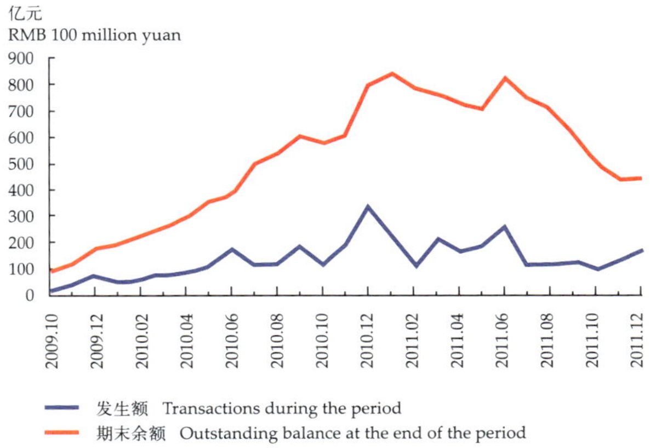

5.外汇市场
(5) Foreign exchange market

世界主要货币兑人民币月平均汇率
Monthly average exchange rate of the RMB against major foreign currencies

年/月 Year/Month	人民币元/美元 RMB yuan/USD	人民币元/欧元 RMB yuan/EUR	人民币元/100日元 RMB yuan/100JPY	人民币元/港元 RMB yuan/HKD	人民币元/卢布 RMB yuan/RUB
2009.10	6.8275	10.1561	7.5275	0.8810	—
2009.11	6.8274	10.1860	7.6512	0.8809	—
2009.12	6.8279	9.9708	7.6101	0.8807	—
2010.01	6.8273	9.7584	7.4812	0.8795	—
2010.02	6.8270	9.3656	7.5662	0.8790	—
2010.03	6.8264	9.2700	7.5429	0.8795	—
2010.04	6.8262	9.1696	7.3100	0.8794	—
2010.05	6.8274	8.5604	7.4245	0.8768	—
2010.06	6.8165	8.3220	7.5087	0.8753	—
2010.07	6.7775	8.6438	7.7306	0.8714	—
2010.08	6.7901	8.7624	7.9418	0.8739	—
2010.09	6.7462	8.7692	7.9957	0.8686	—
2010.10	6.6732	9.2909	8.1884	0.8600	—
2010.11	6.6558	9.1078	8.0725	0.8583	4.6995
2010.12	6.6515	8.7837	7.9809	0.8556	4.6377
2011.01	6.6027	8.8127	7.9868	0.8487	4.5664
2011.02	6.5831	8.9838	7.9494	0.8450	4.4415
2011.03	6.5662	9.1921	8.0326	0.8426	4.3304
2011.04	6.5292	9.4444	7.8460	0.8400	4.2984
2011.05	6.4988	9.3100	8.0084	0.8359	4.2990
2011.06	6.4778	9.3161	8.0423	0.8320	4.3217
2011.07	6.4614	9.2385	8.1321	0.8296	4.3214
2011.08	6.4090	9.1876	8.3075	0.8219	4.4873
2011.09	6.3833	8.8010	8.3100	0.8189	4.7952
2011.10	6.3566	8.7809	8.2999	0.8174	4.8668
2011.11	6.3408	8.6018	8.1736	0.8148	4.8599
2011.12	6.3218	8.3347	8.1261	0.8136	4.9686

世界主要货币兑人民币期末汇率
Exchange rate of the RMB against major foreign currencies at the end of the period

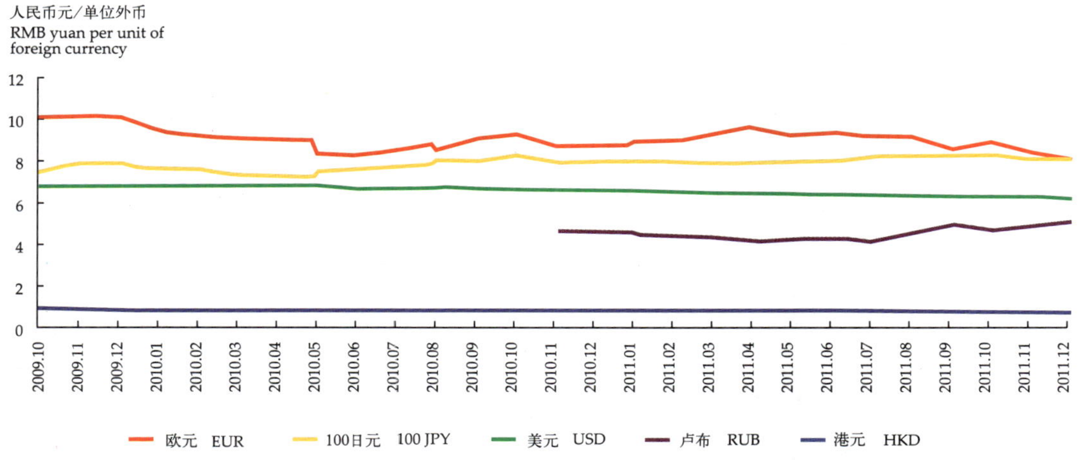

人民币元/美元中间价
Central parity of the RMB yuan against the USD

2005年7月21日至2011年12月30日
From July 21, 2005 to December 30, 2011

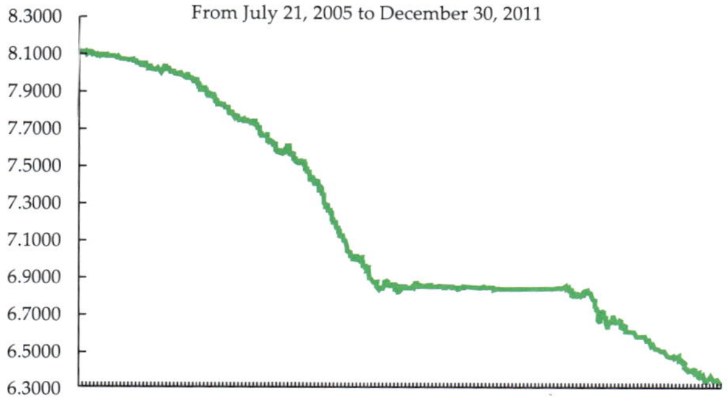

人民币元/日元中间价
Central parity of the RMB yuan against the JPY

2005年7月21日至2011年12月30日
From July 21, 2005 to December 30, 2011

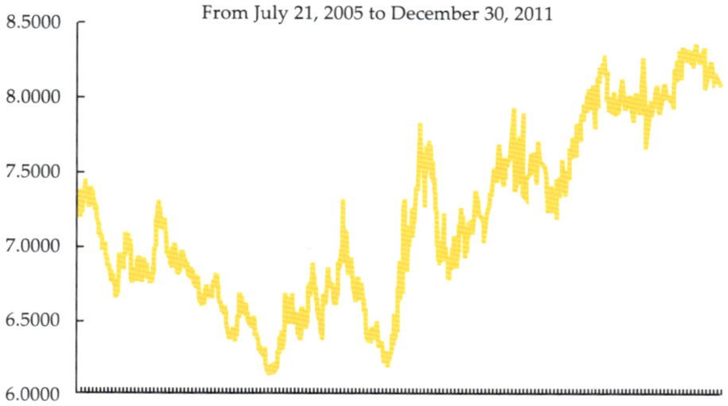

人民币元/欧元中间价
Central parity of the RMB yuan against the EUR

2005年7月21日至2011年12月30日
From July 21, 2005 to December 30, 2011

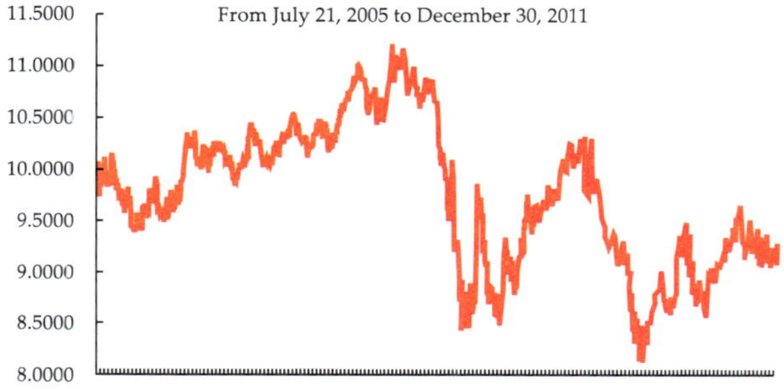

人民币元/港元中间价
Central parity of the RMB yuan against the HKD

2005年7月21日至2011年12月30日
From July 21, 2005 to December 30, 2011

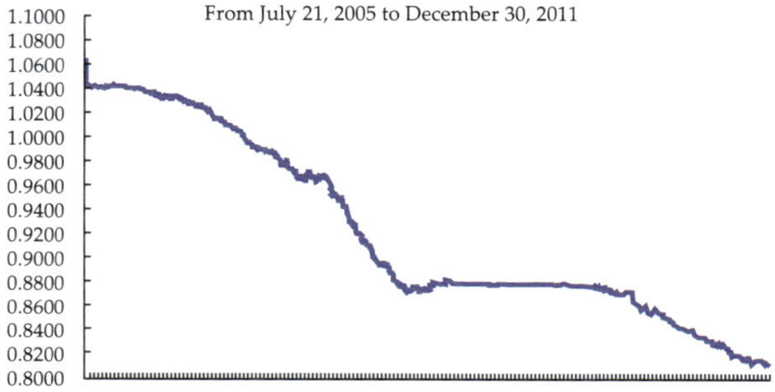

人民币元/卢布中间价
Central parity of the RMB yuan against the RUB

2010年11月22日至2011年12月30日
From November 22, 2010 to December 30, 2011

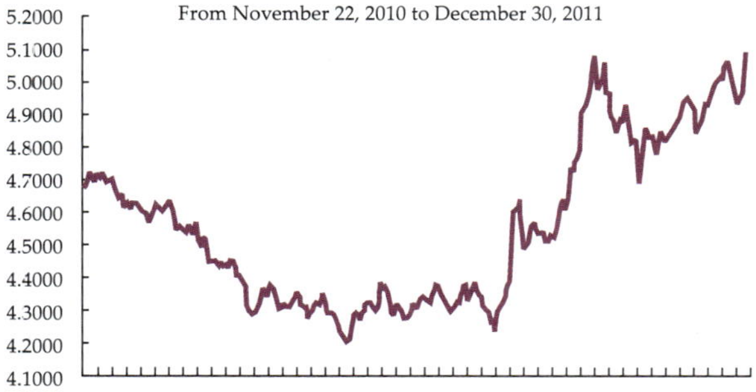

2011年1月4日以来人民币汇率中间价
Central parity of RMB against major foreign currencies since January 4, 2011

日期 Date	人民币元/美元 RMB yuan/USD	人民币元/欧元 RMB yuan/EUR	人民币元/100日元 RMB yuan/100JPY	人民币元/港元 RMB yuan/HKD	人民币元/卢布 RMB yuan/RUB
2011.01.04	6.6215	8.8301	8.0977	0.8521	4.6134
2011.01.05	6.6295	8.8123	8.0852	0.8533	4.6146
2011.01.06	6.6322	8.7283	7.9642	0.8534	4.5977
2011.01.07	6.6341	8.6276	7.9617	0.8534	4.6147
2011.01.10	6.6349	8.5567	7.9977	0.8535	4.6283
2011.01.11	6.6216	8.5674	7.9889	0.8515	4.6333
2011.01.12	6.6128	8.5851	7.9390	0.8504	4.6126
2011.01.13	6.5997	8.6684	7.9438	0.8491	4.5724
2011.01.14	6.5896	8.7866	7.9618	0.8475	4.5473
2011.01.17	6.5897	8.8061	7.9442	0.8476	4.5564
2011.01.18	6.5891	8.7362	7.9646	0.8473	4.5488
2011.01.19	6.5885	8.8253	7.9696	0.8471	4.5393
2011.01.20	6.5883	8.8603	8.0155	0.8470	4.5362
2011.01.21	6.5886	8.8765	7.9424	0.8464	4.5542
2011.01.24	6.5883	8.9558	7.9670	0.8457	4.5392
2011.01.25	6.5881	8.9872	7.9735	0.8451	4.5296
2011.01.26	6.5878	9.0065	8.0100	0.8456	4.5645
2011.01.27	6.5876	9.0316	8.0239	0.8464	4.5096
2011.01.28	6.5930	9.0505	7.9621	0.8465	4.4932
2011.01.31	6.5891	8.9552	8.0223	0.8456	4.5235
2011.02.01	6.5860	9.0350	8.0214	0.8448	4.5145
2011.02.09	6.5850	8.9757	8.0036	0.8459	4.4425
2011.02.10	6.5849	9.0292	7.9841	0.8457	4.4440
2011.02.11	6.5952	8.9794	7.9198	0.8467	4.4512
2011.02.14	6.5985	8.9208	7.9247	0.8466	4.4515
2011.02.15	6.5929	8.9017	7.9127	0.8459	4.4370
2011.02.16	6.5855	8.8954	7.8661	0.8450	4.4469
2011.02.17	6.5800	8.9294	7.8685	0.8449	4.4350
2011.02.18	6.5781	8.9544	7.8936	0.8447	4.4422
2011.02.21	6.5705	8.9947	7.9034	0.8441	4.4301
2011.02.22	6.5772	8.9657	7.9349	0.8448	4.4445
2011.02.23	6.5828	9.0112	7.9421	0.8448	4.4452
2011.02.24	6.5795	9.0646	7.9940	0.8441	4.4318
2011.02.25	6.5757	9.0794	8.0255	0.8436	4.4047
2011.02.28	6.5752	9.0205	8.0460	0.8436	4.4018
2011.03.01	6.5706	9.0819	8.0222	0.8437	4.3896
2011.03.02	6.5736	9.0535	8.0278	0.8437	4.3760
2011.03.03	6.5695	9.1073	8.0292	0.8432	4.3197
2011.03.04	6.5671	9.1660	7.9741	0.8432	4.2904
2011.03.07	6.5651	9.1816	7.9707	0.8430	4.2900
2011.03.08	6.5687	9.1742	7.9838	0.8435	4.2944
2011.03.09	6.5748	9.1294	7.9334	0.8440	4.2991
2011.03.10	6.5713	9.1423	7.9368	0.8438	4.3149
2011.03.11	6.5750	9.0824	7.9289	0.8441	4.3479
2011.03.14	6.5701	9.1512	8.0128	0.8434	4.3623
2011.03.15	6.5679	9.1836	8.0238	0.8430	4.3395
2011.03.16	6.5718	9.1834	8.1018	0.8431	4.3745
2011.03.17	6.5690	9.1283	8.2743	0.8419	4.3668
2011.03.18	6.5668	9.2007	8.0972	0.8417	4.3615
2011.03.21	6.5632	9.2958	8.1077	0.8415	4.3340
2011.03.22	6.5592	9.3298	8.1003	0.8412	4.3053
2011.03.23	6.5601	9.2934	8.0934	0.8415	4.3064
2011.03.24	6.5625	9.2538	8.1059	0.8420	4.3194
2011.03.25	6.5580	9.2979	8.0968	0.8413	4.3109
2011.03.28	6.5618	9.2128	8.0419	0.8418	4.3034
2011.03.29	6.5625	9.2446	8.0447	0.8415	4.3195
2011.03.30	6.5586	9.2555	7.9537	0.8415	4.3242
2011.03.31	6.5564	9.2681	7.8883	0.8423	4.3490

日期 Date	人民币元/美元 RMB yuan/USD	人民币元/欧元 RMB yuan/EUR	人民币元/100日元 RMB yuan/100JPY	人民币元/港元 RMB yuan/HKD	人民币元/卢布 RMB yuan/RUB
2011.04.01	6.5527	9.2829	7.8532	0.8424	4.3408
2011.04.06	6.5496	9.3279	7.6959	0.8427	4.3144
2011.04.07	6.5456	9.3697	7.6619	0.8419	4.3064
2011.04.08	6.5420	9.3603	7.6852	0.8418	4.3114
2011.04.11	6.5401	9.4531	7.6929	0.8418	4.2770
2011.04.12	6.5440	9.4322	7.7595	0.8419	4.2883
2011.04.13	6.5369	9.4671	7.7718	0.8408	4.3002
2011.04.14	6.5339	9.4206	7.8073	0.8402	4.3197
2011.04.15	6.5301	9.4611	7.8079	0.8399	4.3187
2011.04.18	6.5310	9.3906	7.8597	0.8399	4.3162
2011.04.19	6.5346	9.3020	7.9097	0.8398	4.3540
2011.04.20	6.5294	9.3792	7.8829	0.8396	4.3290
2011.04.21	6.5228	9.5027	7.9300	0.8394	4.2984
2011.04.22	6.5156	9.4958	7.9677	0.8388	4.2904
2011.04.25	6.5161	9.5109	7.9291	0.8386	4.2957
2011.04.26	6.5173	9.4553	7.9747	0.8386	4.2870
2011.04.27	6.5096	9.5525	7.9809	0.8376	4.2572
2011.04.28	6.5051	9.6445	7.9311	0.8373	4.2330
2011.04.29	6.4990	9.6348	7.9718	0.8364	4.2311
2011.05.03	6.5002	9.6164	8.0175	0.8368	4.2142
2011.05.04	6.5013	9.6398	8.0288	0.8370	4.2071
2011.05.05	6.5025	9.6413	8.0681	0.8367	4.2091
2011.05.06	6.5003	9.4722	8.0744	0.8363	4.2445
2011.05.09	6.4988	9.3511	8.0520	0.8363	4.2827
2011.05.10	6.4950	9.3112	8.0919	0.8356	4.2925
2011.05.11	6.4948	9.3519	8.0381	0.8357	4.2695
2011.05.12	6.5005	9.2457	8.0199	0.8363	4.2885
2011.05.13	6.5017	9.2457	8.0372	0.8365	4.2942
2011.05.16	6.5089	9.1639	8.0496	0.8374	4.3245
2011.05.17	6.5108	9.2216	8.0395	0.8372	4.3251
2011.05.18	6.5074	9.2769	7.9978	0.8370	4.3197
2011.05.19	6.5048	9.2911	7.9672	0.8367	4.3055
2011.05.20	6.4983	9.2922	7.9514	0.8359	4.3001
2011.05.23	6.4998	9.1777	7.9416	0.8361	4.3342
2011.05.24	6.5038	9.1307	7.9436	0.8362	4.3814
2011.05.25	6.4949	9.1367	7.9076	0.8351	4.3660
2011.05.26	6.4921	9.1724	7.9215	0.8341	4.3714
2011.05.27	6.4898	9.1824	7.9899	0.8338	4.3491
2011.05.30	6.4856	9.2679	8.0168	0.8335	4.3178
2011.05.31	6.4845	9.3215	8.0214	0.8337	4.2809
2011.06.01	6.4837	9.3450	7.9662	0.8337	4.3135
2011.06.02	6.4886	9.3111	8.0022	0.8340	4.3188
2011.06.03	6.4846	9.4040	8.0205	0.8337	4.3004
2011.06.07	6.4816	9.4554	8.0808	0.8332	4.2955
2011.06.08	6.4795	9.5058	8.0822	0.8329	4.2778
2011.06.09	6.4830	9.4684	8.1048	0.8331	4.2795
2011.06.10	6.4853	9.4270	8.0688	0.8334	4.2802
2011.06.13	6.4892	9.3139	8.0686	0.8337	4.3171
2011.06.14	6.4822	9.3263	8.0871	0.8327	4.3111
2011.06.15	6.4796	9.3446	8.0427	0.8324	4.3032
2011.06.16	6.4803	9.1962	8.0117	0.8318	4.3284
2011.06.17	6.4716	9.1978	8.0278	0.8294	4.3424
2011.06.20	6.4696	9.2256	8.0663	0.8301	4.3338
2011.06.21	6.4690	9.2811	8.0686	0.8302	4.3330
2011.06.22	6.4683	9.2949	8.0567	0.8305	4.3245
2011.06.23	6.4736	9.2666	8.0467	0.8311	4.3357
2011.06.24	6.4742	9.2338	8.0400	0.8311	4.3551
2011.06.27	6.4750	9.1356	8.0151	0.8312	4.3726

2011年1月4日以来人民币汇率中间价
Central parity of RMB against major foreign currencies since January 4, 2011

续表

日期 Date	人民币元/美元 RMB yuan/USD	人民币元/欧元 RMB yuan/EUR	人民币元/100日元 RMB yuan/100JPY	人民币元/港元 RMB yuan/HKD	人民币元/卢布 RMB yuan/RUB
2011.06.28	6.4723	9.2538	8.0147	0.8311	4.3586
2011.06.29	6.4718	9.2899	7.9933	0.8313	4.3449
2011.06.30	6.4716	9.3612	8.0243	0.8316	4.3288
2011.07.01	6.4685	9.3644	8.0056	0.8311	4.3175
2011.07.04	6.4661	9.4114	8.0011	0.8310	4.3016
2011.07.05	6.4650	9.3881	7.9958	0.8310	4.3000
2011.07.06	6.4715	9.3465	7.9959	0.8317	4.3131
2011.07.07	6.4732	9.2719	7.9931	0.8317	4.3251
2011.07.08	6.4705	9.2865	7.9603	0.8314	4.3157
2011.07.11	6.4709	9.1864	8.0140	0.8315	4.3357
2011.07.12	6.4748	9.0799	8.0738	0.8313	4.3620
2011.07.13	6.4728	9.0665	8.1450	0.8306	4.3743
2011.07.14	6.4640	9.1996	8.2093	0.8299	4.3283
2011.07.15	6.4665	9.1604	8.1782	0.8300	4.3490
2011.07.18	6.4680	9.1057	8.1863	0.8297	4.3661
2011.07.19	6.4684	9.1373	8.1868	0.8297	4.3838
2011.07.20	6.4592	9.1407	8.1437	0.8289	4.3516
2011.07.21	6.4536	9.2012	8.1924	0.8283	4.3430
2011.07.22	6.4495	9.2815	8.2081	0.8277	4.3048
2011.07.25	6.4503	9.2752	8.2290	0.8279	4.3046
2011.07.26	6.4470	9.2669	8.2342	0.8274	4.2988
2011.07.27	6.4426	9.3556	8.2666	0.8271	4.2682
2011.07.28	6.4438	9.2604	8.2703	0.8269	4.2715
2011.07.29	6.4442	9.2233	8.2846	0.8270	4.2356
2011.08.01	6.4399	9.2599	8.2685	0.8264	4.2941
2011.08.02	6.4419	9.1952	8.3342	0.8268	4.3058
2011.08.03	6.4441	9.1432	8.3403	0.8266	4.3214
2011.08.04	6.4386	9.2423	8.3493	0.8257	4.3197
2011.08.05	6.4451	9.0837	8.1568	0.8261	4.3727
2011.08.08	6.4305	9.2123	8.2295	0.8239	4.3915
2011.08.09	6.4335	9.1092	8.3061	0.8238	4.5018
2011.08.10	6.4167	9.2067	8.3236	0.8221	4.6025
2011.08.11	6.3991	9.0720	8.3132	0.8194	4.6067
2011.08.12	6.3972	9.0866	8.3086	0.8207	4.6370
2011.08.15	6.3950	9.1455	8.3074	0.8205	4.5600
2011.08.16	6.3925	9.2301	8.3187	0.8205	4.4853
2011.08.17	6.3996	9.1959	8.3361	0.8213	4.4951
2011.08.18	6.3942	9.2128	8.3421	0.8207	4.5049
2011.08.19	6.4032	9.1620	8.3283	0.8211	4.5580
2011.08.22	6.3997	9.1957	8.3378	0.8206	4.5594
2011.08.23	6.3987	9.1917	8.3289	0.8204	4.5439
2011.08.24	6.3896	9.2122	8.3149	0.8195	4.5318
2011.08.25	6.3936	9.2151	8.3093	0.8202	4.5314
2011.08.26	6.3950	9.2139	8.2644	0.8203	4.5391
2011.08.29	6.3883	9.2487	8.3219	0.8195	4.5085
2011.08.30	6.3849	9.2670	8.3029	0.8193	4.5097
2011.08.31	6.3867	9.2122	8.3296	0.8192	4.5272
2011.09.01	6.3859	9.1733	8.3031	0.8200	4.5242
2011.09.02	6.3896	9.1231	8.3025	0.8207	4.5376
2011.09.05	6.3926	9.0446	8.3194	0.8204	4.5647
2011.09.06	6.3946	8.9972	8.3117	0.8206	4.6164
2011.09.07	6.3968	8.9699	8.2529	0.8207	4.6321
2011.09.08	6.3889	8.9882	8.2539	0.8197	4.6100
2011.09.09	6.3922	8.8986	8.2411	0.8201	4.6404
2011.09.13	6.3982	8.7252	8.2927	0.8201	4.7300
2011.09.14	6.3945	8.7585	8.3126	0.8195	4.7165
2011.09.15	6.3878	8.7765	8.3245	0.8193	4.7578
2011.09.16	6.3797	8.8362	8.3064	0.8187	4.7609
2011.09.19	6.3848	8.7395	8.2968	0.8192	4.7923
2011.09.20	6.3880	8.7084	8.3280	0.8193	4.8987
2011.09.21	6.3772	8.7435	8.3542	0.8186	4.9187
2011.09.22	6.3808	8.6533	8.3197	0.8186	4.9396
2011.09.23	6.3840	8.6420	8.373	0.8185	4.9793
2011.09.26	6.3735	8.5634	8.3270	0.8170	5.0274
2011.09.27	6.3760	8.5999	8.3505	0.8177	5.0769
2011.09.28	6.3623	8.6324	8.3151	0.8161	4.9764
2011.09.29	6.3665	8.6148	8.3271	0.8166	4.9916
2011.09.30	6.3549	8.6328	8.2978	0.8154	5.0085
2011.10.10	6.3586	8.5345	8.2778	0.8171	5.0617
2011.10.11	6.3483	8.6588	8.2725	0.8159	4.9642
2011.10.12	6.3598	8.6560	8.2896	0.8173	4.9666
2011.10.13	6.3737	8.7877	8.2609	0.8194	4.8898
2011.10.14	6.3762	8.7561	8.2862	0.8198	4.8924
2011.10.17	6.3710	8.8286	8.2430	0.8191	4.8424
2011.10.18	6.3749	8.7741	8.2953	0.8197	4.8522
2011.10.19	6.3727	8.7711	8.3091	0.8195	4.8814
2011.10.20	6.3652	8.7627	8.2853	0.8185	4.8725
2011.10.21	6.3628	8.7613	8.2784	0.8178	4.9233
2011.10.24	6.3549	8.8015	8.3250	0.8168	4.8836
2011.10.25	6.3425	8.8218	8.3262	0.8155	4.8100
2011.10.26	6.3456	8.8378	8.3385	0.8161	4.8060
2011.10.27	6.3477	8.8239	8.3243	0.8166	4.8188
2011.10.28	6.3290	8.9726	8.3337	0.8148	4.7141
2011.10.31	6.3233	8.9465	8.3520	0.8144	4.6902
2011.11.01	6.3293	8.7683	8.0695	0.8148	4.7779
2011.11.02	6.3297	8.6546	8.0860	0.8146	4.8609
2011.11.03	6.3198	8.6594	8.0945	0.8133	4.8519
2011.11.04	6.3165	8.7193	8.0965	0.8131	4.8258
2011.11.07	6.3212	8.7138	8.0911	0.8137	4.8309
2011.11.08	6.3247	8.6958	8.1013	0.8140	4.8194
2011.11.09	6.3207	8.7399	8.1337	0.8135	4.7783
2011.11.10	6.3329	8.5697	8.1332	0.8145	4.8444
2011.11.11	6.3317	8.6035	8.1610	0.8138	4.8245
2011.11.14	6.3301	8.7115	8.1980	0.8137	4.8128
2011.11.15	6.3436	8.6460	8.2262	0.8151	4.8177
2011.11.16	6.3509	8.5813	8.2388	0.8160	4.8350
2011.11.17	6.3553	8.5422	8.2499	0.8164	4.8438
2011.11.18	6.3548	8.5526	8.2551	0.8160	4.8649
2011.11.21	6.3522	8.5920	8.2598	0.8155	4.8578
2011.11.22	6.3555	8.5774	8.2582	0.8159	4.8987
2011.11.23	6.3498	8.5878	8.2513	0.8149	4.8823
2011.11.24	6.3570	8.4904	8.2366	0.8156	4.9374
2011.11.25	6.3554	8.4641	8.2255	0.8152	4.9483
2011.11.28	6.3585	8.4524	8.1871	0.8158	4.9535
2011.11.29	6.3587	8.4555	8.1334	0.8157	4.9318
2011.11.30	6.3482	8.4625	8.1314	0.8150	4.9193
2011.12.01	6.3353	8.5146	8.1609	0.8150	4.8398
2011.12.02	6.3310	8.5364	8.1428	0.8148	4.8510
2011.12.05	6.3349	8.4938	8.1118	0.8154	4.8765
2011.12.06	6.3334	8.4868	8.1411	0.8148	4.8758
2011.12.07	6.3342	8.4913	8.1506	0.8149	4.9352
2011.12.08	6.3319	8.4841	8.1549	0.8146	4.9301
2011.12.09	6.3352	8.4521	8.1529	0.8146	4.9508
2011.12.12	6.3297	8.4549	8.1521	0.8135	4.9617
2011.12.13	6.3359	8.3523	8.1302	0.8141	4.9930
2011.12.14	6.3396	8.2634	8.1272	0.8148	5.0026

2011年1月4日以来人民币汇率中间价
Central parity of RMB against major foreign currencies since January 4, 2011

续表

日期 Date	人民币元/美元 RMB yuan/USD	人民币元/欧元 RMB yuan/EUR	人民币元/100日元 RMB yuan/100JPY	人民币元/港元 RMB yuan/HKD	人民币元/卢布 RMB yuan/RUB
2011.12.15	6.3421	8.2393	8.1252	0.8148	5.0165
2011.12.16	6.3352	8.2586	8.1382	0.8142	5.0056
2011.12.19	6.3303	8.2474	8.1288	0.8132	5.0407
2011.12.20	6.3351	8.2378	8.1214	0.8140	5.0667
2011.12.21	6.3248	8.2905	8.1228	0.8130	5.0391
2011.12.22	6.3253	8.2476	8.0985	0.8129	5.0151
2011.12.23	6.3209	8.2551	8.0804	0.8124	4.9554
2011.12.26	6.3167	8.2474	8.0973	0.8122	4.9293
2011.12.27	6.3152	8.2432	8.1016	0.8120	4.9342
2011.12.28	6.3146	8.2548	8.1170	0.8119	4.9686
2011.12.29	6.3157	8.1498	8.1085	0.8122	5.0361
2011.12.30	6.3009	8.1625	8.1103	0.8107	5.0860

九、中央银行公开市场业务
9. Central Bank Open Market Operations

中央银行公开市场业务交易
Central bank open market operations

日期 Date		操作工具 Mode of transaction	招标方式 Mode of bidding	期限品种(天) Maturity (Day)	招标数量(亿元) Bidding amount (RMB 100 million yuan)	实际发行量/买入面额(亿元) Actual issue/ purchasing face value (RMB 100 million yuan)	发行价格(元)/买入金额(亿元) Issue price (RMB yuan)/ purchasing amount (RMB 100 million yuan)	中标利率/参考收益率(%) Interest rate of successful bidding/ reference yield (%)
2011.01.04	周二 Tuesday	中央银行票据 Central bank bills	价格招标 Price bidding	1年 1-year	10	10	97.45	2.6167
2011.01.06	周四 Thursday	中央银行票据 Central bank bills	价格招标 Price bidding	91天 91-day	10	10	99.46	2.1777
2011.01.11	周二 Tuesday	正回购 Reverse repurchase	利率招标 Interest rate bidding	14天 14-day	600	600	0	2.05
2011.01.13	周四 Thursday	中央银行票据 Central bank bills	价格招标 Price bidding	1年 1-year	10	10	97.35	2.7221
		正回购 Reverse repurchase	利率招标 Interest rate bidding	91天 91-day	80	80	0	2.26
		正回购 Reverse repurchase	利率招标 Interest rate bidding	7天 7-day	200	200	0	1.9
		中央银行票据 Central bank bills	价格招标 Price bidding	91天 91-day	30	30	99.44	2.2588
2011.02.10	周四 Thursday	中央银行票据 Central bank bills	价格招标 Price bidding	91天 91-day	10	10	99.35	2.6242
2011.02.15	周二 Tuesday	中央银行票据 Central bank bills	价格招标 Price bidding	1年 1-year	10	10	97.09	2.9972
		正回购 Reverse repurchase	利率招标 Interest rate bidding	28天 28-day	200	200	0	2.35
2011.02.17	周四 Thursday	中央银行票据 Central bank bills	价格招标 Price bidding	91天 91-day	100	100	99.35	2.6242
		正回购 Reverse repurchase	利率招标 Interest rate bidding	91天 91-day	200	200	0	2.63
2011.02.22	周二 Tuesday	中央银行票据 Central bank bills	价格招标 Price bidding	1年 1-year	10	10	97.09	2.9972
2011.02.24	周四 Thursday	中央银行票据 Central bank bills	价格招标 Price bidding	91天 91-day	10	10	99.35	2.6242
		正回购 Reverse repurchase	利率招标 Interest rate bidding	91天 91-day	200	200	0	2.63
2011.03.01	周二 Tuesday	中央银行票据 Central bank bills	价格招标 Price bidding	1年 1-year	10	10	97.09	2.9972
2011.03.03	周四 Thursday	中央银行票据 Central bank bills	价格招标 Price bidding	91天 91-day	10	10	99.35	2.6314
		正回购 Reverse repurchase	利率招标 Interest rate bidding	91天 91-day	400	400	0	2.63

中央银行公开市场业务交易
Central bank open market operations

续表

日期 Date		操作工具 Mode of transaction	招标方式 Mode of bidding	期限品种(天) Maturity (Day)	招标数量(亿元) Bidding amount (RMB 100 million yuan)	实际发行量/买入面额(亿元) Actual issue/purchasing face value (RMB 100 million yuan)	发行价格(元)/买入金额(亿元) Issue price (RMB yuan)/purchasing amount (RMB 100 million yuan)	中标利率/参考收益率(%) Interest rate of successful bidding/reference yield (%)
2011.03.08	周二 Tuesday	中央银行票据 Central bank bills	价格招标 Price bidding	1年 1-year	10	10	97.09	2.9972
		正回购 Reverse repurchase	利率招标 Interest rate bidding	28天 28-day	1 100	1 100	0	2.5
2011.03.10	周四 Thursday	中央银行票据 Central bank bills	价格招标 Price bidding	91天 91-day	320	320	99.31	2.7944
		正回购 Reverse repurchase	利率招标 Interest rate bidding	91天 91-day	720	720	0	2.8
2011.03.15	周二 Tuesday	中央银行票据 Central bank bills	价格招标 Price bidding	1年 1-year	100	100	96.9	3.1992
		正回购 Reverse repurchase	利率招标 Interest rate bidding	28天 28-day	1 100	1 100	0	2.5
2011.03.17	周四 Thursday	正回购 Reverse repurchase	利率招标 Interest rate bidding	91天 91-day	600	600	0	2.8
2011.03.22	周二 Tuesday	中央银行票据 Central bank bills	价格招标 Price bidding	1年 1-year	500	500	96.9	3.1992
		正回购 Reverse repurchase	利率招标 Interest rate bidding	28天 28-day	850	850	0	2.5
2011.03.24	周四 Thursday	中央银行票据 Central bank bills	价格招标 Price bidding	91天 91-day	470	470	99.31	2.7944
		正回购 Reverse repurchase	利率招标 Interest rate bidding	91天 91-day	300	300	0	2.8
2011.03.29	周二 Tuesday	中央银行票据 Central bank bills	价格招标 Price bidding	1年 1-year	990	990	96.9	3.1992
		正回购 Reverse repurchase	利率招标 Interest rate bidding	28天 28-day	1 000	1 000	0	2.5
2011.03.31	周四 Thursday	中央银行票据 Central bank bills	价格招标 Price bidding	91天 91-day	260	260	99.31	2.7944
		正回购 Reverse repurchase	利率招标 Interest rate bidding	91天 91-day	600	600	0	2.8
2011.04.07	周四 Thursday	正回购 Reverse repurchase	利率招标 Interest rate bidding	28天 28-day	970	970	0	2.6
		正回购 Reverse repurchase	利率招标 Interest rate bidding	91天 91-day	100	100	0	2.88
		中央银行票据 Central bank bills	价格招标 Price bidding	1年 1-year	600	600	96.8	3.3058
		中央银行票据 Central bank bills	价格招标 Price bidding	91天 91-day	160	160	99.28	2.9168

中央银行公开市场业务交易
Central bank open market operations

续表

日期 Date		操作工具 Mode of transaction	招标方式 Mode of bidding	期限品种(天) Maturity (Day)	招标数量(亿元) Bidding amount (RMB 100 million yuan)	实际发行量/买入面额(亿元) Actual issue/purchasing face value (RMB 100 million yuan)	发行价格(元)/买入金额(亿元) Issue price (RMB yuan)/purchasing amount (RMB 100 million yuan)	中标利率/参考收益率(%) Interest rate of successful bidding/reference yield (%)
2011.04.12	周二 Tuesday	正回购 Reverse repurchase	利率招标 Interest rate bidding	28天 28-day	1 400	1 400	0	2.6
		中央银行票据 Central bank bills	价格招标 Price bidding	1年 1-year	650	650	96.8	3.3058
2011.04.14	周四 Thursday	正回购 Reverse repurchase	利率招标 Interest rate bidding	91天 91-day	300	300	0	2.88
		中央银行票据 Central bank bills	价格招标 Price bidding	91天 91-day	600	600	99.28	2.9168
2011.04.19	周二 Tuesday	正回购 Reverse repurchase	利率招标 Interest rate bidding	28天 28-day	320	320	0	2.6
		中央银行票据 Central bank bills	价格招标 Price bidding	1年 1-year	550	550	96.8	3.3058
2011.04.21	周四 Thursday	中央银行票据 Central bank bills	价格招标 Price bidding	91天 91-day	100	100	99.28	2.9168
2011.04.26	周二 Tuesday	中央银行票据 Central bank bills	价格招标 Price bidding	1年 1-year	30	30	96.8	3.3058
2011.04.28	周四 Thursday	中央银行票据 Central bank bills	价格招标 Price bidding	91天 91-day	110	110	99.28	2.9168
2011.05.03	周二 Tuesday	正回购 Reverse repurchase	利率招标 Interest rate bidding	28天 28-day	330	330	0	2.6
		中央银行票据 Central bank bills	价格招标 Price bidding	1年 1-year	520	520	96.8	3.3058
2011.05.05	周四 Thursday	中央银行票据 Central bank bills	价格招标 Price bidding	91天 91-day	60	60	99.28	2.9168
2011.05.10	周二 Tuesday	正回购 Reverse repurchase	价格招标 Price bidding	28天 28-day	800	800	0	2.6
		中央银行票据 Central bank bills	价格招标 Price bidding	1年 1-year	300	300	96.8	3.3058
2011.05.12	周四 Thursday	中央银行票据 Central bank bills	利率招标 Interest rate bidding	3年 3-year	400	400	100	3.8
		中央银行票据 Central bank bills	价格招标 Price bidding	91天 91-day	500	500	99.28	2.9168
		正回购 Reverse repurchase	利率招标 Interest rate bidding	91天 91-day	100	100	0	2.88
2011.05.17	周二 Tuesday	正回购 Reverse repurchase	利率招标 Interest rate bidding	28天 28-day	30	30	0	2.6
		中央银行票据 Central bank bills	价格招标 Price bidding	1年 1-year	70	70	96.8	3.3058
2011.05.19	周四 Thursday	中央银行票据 Central bank bills	价格招标 Price bidding	91天 91-day	200	200	99.28	2.9168

中央银行公开市场业务交易
Central bank open market operations

续表

日期 Date		操作工具 Mode of transaction	招标方式 Mode of bidding	期限品种(天) Maturity (Day)	招标数量(亿元) Bidding amount (RMB 100 million yuan)	实际发行量/买入面额(亿元) Actual issue/purchasing face value (RMB 100 million yuan)	发行价格(元)/买入金额(亿元) Issue price (RMB yuan)/purchasing amount (RMB 100 million yuan)	中标利率/参考收益率(%) Interest rate of successful bidding/reference yield (%)
2011.05.24	周二 Tuesday	中央银行票据 Central bank bills	价格招标 Price bidding	1年 1-year	30	30	96.8	3.3058
2011.05.26	周四 Thursday	中央银行票据 Central bank bills	价格招标 Price bidding	91天 91-day	10	10	99.28	2.9168
2011.05.31	周二 Tuesday	中央银行票据 Central bank bills	利率招标 Interest rate bidding	1年 1-year	30	30	96.8	3.3058
2011.06.02	周四 Thursday	中央银行票据 Central bank bills	价格招标 Price bidding	91天 91-day	150	150	99.28	2.9168
		中央银行票据 Central bank bills	利率招标 Interest rate bidding	3年 3-year	230	230	100	3.8
2011.06.07	周二 Tuesday	正回购 Reverse repurchase	利率招标 Interest rate bidding	28天 28-day	1 000	1 000	0	2.6
		中央银行票据 Central bank bills	价格招标 Price bidding	1年 1-year	20	20	96.8	3.3058
2011.06.09	周四 Thursday	正回购 Reverse repurchase	利率招标 Interest rate bidding	91天 91-day	100	100	0	2.88
		中央银行票据 Central bank bills	价格招标 Price bidding	91天 91-day	270	270	99.28	2.9168
2011.06.14	周二 Tuesday	中央银行票据 Central bank bills	价格招标 Price bidding	1年 1-year	10	10	96.8	3.3058
2011.06.16	周四 Thursday	中央银行票据 Central bank bills	价格招标 Price bidding	91天 91-day	10	10	99.26	2.9985
2011.06.21	周二 Tuesday	中央银行票据 Central bank bills	价格招标 Price bidding	1年 1-year	10	10	96.71	3.4019
2011.06.28	周二 Tuesday	中央银行票据 Central bank bills	价格招标 Price bidding	1年 1-year	20	20	96.62	3.4982
2011.06.30	周四 Thursday	中央银行票据 Central bank bills	利率招标 Interest rate bidding	3年 3-year	150	150	100	3.89
		中央银行票据 Central bank bills	价格招标 Price bidding	91天 91-day	50	50	99.24	3.0801
2011.07.05	周二 Tuesday	正回购 Reverse repurchase	利率招标 Interest rate bidding	28天 28-day	220	220	0	2.8
		中央银行票据 Central bank bills	价格招标 Price bidding	1年 1-year	20	20	96.62	3.4982
2011.07.07	周四 Thursday	正回购 Reverse repurchase	利率招标 Interest rate bidding	91天 91-day	600	600	0	3.08
		中央银行票据 Central bank bills	价格招标 Price bidding	91天 91-day	300	300	99.24	3.0801

中央银行公开市场业务交易
Central bank open market operations

续表

日期 Date		操作工具 Mode of transaction	招标方式 Mode of bidding	期限品种(天) Maturity (Day)	招标数量(亿元) Bidding amount (RMB 100 million yuan)	实际发行量/买入面额(亿元) Actual issue/purchasing face value (RMB 100 million yuan)	发行价格(元)/买入金额(亿元) Issue price (RMB yuan)/purchasing amount (RMB 100 million yuan)	中标利率/参考收益率(%) Interest rate of successful bidding/reference yield (%)
2011.07.12	周二 Tuesday	正回购 Reverse repurchase	利率招标 Interest rate bidding	28天 28-day	990	990	0	2.8
		中央银行票据 Central bank bills	价格招标 Price bidding	1年 1-year	110	110	96.62	3.4982
2011.07.14	周四 Thursday	正回购 Reverse repurchase	利率招标 Interest rate bidding	91天 91-day	500	500	0	3.08
		中央银行票据 Central bank bills	价格招标 Price bidding	91天 91-day	460	460	99.24	3.0801
		中央银行票据 Central bank bills	利率招标 Interest rate bidding	3年 3-year	50	50	100	3.89
2011.07.19	周二 Tuesday	正回购 Reverse repurchase	利率招标 Interest rate bidding	28天 28-day	250	250	0	2.8
		中央银行票据 Central bank bills	价格招标 Price bidding	1年 1-year	50	50	96.62	3.4982
2011.07.21	周四 Thursday	中央银行票据 Central bank bills	价格招标 Price bidding	91天 91-day	60	60	99.24	3.0801
2011.07.26	周二 Tuesday	中央银行票据 Central bank bills	价格招标 Price bidding	1年 1-year	10	10	96.62	3.4982
2011.07.28	周四 Thursday	中央银行票据 Central bank bills	价格招标 Price bidding	91天 91-day	10	10	99.24	3.0801
2011.08.02	周二 Tuesday	中央银行票据 Central bank bills	价格招标 Price bidding	1年 1-year	10	10	96.62	3.4982
2011.08.04	周四 Thursday	中央银行票据 Central bank bills	价格招标 Price bidding	91天 91-day	10	10	99.24	3.0801
2011.08.09	周二 Tuesday	中央银行票据 Central bank bills	价格招标 Price bidding	28天 28-day	830	830	0	2.8
		中央银行票据 Central bank bills	利率招标 Interest rate bidding	1年 1-year	20	20	96.62	3.4982
2011.08.11	周四 Thursday	正回购 Reverse repurchase	利率招标 Interest rate bidding	91天 91-day	300	300	0	3.08
		中央银行票据 Central bank bills	价格招标 Price bidding	91天 91-day	70	70	99.24	3.0801
2011.08.16	周二 Tuesday	正回购 Reverse repurchase	利率招标 Interest rate bidding	28天 28-day	290	290	0	2.8
		中央银行票据 Central bank bills	价格招标 Price bidding	1年 1-year	50	50	96.54	3.5840

中央银行公开市场业务交易
Central bank open market operations

续表

日期 Date		操作工具 Mode of transaction	招标方式 Mode of bidding	期限品种(天) Maturity (Day)	招标数量(亿元) Bidding amount (RMB 100 million yuan)	实际发行量/买入面额(亿元) Actual issue/purchasing face value (RMB 100 million yuan)	发行价格(元)/买入金额(亿元) Issue price (RMB yuan)/purchasing amount (RMB 100 million yuan)	中标利率/参考收益率(%) Interest rate of successful bidding/reference yield (%)
2011.08.18	周四 Thursday	正回购 Reverse repurchase	利率招标 Interest rate bidding	91天 91-day	90	90	0	3.16
		中央银行票据 Central bank bills	价格招标 Price bidding	91天 91-day	70	70	99.22	3.1618
		正回购 Reverse repurchase	利率招标 Interest rate bidding	3年 3-year	10	10	100	3.97
2011.08.23	周二 Tuesday	中央银行票据 Central bank bills	价格招标 Price bidding	1年 1-year	30	30	96.54	3.5840
2011.08.25	周四 Thursday	正回购 Reverse repurchase	利率招标 Interest rate bidding	91天 91-day	30	30	0	3.16
		中央银行票据 Central bank bills	价格招标 Price bidding	91天 91-day	30	30	99.22	3.1618
2011.08.30	周二 Tuesday	中央银行票据 Central bank bills	价格招标 Price bidding	1年 1-year	10	10	96.54	3.5840
2011.09.01	周四 Thursday	中央银行票据 Central bank bills	价格招标 Price bidding	91天 91-day	10	10	99.22	3.1618
2011.09.06	周二 Tuesday	正回购 Reverse repurchase	利率招标 Interest rate bidding	7天 7-day	200	200	0	2.7
		正回购 Reverse repurchase	利率招标 Interest rate bidding	28天 28-day	490	490	0	2.8
		中央银行票据 Central bank bills	价格招标 Price bidding	1年 1-year	30	30	96.54	3.5840
2011.09.08	周四 Thursday	中央银行票据 Central bank bills	价格招标 Price bidding	91天 91-day	40	40	99.22	3.1618
2011.09.13	周二 Tuesday	正回购 Reverse repurchase	利率招标 Interest rate bidding	7天 7-day	800	800	0	2.7
		正回购 Reverse repurchase	利率招标 Interest rate bidding	28天 28-day	300	300	0	2.8
		中央银行票据 Central bank bills	价格招标 Price bidding	1年 1-year	100	100	96.54	3.5840
2011.09.15	周四 Thursday	正回购 Reverse repurchase	利率招标 Interest rate bidding	91天 91-day	100	100	0	3.16
		中央银行票据 Central bank bills	价格招标 Price bidding	91天 91-day	20	20	99.22	3.1618
2011.09.20	周二 Tuesday	正回购 Reverse repurchase	利率招标 Interest rate bidding	7天 7-day	300	300	0	2.7
		中央银行票据 Central bank bills	价格招标 Price bidding	1年 1-year	10	10	96.54	3.5840

中央银行公开市场业务交易
Central bank open market operations

续表

日期 Date		操作工具 Mode of transaction	招标方式 Mode of bidding	期限品种(天) Maturity (Day)	招标数量(亿元) Bidding amount (RMB 100 million yuan)	实际发行量/买入面额(亿元) Actual issue/ purchasing face value (RMB 100 million yuan)	发行价格(元)/买入金额(亿元) Issue price (RMB yuan)/ purchasing amount (RMB 100 million yuan)	中标利率/参考收益率(%) Interest rate of successful bidding/ reference yield (%)
2011.09.22	周四 Thursday	中央银行票据 Central bank bills	价格招标 Price bidding	91天 91-day	10	10	99.22	3.1618
2011.09.27	周二 Tuesday	中央银行票据 Central bank bills	价格招标 Price bidding	1年 1-year	20	20	96.54	3.5840
2011.09.29	周四 Thursday	中央银行票据 Central bank bills	价格招标 Price bidding	91天 91-day	20	20	99.22	3.1618
2011.10.11	周二 Tuesday	正回购 Reverse repurchase	利率招标 Interest rate bidding	7天 7-day	500	500	0	2.7
		正回购 Reverse repurchase	利率招标 Interest rate bidding	28天 28-day	400	400	0	2.8
		中央银行票据 Central bank bills	价格招标 Price bidding	1年 1-year	100	100	96.54	3.5840
2011.10.13	周四 Thursday	正回购 Reverse repurchase	利率招标 Interest rate bidding	91天 91-day	300	300	0	3.16
		中央银行票据 Central bank bills	价格招标 Price bidding	91天 91-day	70	70	99.22	3.1618
		中央银行票据 Central bank bills	利率招标 Interest rate bidding	3年 3-year	200	200	100	3.97
2011.10.18	周二 Tuesday	正回购 Reverse repurchase	利率招标 Interest rate bidding	7天 7-day	600	600	0	2.7
		正回购 Reverse repurchase	利率招标 Interest rate bidding	28天 28-day	300	300	0	2.8
		中央银行票据 Central bank bills	价格招标 Price bidding	1年 1-year	100	100	96.54	3.5840
2011.10.20	周四 Thursday	中央银行票据 Central bank bills	价格招标 Price bidding	91天 91-day	10	10	99.22	3.1618
		中央银行票据 Central bank bills	利率招标 Interest rate bidding	3年 3-year	200	200	100	3.96
2011.10.25	周二 Tuesday	正回购 Reverse repurchase	利率招标 Interest rate bidding	7天 7-day	550	550	0	2.7
		正回购 Reverse repurchase	利率招标 Interest rate bidding	28天 28-day	450	450	0	2.8
		中央银行票据 Central bank bills	价格招标 Price bidding	1年 1-year	190	190	96.54	3.5840
2011.10.27	周四 Thursday	中央银行票据 Central bank bills	价格招标 Price bidding	91天 91-day	10	10	99.22	3.1618
2011.11.01	周二 Tuesday	中央银行票据 Central bank bills	价格招标 Price bidding	1年 1-year	100	100	96.54	3.5840

中央银行公开市场业务交易
Central bank open market operations

续表

日期 Date		操作工具 Mode of transaction	招标方式 Mode of bidding	期限品种(天) Maturity (Day)	招标数量(亿元) Bidding amount (RMB 100 million yuan)	实际发行量/买入面额(亿元) Actual issue/ purchasing face value (RMB 100 million yuan)	发行价格(元)/买入金额(亿元) Issue price (RMB yuan)/ purchasing amount (RMB 100 million yuan)	中标利率/参考收益率(%) Interest rate of successful bidding/ reference yield (%)
2011.11.03	周四 Thursday	中央银行票据 Central bank bills	价格招标 Price bidding	91天 91-day	10	10	99.22	3.1618
2011.11.08	周二 Tuesday	正回购 Reverse repurchase	利率招标 Interest rate bidding	28天 28-day	300	300	0	2.8
		中央银行票据 Central bank bills	价格招标 Price bidding	1年 1-year	100	100	96.55	3.5733
2011.11.10	周四 Thursday	中央银行票据 Central bank bills	价格招标 Price bidding	91天 91-day	20	20	99.22	3.1618
2011.11.15	周二 Tuesday	中央银行票据 Central bank bills	价格招标 Price bidding	1年 1-year	520	520	96.63	3.4875
2011.11.17	周四 Thursday	中央银行票据 Central bank bills	价格招标 Price bidding	91天 91-day	60	60	99.22	3.1618
2011.11.22	周二 Tuesday	正回购 Reverse repurchase	利率招标 Interest rate bidding	28天 28-day	150	150	0	2.8
		中央银行票据 Central bank bills	价格招标 Price bidding	1年 1-year	150	150	96.63	3.4875
2011.11.24	周四 Thursday	中央银行票据 Central bank bills	利率招标 Interest rate bidding	91天 91-day	10	10	99.22	3.1618
2011.11.29	周二 Tuesday	正回购 Reverse repurchase	利率招标 Interest rate bidding	28天 28-day	100	100	0	2.8
		中央银行票据 Central bank bills	价格招标 Price bidding	1年 1-year	150	150	96.63	3.4875
2011.12.01	周四 Thursday	中央银行票据 Central bank bills	价格招标 Price bidding	91天 91-day	10	10	99.22	3.1618
2011.12.06	周二 Tuesday	正回购 Reverse repurchase	利率招标 Interest rate bidding	28天 28-day	500	500	0	2.8
		中央银行票据 Central bank bills	价格招标 Price bidding	1年 1-year	500	500	96.63	3.4875
2011.12.08	周四 Thursday	正回购 Reverse repurchase	利率招标 Interest rate bidding	91天 91-day	300	300	0	3.16
		中央银行票据 Central bank bills	价格招标 Price bidding	91天 91-day	60	60	99.22	3.1618
2011.12.13	周二 Tuesday	正回购 Reverse repurchase	利率招标 Interest rate bidding	28天 28-day	350	350	0	2.8
		中央银行票据 Central bank bills	价格招标 Price bidding	1年 1-year	380	380	96.63	3.4875

中央银行公开市场业务交易
Central bank open market operations

续表

日期 Date		操作工具 Mode of transaction	招标方式 Mode of bidding	期限品种(天) Maturity (Day)	招标数量(亿元) Bidding amount (RMB 100 million yuan)	实际发行量/买入面额(亿元) Actual issue/purchasing face value (RMB 100 million yuan)	发行价格(元)/买入金额(亿元) Issue price (RMB yuan)/purchasing amount (RMB 100 million yuan)	中标利率/参考收益率(%) Interest rate of successful bidding/reference yield (%)
2011.12.15	周四 Thursday	正回购 Reverse repurchase	利率招标 Interest rate bidding	91天 91-day	100	100	0	3.16
		中央银行票据 Central bank bills	价格招标 Price bidding	91天 91-day	30	30	99.22	3.1618
2011.12.20	周二 Tuesday	中央银行票据 Central bank bills	价格招标 Price bidding	1年 1-year	260	260	96.63	3.4875
2011.12.22	周四 Thursday	中央银行票据 Central bank bills	价格招标 Price bidding	91天 91-day	10	10	99.22	3.1618
2011.12.27	周二 Tuesday	中央银行票据 Central bank bills	价格招标 Price bidding	1年 1-year	40	40	96.63	3.4875

附录四 世界主要经济体经济和金融指标
Appendix 4 Economic and Financial Indicators of Major Economies

一、经济增长率
1. Economic Growth Rate

世界经济增长率
World economic growth rate

单位：% Unit: %

		2009	2010	2011	2011年9月预计 Projection in September, 2011		2012年1月预计 Projection in January, 2012	
					2012	2013	2012	2013
国际货币基金组织 IMF	按购买力平价方法计算的实际GDP增长率 Real GDP growth rate based on PPP	-0.7	5.2	3.8	4.0	4.5	3.3	3.9
	按市场汇率法计算的实际GDP增长率 Real GDP growth rate based on market exchange rate	-2.3	4.1	2.8	3.2	3.6	2.5	3.2
世界银行 World Bank	按2000年不变价及市场汇率法计算的实际GDP增长率 Real GDP growth rate based on 2000 constant price and market exchange rate	-2.3	4.1	2.7	—	—	2.5	3.1

数据来源：国际货币基金组织《世界经济展望更新》（2012年1月），世界银行《全球经济展望》（2012年1月）。
Source : *World Economic Outlook Update*, IMF,January, 2012; *Global Economic Prospects Forecast*, The World Bank, January, 2012.

世界经济增长率
World economic growth rate

单位：% Unit: %

年 Year	国际货币基金组织按购买力平价方法计算的实际GDP增长率 Real GDP growth rate based on PPP (IMF)	国际货币基金组织按市场汇率法计算的实际GDP增长率 Real GDP growth rate based on market exchange rate (IMF)
1985	3.6	3.6
1986	3.5	3.3
1987	3.7	3.5
1988	4.5	4.5
1989	3.7	3.7
1990	2.9	2.8
1991	1.5	1.0
1992	2.0	1.2
1993	2.0	1.2
1994	3.4	3.0
1995	3.3	2.9
1996	3.7	3.2
1997	4.0	3.5
1998	2.5	2.1
1999	3.5	3.1
2000	4.7	4.1
2001	2.2	1.5
2002	2.8	1.9
2003	3.6	2.5
2004	4.9	4.0
2005	4.4	3.4
2006	5.1	3.9
2007	5.2	3.7
2008	3.0	1.8
2009	-0.7	-2.3
2010	5.2	4.1
2011	3.8	2.8
2012*	3.3	2.5
2013*	3.9	3.2

注：＊为预测数。
Note: * Projection.

世界经济增长
World economic growth

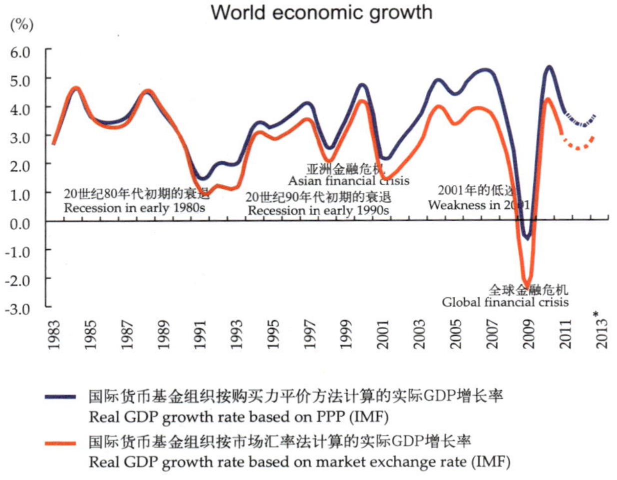

注：＊为预测数。
Note: * Projection.

GDP年度增长率
Annual growth rate of GDP

单位：% Unit: %

年 Year	美国 U.S.	日本 Japan	欧元区 Euro Area	英国 U.K.
2000	3.7	2.9	3.8	3.8
2001	0.8	0.2	1.9	2.4
2002	1.6	0.3	0.9	2.1
2003	2.5	1.4	0.8	2.8
2004	3.6	2.7	2.1	3.3
2005	2.9	1.9	1.6	1.8
2006	2.8	2.4	2.8	2.8
2007	2.1	2.3	2.7	2.6
2008	0.0	-1.2	0.5	-0.1
2009	-3.5	-6.3	-4.3	-4.9
2010	3.0	4.0	1.9	2.1
2011	1.8	-0.9	1.6	0.9
2012*	1.8	1.7	-0.5	0.6
2013*	2.2	1.6	0.8	2.0

注：＊为预测数。
Note:＊Projection.

GDP季度同比增长率
Year-on-year growth rate of GDP

单位：% Unit: %

年/季 Year/Quarter	美国 U.S.	日本 Japan	欧元区 Euro Area	英国 U.K.
2008Q1	-1.8	1.4	2.1	1.9
2008Q2	1.3	-0.1	1.4	1.0
2008Q3	-3.7	-0.6	0.6	-0.4
2008Q4	-8.9	-4.7	-1.5	-2.7
2009Q1	-6.7	-9.4	-4.9	-5.4
2009Q2	-0.7	-6.6	-4.8	-5.9
2009Q3	1.7	-5.6	-4.0	-5.3
2009Q4	3.8	-0.5	-2.0	-2.8
2010Q1	3.9	4.8	0.8	-0.3
2010Q2	3.8	4.4	2.0	1.6
2010Q3	2.5	5.4	2.0	2.5
2010Q4	2.3	3.1	1.9	1.5
2011Q1	0.4	-0.3	2.4	1.6
2011Q2	1.3	-1.7	1.7	0.6
2011Q3	1.8	-0.4	1.3	0.5
2011Q4	3.0	-0.6	0.7	0.7

GDP年度增长率
Annual growth rate of GDP

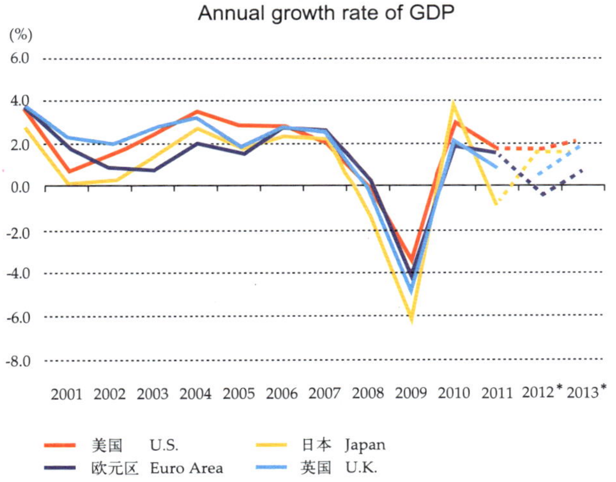

注：＊为预测数。
Note: ＊Projection.
数据来源：国际货币基金组织《世界经济展望更新》(2012年1月)。
Source: *World Economic Outlook Update*, IMF, Januray, 2012.

GDP季度同比增长率
Year-on-year growth rate of GDP

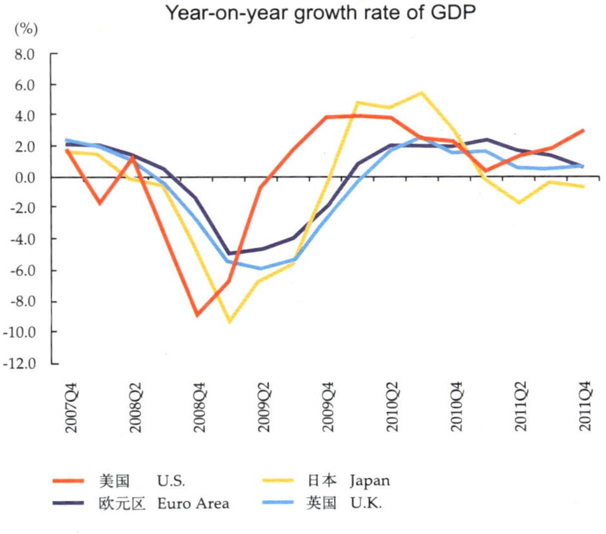

注：美国GDP增长率为环比折年率季节调整后的数据，折年率方法为 $[(GDP_1/GDP_0)^4-1]\times100$。
Note: The U.S. GDP growth rate is an annualized rate after a seasonal adjustment. It can be written as $[(GDP_1/GDP_0)^4-1]\times100$.
数据来源：各经济体官方统计网站。
Source: Official Statistical Websites of the Economies.

二、消费价格指数
2. CPI

消费价格当月同比指数
Monthly CPI (YOY)

单位：% Unit: %

年/月 Year/Month	美国 U.S.	日本 Japan	欧元区 Euro Area	英国 U.K.
2010.10	1.2	0.2	1.9	3.2
2010.11	1.1	0.1	1.9	3.3
2010.12	1.4	0.0	2.2	3.7
2011.01	1.7	-0.6	2.3	4.0
2011.02	2.2	-0.5	2.4	4.4
2011.03	2.7	-0.5	2.7	4.0
2011.04	3.1	-0.4	2.8	4.5
2011.05	3.4	-0.4	2.7	4.5
2011.06	3.4	-0.4	2.7	4.2
2011.07	3.6	0.2	2.6	4.4
2011.08	3.8	0.2	2.5	4.5
2011.09	3.9	0.0	3.0	5.2
2011.10	3.6	-0.2	3.0	5.0
2011.11	3.5	-0.5	3.0	4.8
2011.12	3.0	-0.2	2.7	4.2

数据来源：各经济体官方统计网站。
Source: Official Statistical Websites of the Economies.

消费价格当月同比指数
Monthly CPI (YOY)

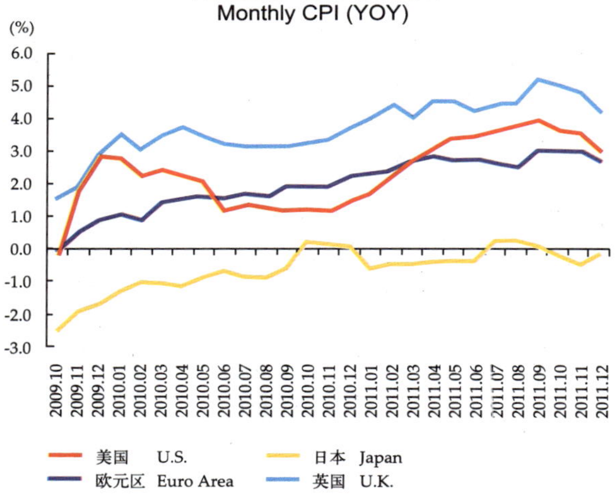

数据来源：各经济体官方统计网站。
Source: Official Statistical Websites of the Economies.

三、失业率
3. Unemployment Rate

失业率（季节调整后）
Unemployment rate
(after seasonal adjustment)

单位：% Unit: %

年/月 Year/Month	美国 U.S.	日本 Japan	欧元区 Euro Area	英国 U.K.
2010.10	9.7	5.1	10.1	7.9
2010.11	9.8	5.1	10.1	7.9
2010.12	9.4	4.9	10.0	7.9
2011.01	9.1	4.9	10.0	7.7
2011.02	9.0	4.6	10.0	7.7
2011.03	8.9	4.6	10.0	7.7
2011.04	9.0	4.7	9.9	7.9
2011.05	9.0	4.5	10.0	7.9
2011.06	9.1	4.6	10.0	7.9
2011.07	9.1	4.7	10.1	8.3
2011.08	9.1	4.3	10.2	8.3
2011.09	9.0	4.2	10.3	8.3
2011.10	8.9	4.4	10.4	8.4
2011.11	8.7	4.5	10.5	8.4
2011.12	8.5	4.5	10.6	8.4

数据来源：各经济体官方统计网站。
Source: Official Statistical Websites of the Economies.

失业率（季节调整后）
Unemployment rate
(after seasonal adjustment)

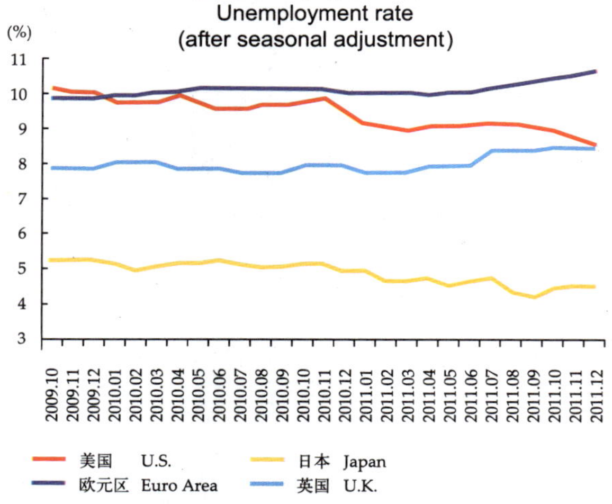

数据来源：各经济体官方统计网站。
Source: Official Statistical Websites of the Economies.

四、国际收支
4. BOP

经常项目差额
Current account balance

单位：10亿美元
Unit: USD billion

年/季 Year/Quarter	美国 U.S.	日本 Japan	欧元区 Euro Area	英国 U.K.
2006Q4	-188.44	42.97	26.49	-21.39
2007Q1	-179.42	57.19	8.08	-22.30
2007Q2	-190.21	46.41	-5.54	-17.85
2007Q3	-183.96	58.23	13.76	-25.57
2007Q4	-164.50	48.66	12.55	-5.36
2008Q1	-151.72	62.55	-51.44	-1.47
2008Q2	-175.36	36.73	-68.30	-13.33
2008Q3	-191.63	38.98	-54.52	-15.07
2008Q4	-150.15	18.38	-42.63	-11.29
2009Q1	-80.22	27.07	-41.29	-7.08
2009Q2	-83.15	33.42	-39.96	-16.78
2009Q3	-110.83	43.68	8.35	-9.73
2009Q4	-103.20	38.02	20.98	-3.46
2010Q1	-97.32	55.50	-28.20	-16.98
2010Q2	-122.09	39.25	-22.82	-15.28
2010Q3	-139.54	56.83	-9.29	-22.99
2010Q4	-111.96	44.17	4.34	-19.98
2011Q1	-94.88	48.44	-41.29	-12.10
2011Q2	-128.12	18.81	-30.15	-10.11
2011Q3	-131.08	39.84	-1.63	-28.32

资本项目差额
Capital account balance

单位：10亿美元
Unit: USD billion

年/季 Year/Quarter	美国 U.S.	日本 Japan	欧元区 Euro Area	英国 U.K.
2006Q4	-0.08	-0.71	5.59	0.99
2007Q1	0.00	-2.09	5.22	0.71
2007Q2	0.44	-0.18	3.89	0.91
2007Q3	-0.06	-0.60	3.64	1.26
2007Q4	0.00	-1.16	-6.74	2.29
2008Q1	-0.01	-1.54	6.76	1.83
2008Q2	-0.02	-0.72	2.93	1.93
2008Q3	6.04	-1.10	2.39	1.12
2008Q4	-0.01	-2.11	2.21	1.17
2009Q1	-0.02	-1.04	2.70	1.05
2009Q2	-0.03	-0.76	2.47	1.43
2009Q3	-0.04	-1.98	1.89	1.25
2009Q4	-0.06	-1.21	1.58	1.41
2010Q1	0.00	-1.34	3.21	1.74
2010Q2	0.00	-0.75	1.22	1.28
2010Q3	-0.15	-1.91	0.97	1.12
2010Q4	0.00	-0.96	1.40	1.60
2011Q1	-0.03	-2.04	3.28	1.03
2011Q2	-0.83	-0.06	0.85	1.64
2011Q3	0.00	-0.10	2.54	1.76

经常项目差额
Current account balance

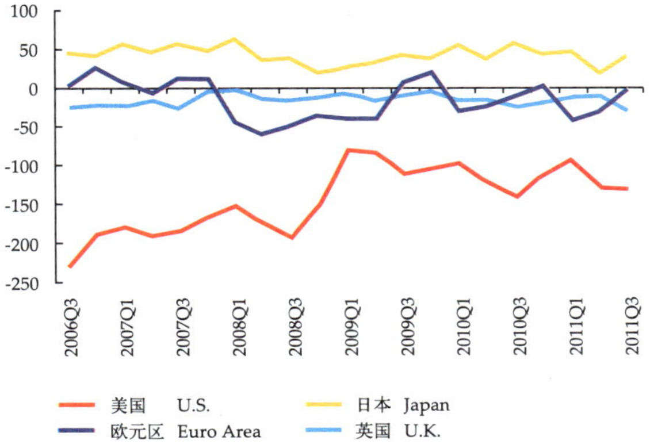

数据来源：国际货币基金组织《国际金融统计》(2012年3月)。
Source: *International Finance Statistics*, IMF, March, 2012.

资本项目差额
Capital account balance

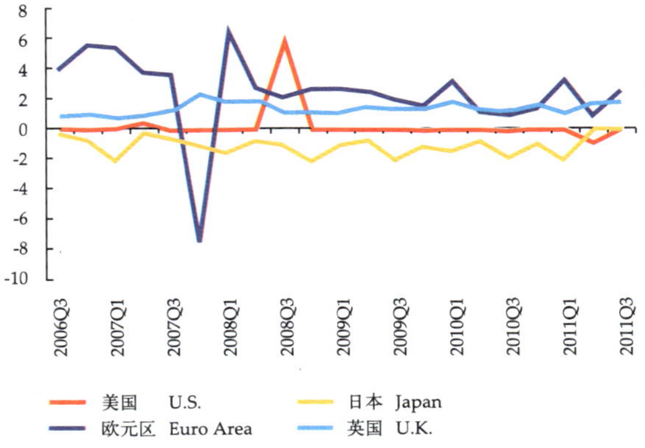

数据来源：国际货币基金组织《国际金融统计》(2012年3月)。
Source: *International Finance Statistics*, IMF, March, 2012.

金融项目差额
Financial account balance

单位：10亿美元
Unit: USD billion

年/季 Year/Quarter	美国 U.S.	日本 Japan	欧元区 Euro Area	英国 U.K.
2006Q4	217.84	-19.30	-44.92	31.05
2007Q1	239.17	-59.10	-9.21	4.20
2007Q2	171.19	-36.70	-6.93	9.77
2007Q3	64.58	-50.32	15.29	11.36
2007Q4	163.33	-41.12	-17.57	27.18
2008Q1	155.47	-66.17	49.35	-11.24
2008Q2	153.14	-37.24	59.00	9.92
2008Q3	137.71	-28.34	78.00	16.74
2008Q4	136.39	-40.88	50.05	25.59
2009Q1	1.41	-63.40	45.61	-6.83
2009Q2	15.20	-20.55	35.28	30.80
2009Q3	99.56	-28.18	40.24	44.43
2009Q4	179.29	-18.02	-20.09	2.72
2010Q1	25.97	-61.60	23.82	13.78
2010Q2	23.50	-16.74	18.84	3.70
2010Q3	162.93	-40.75	15.67	21.76
2010Q4	43.72	-11.38	15.99	34.42
2011Q1	149.46	-39.64	37.42	-0.85
2011Q2	39.31	11.01	20.01	-2.95
2011Q3	184.10	6.00	8.49	33.89

金融项目差额
Financial account balance

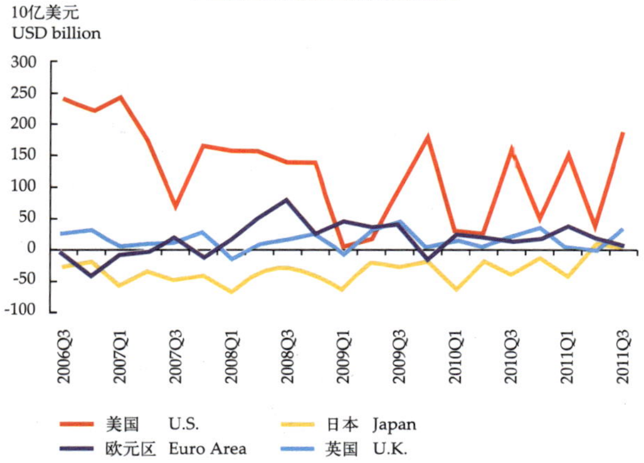

数据来源：国际货币基金组织《国际金融统计》(2012年3月)。
Source: *International Finance Statistics*, IMF, March, 2012.

五、利率
5. Interest Rates

1. 中央银行目标利率
(1) Central bank base rates

中央银行目标利率
Central bank base rates

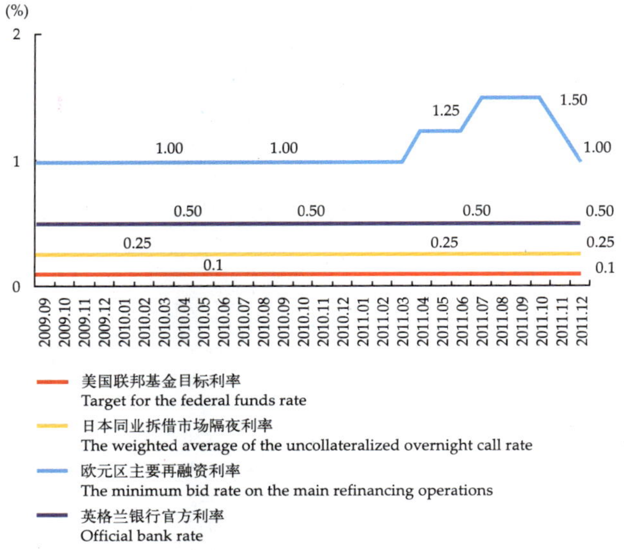

数据来源：各经济体中央银行网站。
Source: Central Bank Websites of the Economies.

2.短期利率
(2) Short-term interest rates

3个月期银行间市场拆借利率
（年率，月平均）
3-month inter-bank rate (annualized, monthly average)

单位：% Unit: %

年/月 Year/Month	美元 USD	日元 JPY	欧元 EUR	英镑 GBP
2010.10	0.29	0.20	1.00	0.75
2010.11	0.29	0.19	1.04	0.75
2010.12	0.30	0.18	1.02	0.76
2011.01	0.30	0.19	1.02	0.78
2011.02	0.31	0.19	1.09	0.78
2011.03	0.31	0.20	1.18	0.78
2011.04	0.28	0.20	1.32	0.80
2011.05	0.26	0.20	1.43	0.80
2011.06	0.25	0.20	1.49	0.85
2011.07	0.25	0.20	1.60	0.86
2011.08	0.29	0.19	1.55	0.89
2011.09	0.35	0.19	1.54	0.97
2011.10	0.41	0.19	1.58	1.02
2011.11	0.48	0.20	1.48	1.05
2011.12	0.56	0.20	1.43	1.09

3.长期利率
(3) Long-term interest rates

10年期国债收益率（年率，月平均）
10-year government bond yield
(annualized, monthly average)

单位：% Unit: %

年/月 Year/Month	美元 USD	日元 JPY	欧元 EUR	英镑 GBP
2010.10	2.54	0.84	3.34	3.17
2010.11	2.76	0.97	3.73	3.43
2010.12	3.29	1.19	4.07	3.72
2011.01	3.39	1.21	3.94	3.84
2011.02	3.59	1.24	4.48	4.00
2011.03	3.42	1.31	4.49	3.85
2011.04	3.46	1.30	4.66	3.87
2011.05	3.17	1.13	4.37	3.61
2011.06	3.00	1.17	4.37	3.53
2011.07	3.00	1.17	4.59	3.43
2011.08	2.30	1.04	4.21	2.87
2011.09	1.98	1.08	4.04	2.56
2011.10	2.15	1.00	4.09	2.61
2011.11	2.02	1.03	4.41	2.36
2011.12	1.98	1.09	4.11	2.24

3个月期银行间市场拆借利率（年率，月平均）
3-month inter-bank rate
(annualized, monthly average)

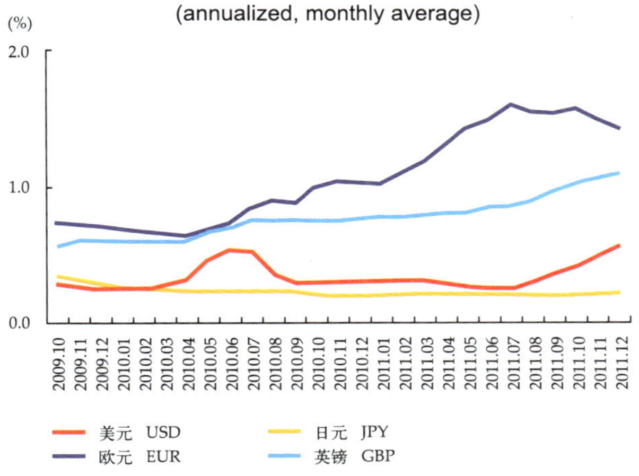

数据来源：《欧洲中央银行统计月报》及CEIC。
Source: *Monthly Bulletin of ECB*, CEIC.

10年期国债收益率（年率，月平均）
10-year government bond yield
(annualized, monthly average)

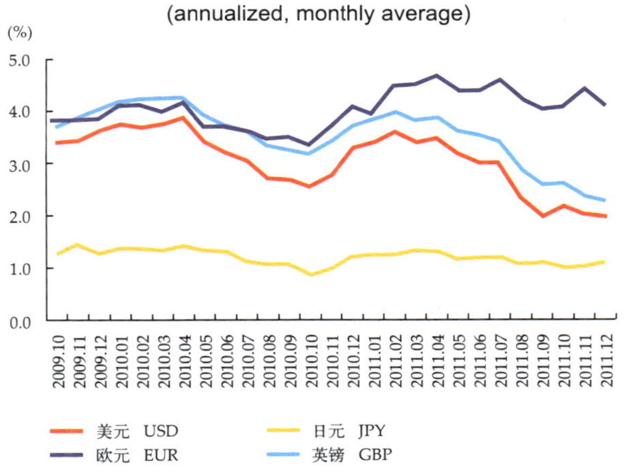

数据来源：CEIC。
Source: CEIC.

六、汇率
6. Exchange Rates

汇率（月平均）
Exchange rates (monthly average)

年/月 Year/Month	美元/欧元 USD/EUR	美元/英镑 USD/GBP	日元/美元 JPY/USD
2010.10	1.3897	1.5858	81.87
2010.11	1.3654	1.5970	82.48
2010.12	1.3219	1.5621	83.43
2011.01	1.3360	1.5774	82.61
2011.02	1.3649	1.6124	82.50
2011.03	1.3999	1.6168	81.79
2011.04	1.4442	1.6343	83.35
2011.05	1.4348	1.6320	81.26
2011.06	1.4388	1.6369	80.51
2011.07	1.4251	1.6125	79.40
2011.08	1.4342	1.6373	77.22
2011.09	1.3749	1.5785	76.84
2011.10	1.3706	1.5762	76.77
2011.11	1.3556	1.5838	77.58
2011.12	1.3176	1.5606	77.86

实际有效汇率（月平均，2005年=100）
Real effective exchange rates (monthly average, year 2005=100)

年/月 Year/Month	美元 USD	欧元 EUR	日元 JPY	英镑 GBP
2010.10	88.0	98.2	106.7	81.1
2010.11	88.3	96.7	105.7	82.7
2010.12	89.5	94.5	104.8	83.1
2011.01	88.5	94.3	104.5	83.5
2011.02	87.7	95.1	103.4	86.3
2011.03	86.8	96.8	103.1	85.1
2011.04	85.5	98.4	99.4	84.2
2011.05	85.5	97.3	101.7	84.3
2011.06	85.0	97.6	102.2	83.5
2011.07	84.6	96.4	103.3	83.4
2011.08	84.9	96.7	105.6	84.5
2011.09	87.5	96.0	107.8	84.4
2011.10	88.3	96.6	108.3	84.7
2011.11	88.9	95.9	106.8	86.0
2011.12	89.9	94.3	107.1	86.6

汇率（月平均）
Exchange rates (monthly average)

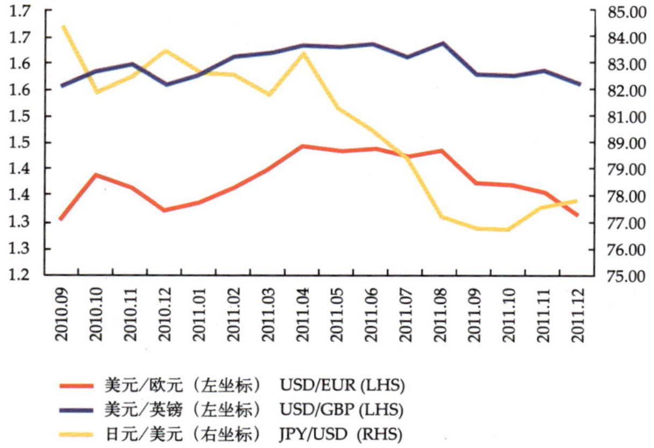

数据来源：国际货币基金组织《国际金融统计》(2012年3月)。
Source: *International Finance Statistics*, IMF, March, 2012.

实际有效汇率（月平均，2005年=100）
Real effective exchange rates (monthly average, year 2005=100)

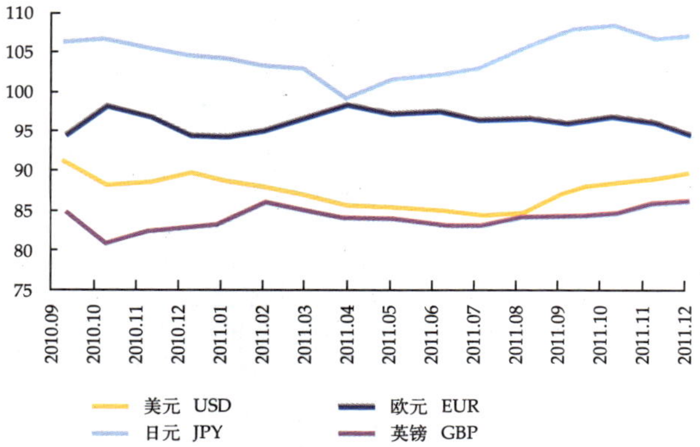

数据来源：国际货币基金组织《国际金融统计》(2012年3月)。
Source: *International Finance Statistics*, IMF, March, 2012.

七、股票市场指数
7. Stock Market Indices

主要股票市场指数（期末）
Major stock market indices (end-period)

年/月 Year/Month	美国道琼斯30种股票平均价格指数 Dow Jones 30	纳斯达克综合指数 NASDAQ	日本日经225种股票平均价格指数 Nikkei 225	道琼斯欧元区STOXX50股票指数 Dow Jones EURO STOXX 50
2010.10	11 118	2 507	9 202	2 845
2010.11	11 006	2 498	9 937	2 651
2010.12	11 578	2 653	10 229	2 793
2011.01	11 892	2 700	10 238	2 954
2011.02	12 226	2 782	10 624	3 013
2011.03	12 320	2 781	9 755	2 911
2011.04	12 811	2 874	9 850	3 011
2011.05	12 570	2 835	9 694	2 862
2011.06	12 414	2 774	9 816	2 849
2011.07	12 143	2 756	9 833	2 670
2011.08	11 614	2 579	8 955	2 302
2011.09	10 913	2 415	8 700	2 180
2011.10	11 955	2 684	8 988	2 385
2011.11	12 046	2 620	8 435	2 330
2011.12	12 218	2 605	8 455	2 317

主要股票市场指数（期末）
Major stock market indices (end-period)

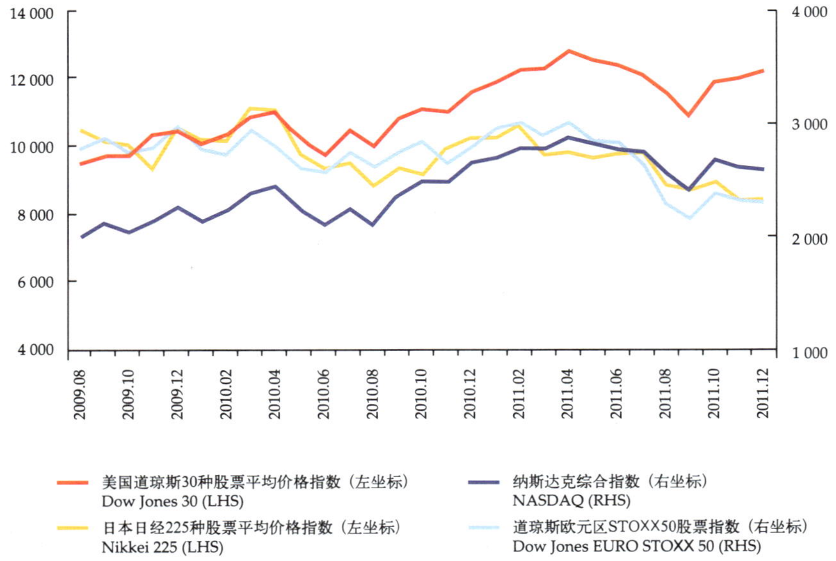